Published in association with
the International Development Research Centre
PO Box 8500, Ottawa, ON, Canada
www.idrc.ca

与国际发展研究中心合作出版
地址：加拿大渥太华8500信箱

让知识推动政策的改变
如何使发展研究发挥最大的作用

KNOWLEDGE TO POLICY
MAKING THE MOST OF DEVELOPMENT RESEARCH

〔加拿大〕弗雷德・卡登 (Fred Carden) / 著
徐秀丽　齐顾波　李小云 / 译

社会科学文献出版社
SOCIAL SCIENCES ACADEMIC PRESS (CHINA)

前　言

近 200 年来，研究者一直在努力收集系统性的信息以影响公共政策。例如，早在 1833 年，盖瑞（Guerry）就作了一项研究，试图说明教育并不能减少犯罪（Cullen，1975：139）。而其他一些统计学家则通过不同的方法，分析了不同的数据来反驳这一观点。另一项早期的尝试是在 1844 年的法国，研究者计算了人们愿意支付的过路费的最大额度，进而推算出运河项目的价值（Toulemonde & Rochaix，1994）。好的资料应该能影响政策——这一观点由来已久。社会科学家一直认为：一旦精密的研究工具和数据资料尽在掌握，那么政策制定者必定会关注它们，并采取相应的措施；要是没有这些信息的辅助，他们的决策又会是另一番景象了。

在过去，这样的研究常常被称为“应用研究”，如今则通称“政策研究”。近年来，无论在美国还是其他地方，政策研究都成了一项宏大的事业。政府开始资助这些研究，以期从中了解现实状况和政策的干预效果。自然科学和生物科学领域的研究者继续探索科技创新，推动社会和经济的发展；而社会科学家则开启了对经济和社会进程的研究，尤其是对政策干预的评估。

很快人们就发现，自然和生物学的研究能够创造利润，于是可以被快速地付诸应用。譬如，新研制出来的日用品和药物经常被投入生产。此外，其他一些研究也有了相应的价值，政府可以将其应用于国防或其他广受认可的公共领域。例如，政府经常运用经济研究来监测人们的生活成本、失业现象以及货币供应等状况，并预测未来的经济走向。但是，那些社会科学方面的研究（包括项目评估在内）往往很难对公共政策产生直接的、即刻的影响。同样处于不景气状态的，还有那些针对农业、生物和技术变革的研究，因为在社会上这些主题本来就存在一定争议。

尽管如此，在很长的时间内，人们还是认为知识就是力量，好的研究将会导向好的政策。因为有效的知识能补偏救弊，从而对公共政策产生影响。在政策领域中，没有人愿意与科学背道而驰。然而，到了 20 世纪 70 年代，人们却渐渐发现，研究成果并非总能得到认可；事实上，许多行动者都对其置之不理。

那么问题出在哪里呢？是宣传不到位，政策制定者不知道那些研究发现？是表达不当，政策制定者不能理解这些研究？是传统的政治恐惧作祟，执政者出于对党派纷争和个人抱负的考虑而将知识放在一旁？还是价值观的问题，因为这些研究发现与政策制定者的信仰和意识形态相左，所以才遭冷遇？或许，这只是简单的时间问题。研究对政策产生影响需要很多年的时间，而许多研究者却操之过急了。除此之外，还有其他原因导致研究的效果好坏不一。

20 世纪 70 年代中期，社会科学家开始实施经验研究，分析政策制定者和政府官员在何种程度上“使用”了研究成果。他们发现，“使用”（use）是一个非常含糊的概念。对于亟待解决的问题，政策制定者很少会坐等研究者把解决方案呈递过来。在更多情况下，他们会运用大量的个人经验来解决这些问题，或是通过其他渠道来获取信息和建议。他们需要权衡各方利益，既要考虑选民的想法，还要顾及竞选资助者的意志。而这些方面却是研究的一大盲区。总之，政策制定是一个非常复杂的过程，而研究只是其中小小的一部分。

再者，研究也并不能产生主导性的影响。政策决策者所处的机构有着传统的工作模式和游戏规则。在一个机构中，有很多因素都会对政策制定产生影响，譬如政治利益、意识形态、信仰、来自其他渠道的相左信息、工作人员的执行力、对成本的考虑、预算的可行性、官场斗争以及传统的条条框框等。期望研究成果左右政策在很多情况下是不现实的。

一些新的研究着眼于现状分析。他们发现，现状并非如某些人认为的那样绝望。研究结果并非总是被随意地束之高阁。某些发展研究或许不会取得立竿见影的效果，但经过一段时间以后，它对决策的影响却慢慢显现出来。政策制定者表示，他们很重视这些研究，也愿意听取那些好的研究建议。这样看来，研究就是一个信息来源，它能提供新的概念、观点和新的视角来看待既有问题。研究报告的发布可以激发众人的讨论和反思。它给了决策者一个机会，让其能够重新审视做了什么、没有做什么。总之，对于那些位高权重的决策者来说，研究的确具有多种价值。

在国际发展这个重要领域中，上述内容同样适用。针对国际发展，人们作了相当多的研究（Yin et al.，1988；Reimers & McGinn，1988；Court et al.，2005；Stone & Maxwell，2005；Livny et al.，2006）。结果发现，国际发展与采用研究影响实证研究的其他领域相比有两个不同之处。首先，这些地区往往缺乏完善的制度来整理和吸收研究成果，无法批判性地思考或思考研究成果对于本地问题的影响。政府结构里没有相应的部门来承担这些功能，而且，有些决策者又不具备足够的个人经验用以处理政策问题。其次，这些地区获得的大部分发展知识都来源于世界银行这样的国际机构，而世界银行通常有自己的考虑。尽管它们愿意帮助发展中国家，但其做法并非基于发展中国家的经验。当然，世界银行给发展中国家提供的不只是研究，还有重要的资助。所以，这些国家的决策者在最初往往会对其颇为抵触，但最后却都纷纷屈从于这些不大中肯的研究建议了。

在对一些研究的影响作出分析之后，人们提出了新的观点。他们发现，影响政策制定者对待研究的态度，不仅包括其自身的能力、兴趣，工作机构的游戏规则，同时还包括某些更大的环境因素。比如，如果研究成果的传播渠道能够多一些，整个大环境对新观点能够包容一些，决策制定的过程能够民主一些，那么，政策研究也就更容易受到认真对待了。如今，有些国别对比研究也注意到了这些特点。

本书正是其中之一。这个研究受到国际发展研究中心（International Development Research Centre，简称 IDRC）的支持，大大丰富了我们的知识库。在本书中，弗雷德·卡登（Fred Carden）讨论了一系列问题，正是这些问题决定着研究能够对发展中国家的官僚机构、立法机关和行政部门产生多大影响。本研究的最大亮点在于：它基于已有的研究素材，深入分析了那些研究的成败之处，而不是想当然地推定研究一定能够影响决策。本书着眼细微而又不失长远，留意到很多研究都是以令人意外的方式逐步渗透到公共领域之中。它同时还意识到，人本身——人们从一个地方到另一个地方的流动——就是一个很好的传播渠道。研究者成为政府部门的领导，便能将他的研究知识引入其中；而政府官员在研究中担任顾问，也有利于他们直接吸收研究结果，将其应用于相关的政策实践。

这样的探索为进一步的研究奠定了基础。如果利用本研究的方法来进行其他探索，相信更多的问题也将迎刃而解。从某种意义上来说，每个案例都有其特殊性，要对它们进行概括是非常不易的。但是基于研究中心和其他机构在世界各地收集到的丰富信息，我们依然可以从中获得一些重要的经验。例如，我们能够对不同领域的政府行为进行比较。另外，由于国际发展研究囊括了技术、生物以及社会研究在内的诸多方面，因此，我们还能针对不同经验研究的影响力展开对比，看看它们在什么样的前提下、在多大程度上完成了自己的使命，最后提出一些有价值的问题。例如，相对于教育和卫生医疗而言，农业领域的研究是否更容易付诸应用？针对有些问题，如果一同参与研究的利益相关者存在不平等的关系（例如普通员工和管理人员），那么研究是否更难影响到政策？在通信、社会服务或是其他政府活动领域，究竟是哪些因素推动或制约了他们对研究成果的吸收？尽管这些问题相当复杂且变幻莫测，但吾辈求索之路依然是光明的。

如今的研究应用性越来越强，许多研究都致力于探索什么样的社会环境、制度结构、领导策略和实践活动才能更好地推动发展，政策制定者真该好好利用这些知识！如果没有引起政策层面的重视，那么再好的研究也没有意义。为了不让这些成果付诸东流，人们发起了一项运动，以鼓励各个层次的决策者重视研究发现。而首批的运动倡导者就是那些奋斗在第一线的研究者，且一些政府官员也已经加入进来。在所有的领域中，医疗卫生领域表现得尤为活跃，生物学和临床专家进行了好的研究，得到了健康专家的采纳，最后还成功地影响了卫生服务政策。英国布莱尔政府倡导的“循证政策”（Evidence-based Policy）为把研究置于政策的核心地位提供了强有力的推动。

“循证政策”的含义是：各个层面的决策者应该关注研究的发现，包括数据、评估及分析等。在事实依据的照射之下，某些误导我们的陈词滥调就会现形，对此，决策者应该毫不犹豫地摒弃之，并根据研究成果去做一些取向积极的活动，从而完善政策。然而，这些都是想当然的设想。

这样的设想过于乐观了。尤其是在发展中国家，按照它们的传统，根本就不会根据研究成果来制定政策。即便不能让政策制定者制定严格意义上的循证政策，但至少可以使其多多考虑眼下的事实。在残酷的现实下，最初参与运动的支持者们不得不降格以求，他们原本呼吁执政者制定“以事实依据、为基础的政策”，结果的不理想使得他们退而求其次，力图让事实依据部分地影响政策制定。可如今，他们却只能期望政策制定者“知晓事实依据”。对很多人而言，研究似乎是一个非常有价值的活动。它将现实的新鲜气息带给政策部门，能够揭示社会运转中的新关系和新概念。但是，我们应该对此保持合理的预期。

和近期的众多研究一样，针对一些国际发展方面的研究，本书对它们的影响展开了仔细的考察。作者弗雷德·卡登评估了 23 项 IDRC 资助的研究项目。这些项目由相应的发展中国家自己实施，涵盖了信息技术、医疗卫生、国际贸易和农业等领域。最初，弗雷德选择了 25 项研究作为调查对象，在研究中心的工作人员看来，这 25 项研究都成功地对政策产生了影响。弗雷德和他的同事开发了一套信息收集工具，借此探索了每个研究所涉及的事件；并且还举办了一些培训，统一了大家的认识。由于使用了统一的调查框架，这些千差万别的案例也就具有了可比性。在紧张的实地工作之后，他们共完成了 23 个案例的调查。这实在是一项伟大的工作。

“研究是如何渗透到政策制定中的?”在本书开篇，作者首先展示了他对这个问题的精到理解。调查者们并不期许那些研究项目能够对相应国家的政策迅速产生直接的影响。相反，他们更关注研究项目是通过哪些微妙而又多样的途径，来逐渐影响政策制定者的观念的。例如，研究者通过什么样的沟通渠道和哪些沟通者，让研究成果有意或无意地进入了决策领域。对于相互对立的研究证据，以及由此产生的不同结果，作者一直有所留心。不得不承认，在看待此次研究以及这本书时，我不是一个中立的观察者。尽管没有参与最初调研计划的制订和工具开发，但后面的工作我却深入其中。我参加了一个培训会，与实地研究者们讨论，在实地工作中与他们互动，与研究中心员工和委员们一起参加会议，并且负责了一部分数据的分析。我的两个高年级博士生——斯维特拉娜（Svetlana Karuskina-Drivdale）、沙赫拉姆（Shahram Paksima）和我一起，花费数月时间分析案例报告、撰写案例摘要、将过程和事件分类、确定主题，并撰写报告。弗雷德·卡登对案例及研究中心知识的把握能力，我们难以望其项背。在此项事业中，斯维特拉娜、沙赫拉姆以及本人仅仅是贡献了绵薄之力。

这是一项可敬的研究。我也曾参加过其他一些类似的研究工作，但它们都没有像这个研究一样具有如此大的号召力，能够把这么多领域的专家汇集到一起，使他们深入而严谨地分析研究和政策的互动过程。弗雷德·卡登可谓作出了一项卓越的贡献。他将研究领域和国际发展领域结合起来作了精到的解释。因此，本书非常值得细细品读。

当然，本书也有美中不足之处，那就是作者把研究看得有些理想化了。他似乎相信研究永远是好的、正确的，如果决策者采纳了研究结论，就一定会制定出更好的政策。我们也期望如此。然而，研究者也难免会犯错。尽管研究、证据、学习这些词被赋予了太多的光环，但如果决策者对于研究不闻不问，我们往往无法知道研究结果到底怎样。

但不管怎样，我们依然能从本书中学到很多东西。它给我们展示了许多具体的案例，让我们了解到研究在不同的政策领域能产生的直接或间接的影响。更重要的是，它还指出了在什么样的前提下，研究才能在政策领域里被加以重视。为此，以斯维特拉娜为主的研究人员专门创立了一个研究框架。该研究在方法论方面作出了难以磨灭的贡献。希望其他研究此类问题的同道中人能多多检验这一方法，并充分利用本研究的一些创新之处。

令人欣慰的是，本书作者所作的研究正在被“应用”。国际发展研究中心对其研究结论给予了密切的关注。总之，本书希望告诉读者的是：好的研究才能够产生影响。所谓“好的研究”，就得依托严谨的设计和方法，与机构利益和关注点紧密相连，通过频繁的沟通，抓住从读者那里获得反馈的宝贵机会，并讲述重要的内容。对于研究工作而言这确实是一个非常有用的启示。

卡罗尔·韦斯（Carol H. Weiss）

哈佛大学荣誉退休教授

序　　言

治理水平是影响一个国家发展道路的关键因素。在一个有活力的经济体系中，治理越是开放、可靠和有效，公共政策越会推进创新与公平，发展也就越能为人民服务。而要实现善治，我们的研究者就得去发现和整合知识，并将这些知识传播开来，推动发展的可持续和民主化。

为了改善人民尤其是穷人的生活，发展研究总得通过影响政策来推动发展。但是这些影响是怎么发生的？围绕这一问题，本书给出了一些富有启发性的答案。本书所作的研究，特别是在视野与方法论方面的探索，揭示了发展研究与政策制定互动过程中的关键要素。不仅如此，它还展现了一种以事实依据为基础的策略。据此，研究者和政策制定者可以相互配合，用最新的知识来影响公共政策和行动。

在加拿大国际发展研究中心内部，这个评估的作用已经有所显现了。在它的影响下，我们机构坚信：在发展研究领域里，重要的不只是研究本身，同时还应包括研究的应用。所以，如今我们支持的研究项目比以前更加强调发展中国家各个群体的参与。他们中既有研究者、普通公民，也有政策的制定者和执行者。在他们的合力下，我们的投入也更有成效了。但是，这次评估所带给我们的不只这么一点，它还揭示出了一个更为重要的道理：用合适的方式来开展研究，我们可以增强一个国家的研究能力，以及分享和使用这些研究的能力，使政府变得更加透明、回应性更强也更加成功，进而推动治理的民主化——而这正是可持续发展不可或缺的。

书中很多案例都显示，研究至少可以在三个方面促进善治。第一，研究鼓励开放的质询和讨论。第二，研究将知识赋予人民，迫使政府提高责任感。第三，研究扩大了政策的选择面，让决策者有了更大的空间。

首先，开放的质询和讨论能让人拥有真正的思想自由和表达自由，这是民主治理的基础。在这种宽容的氛围下，人们可以各抒己见，没有被报复之虞；而政府也从谏如流，愿意对现有状况作出改变。这样的社会容易激发创新，研究也有了用武之地——它可以收集大量的事实依据，让人们在分析问题时不偏不倚，有助于和平地解决争端并容纳差异。

其次，从实践的角度来说，一个开放的政府能够很好地化解社会问题；而从原则的角度来说，人民有权参与一些决策过程从而决定自己的命运。但是，如果他们不具备相应的知识，那么无论怎样参与也只是一个形式而已。通过发展研究，尤其是相关利益群体直接参与研究以后，人民就有了知识作武装，能够更好地参与政策磋商、评判政府的表现了。因此，研究加强了民主的问责制度。

再次，研究扩大了政策的选择面，能够借助新的解决办法或折中方案来重新审视旧有的问题和社会分化。因为，研究能提供可靠的资料，帮助人们摒除党派偏见、驱散怀疑；同时，它还能刺激技术、社会及商业领域的创新，为发展进程创造更多的选择。这些重要的结论凝结了众多人的辛勤努力和付出，但本书在内容和结构安排方面对此不再赘述，务求简洁明了。

在上篇，我们列出了研究的主要发现，希望对研究者、政策制定者以及支持发展研究的机构有所帮助。这部分的核心观点就是：要影响政策决定和行动，研究者就得根据相应国家的政治、社会和经济背景来开展自己的工作。

中篇概述了每一个研究案例。所有的文字都是围绕同一个问题展开的，那就是研究者如何才能让研究对政策的影响最大化。我们按照清晰的结构，揭示了各个案例的特别之处，并得出一个基本的结论：研究必须顺时应势，对政策问题展开细致的研究并将此明确地表述出来，吸引政策群体的注意和参与，这样才能发挥研究的最大影响力。

在下篇，我们讲述了这项评估的缘起、挑战、方法论以及产出。对于这些故事，从事政策和项目评估的专家一定会特别感兴趣。但除他们之外，我相信还有更多的人会被这些内容深深吸引。毕竟，这五年来的评估工作涉及了相当多的具体问题，跟发展中国家的政策制定者、研究者以及某些资助机构的日常工作紧密相关。本书可以为他们提供崭新的视角。

总之，这部著作极具开创性，其论据和观点非常有价值和说服力，结论和建议也很有实用性。参照本书的建议，相信众多同人可以作出更多富有效率和成果的发展研究。本书让我们愈加坚信：只要很好地设计和执行研究，我们终将推进治理的民主化，而这正是可持续发展所需要的。

莫林·奥尼尔（Maureen O’Neil）
加拿大卫生服务研究基金会　会长兼首席执行官
加拿大国际发展研究中心　前主任

致　谢

这项研究是一项真正的参与式事业。从研究起步到终稿付梓，我们始终与许多人保持着互动。其中最重要的就是国际发展研究中心的合作伙伴和员工们。出于对这项评估的兴趣和需要，他们在整个研究中无偿奉献了自己的时间和心力。我想特别感谢那些参与了约翰内斯堡、曼谷、蒙得维的亚、蒙特贝洛以及渥太华研讨会上的所有人，他们对案例进行了初步分析。即使是粗算下来，他们也不下百人。其中，渥太华的顾问小组给予了非常多的建议以及关照，其成员有：Rohinton Medhora、John Hardie（由 Lauchlan Munro 代表）、Terry Smutylo、Ronnie Vernooy、Linda Waverley，还有黛安娜·斯通（Diane Stone）和卡洛斯·弗加拉（Carlos Vergara）这两大“外援”。另外，国际发展研究中心前主任莫林·奥尼尔给了我们持续的支持，极大地鼓舞了我们。

卡罗尔·韦斯在本研究设计阶段的参与非常宝贵，其丰富的政策评估经验让我们受益良多。在分析阶段，她的研究团队成员——斯维特拉娜和沙赫拉姆帮助我们搭建了研究结论的主体框架，发挥了核心的作用。在韦斯教授的指导下，这两位研究者始终保持着勤勉和仔细的工作作风，梳理了数千页的定性资料。她们这个团队的洞察力是极其宝贵的。

如果没有实际开展案例研究的评估者，我们就不可能拥有如此丰富的数据来开展研究。为了确保案例的可比性，他们析微察异、下了很大的工夫。在整个研究过程中，他们及时调整了自己的工作方式，最后给我们呈现了全面的数据和精彩的案例故事。这些评估者有：Bienvenido Argueta、Chris Ackello-Ogutu、David Brooks、Leanne Burton、Sarah Earl、Bryon Gillespie、Fernando Loayza、Luis Macadar、Zenda Ofir、Kirit Parikh、María Pía Riggirozzi、André Saumier、Terry Smutylo、Eman Surani、Iryna Lyzogub、Bob Pomeroy、Khamate Sene、Ramata Thioune、Tracy Tuplin 及 Diana Tussie。

在本研究的设计、实施和早期的整合工作中，Evert Lindquist 提供了大量知识，他与 IDRC 共同开发出来的研究框架催生出很多有用的方法，促进了我们的思考和讨论，极大地充实了案例研究。

除了我们以外，其他机构也开展了相似的工作。例如，海外发展研究所（ODI）的“发展研究和政策项目”便是其中之一。有幸的是，我们和这个项目团队一起合作，从约翰·扬（John Young）以及其他团队成员那里学到了很多，让我们对政策影响这个问题有了更深入的思考。此外，全球发展网络（Global Development Network）开展了一个“连接研究与政策项目”。黛安娜·斯通让我们与这个项目团队建立了联系，此后她还对我们自己的讨论给予了大量的帮助。

斯蒂芬妮·尼尔森（Stephanie Nielson）全职参与此项研究两年之久，是我的主要搭档。她精心准备文献综述，与案例撰写者保持着积极的沟通，一直关注着案例研究的一致性，待人耐心而又宽容。要是没有她，我们很难对这些案例进行整体的分析。正是她的协作和热情，我们才得以在各个阶段与这么多人共事。

约翰·海（John Hay）是一个非常重要的同事，他始终如一地坚持用简洁明了的风格帮我清楚地梳理观点，并用通俗易懂的方式表达出来。在他的努力之下，本研究才能应用于实践。若书中有任何错误，均由本人负责。

书稿得以完成，还得益于哈佛大学国际发展中心可持续科学奖金、加拿大国际发展研究中心（IDRC）以及哈佛大学可持续科学项目的慷慨资助。我们十分感激他们的支持。

最后还要感谢那些评估部门的同事，他们慷慨地给了我时间和空间来开展这项研究，并在很多方面给了我帮助。没有他们的支持，这项工作是不可能完成的。

弗雷德·卡登

目　录

上篇　研究发现

中篇　案例研究

下篇　方法介绍

上篇　研究发现

PART 1

第一章

让研究发挥价值

从非洲的教室到东南亚的渔村，从拉丁美洲的贸易谈判到中东的水资源管理，铁的事实证明，正确地开展发展研究，能够改善公共政策并加快发展进程。经由良好设计、执行及技巧性沟通的研究能够使政策更有效果、更有效率也更加公正。但与此同时，另一些事实也摆在眼前：在许多发展中国家，执政者苦于制定好的政策，而发展研究却没能产生任何明显的影响，频频失败。那么，我们应该如何解释这些成功与失败呢？更直接的问题是，在发展中国家，研究者与政策制定者如何才能最大限度地提供及时、相关和可靠的新知识，从而对政策决策产生影响？

这一问题的紧迫性显而易见。对于研究者以及资助研究的机构来说，发展研究最为核心的目标就是改善发展中国家人民的生活。而大部分情况下，公共政策就是实现这一目标所必不可少的工具。这种紧迫性对于决策者来说也是如此。毕竟，决策者系统全面地掌握以充足的事实依据为基础而提出的相关建议，能够极大地促进政策目标的实现，并获得公众长久的支持。尽管研究者和决策者并非总能契合一致，但就发展政策而言，他们还是拥有一个共同目标的，那就是公平与可持续。

然而，即便如此，研究者和决策者也很难在这样一个共同目标上达成共识。对于差的政府而言，其首先考虑的要素并不是公平和可持续的治理。而好的政府每天又在尽力平衡各种看似相互冲突的政策目标；研究顶多是影响政策过程的众多因素之一。就研究者来看，他们的研究并不总是与政策相关；一些人更是认为，如果不受政策目标的制约、能够自由地选择自己的研究方向，那么他们将会产生更多的成果。但出于眼下的考虑，我们依然假定政策制定者至少有潜在的意愿来听取一些可能有帮助的研究建议，而研究者也愿意提供这样的建议。

要使研究有价值，就必须正确地看待和推进发展研究。我们需要明白，好的发展研究可以改善政策，推动公民参与，增强政府问责，能释放一国经济的能量，激励创新，能够培育穷国里的边缘人群的能力，让他们看到增长与变化的新的希望。这样的研究将会改进国家治理。

发展中国家的治理：形态各异，且愈加艰难

要让发展研究尽可能地影响公共政策和行政举措，我们首先需要了解政策是如何制定的。对此，很多关注公共管理的学者都进行过相应的研究，只是大多数研究关心的都是工业化民主国家的政策制定，而非发展中国家。这些研究的基本主题和意识形态偏好各有不同，但核心假设却相当一致，即：（1）除了政府之外，公民和社会团体也能影响政策决策，因此，研究者也会跟其他利益群体一样，尽力去博取政府的注意。（2）每个国家都设立了相当稳定而又可预知的制度安排，包括立法机关、内阁、政府部门和其他机构等，来达成和实施政府决策。（3）社会上存在一系列活跃的、批判性的学术团体、新闻团体和智囊团，他们殚精竭虑地致力于影响政府决策。这显然是一种典型的传统政策过程模式（policy-process models），各种利益团体交相渗透和影响。

由于大部分研究者根本不了解发展中国家的治理特征，因此，他们只能分析发达国家的制度体系。上文提到的这些研究便是如此——尽管说起富国政府来头头是道，但针对穷国的政策制定状况，它们却很难给出一个有说服力的描述。其实，在政策制定方面，发展中国家拥有一系列明显区别于发达国家的特征，这些特征决定了发展研究能否影响政策以及如何影响政策。简而言之，无论在哪里，通过好的研究来影响政策都颇具挑战性，特别是在发展中国家。

发展中国家有关治理的各类特征中，以下这些较为普遍。

民主的制度和传统往往不够稳固

大多数研究者在分析发达国家的政策形成模式时，都假定国家实施的是民主制度，会捍卫人民的民主权利和自由；人民拥有言论自由，尤其有着直接向政府表达的自由。然而，倘若一国没有民主的政府，或者这个政府孱弱、不可依赖，那么这些假设就不再适用了。暴力、腐败以及政府机构能力的缺失，所有这些事实都与之前的假设背道而驰，因此，在这样的国家里，要想让研究有序地影响政策，恐怕非常困难。

政策制定者自主权不足

在发展中国家制定政策的过程中，国际金融机构和主要的援助方经常会施以相当大的影响。在酝酿及采纳公共政策之前，这些国家的政客和官员们通常需要考虑这些外部机构的反应。由于政策制定者的自主权不足，他们很可能会选择策略性地逃避责任，例如，将政府的某项作为或不作为归咎于外部机构。无论有无责任感，若是政治领袖放不开手脚的话，即便条件再允许，他们也会对研究建议置若罔闻。

研究机构及政府部门的人员频繁调动，削弱了研究和政策的影响力

在任何地方，人事调整都会给机构的正常运行带来挑战，在发

展中国家尤甚。要是现有的工作难以满足人们的经济诉求和职业诉求，那么他们很可能就会选择跳槽。在研究机构中，这就会促使员工向更有前景的、更好的工作岗位流动。在政府部门中，这也会让官员们难以充分领会研究对政策制定的作用。

缺少中间部门将研究付诸政策实践

富裕国家有着大量的研究机构、智囊团、大学院系及独立媒体，所有这些组织都积极投身于有关民主治理的各种探讨和争论。这些“知识经纪人”能将研究发现同政策问题、政治争论联系起来，而这在发展中国家通常是缺失的。另外，发展中国家经济部门的研究能力也很弱，跨国公司又很少投资于发展中国家的本土研究，因此，政策影响的机制是缺失的。

执行面临更大的挑战

在任何一个国家，政策既定目标与其产出之间都是有差距的，因为政策的设计和执行充满了各种变数。但是，由于以下三点原因，发展中国家的政策目标更难实现。第一，政策设计能力较差，国际机构设计的政策又无法反映当地的状况和政府考虑的重点。第二，即使设计出了好的政策，但行政能力、法律执行能力或管理能力不足，使得政府在推行政策时同样会失败。第三，由于监督和问责机制不够完善，发展中国家官员的贪污和无能都会使政策的实施效果大打折扣。

“私人关系”导致恶政

无论在哪里，任人唯亲都会侵蚀善治。发展中国家的民主制度不够完善，行政部门缺乏专业性，再加上服从的传统，使得任人唯亲的现象极为普遍，对国家治理构成了威胁。尽管在研究团体和政策团体之间培育私人关系对政府来说是有利的（这一观点将在后文提到），但是，依靠关系户和以权谋私者来实施统治，在任何一个国家都是一种恶行，使得研究更难影响政策。因为不同的研究者原本能够在政策观点上相互竞争，但当这个过程由幕后操纵者和关系户垄断时，竞争就不再可能了。

政策制定者对本国研究者缺乏信心

有些时候，政策制定者会认为研究者十分幼稚，不谙世事。尤其是在发展中国家，由于大部分政策制定者不熟悉当前的学术研究方法，有些人还认为大学总是与政府作对，给政府添麻烦，这种误解就会被进一步放大。当政策制定者需要研究时，他们通常会寻求海外侨胞的帮助，或许是因为他们觉得外国人更加可靠，又或许是因为招徕外国人能够吸引国外援助。但是仅仅依靠外国研究者，并不能提升本国的研究能力。

发展研究者缺少完备的统计资料

曾有人呼吁——为了改善政策质量，发展中国家应该尽可能地多作一些研究。他们理所当然地认为，研究者能够获取统计资料，而有了这个作基础，他们就能对政策制定提出好的建议了。但实际上，发展中国家通常缺乏基础性的统计信息或其他资料。实实在在的证据是研究者的金刚钻，没有了它，研究者就无法对政策产生影响。因为，没有公认的事实作基础，研究者难以得出可靠的结论，对政策的争论也就会沦为权力和偏见的角斗场。

发展中国家之间缺少研究信息共享

研究结论和研究方法通常是从发达国家传播到发展中国家的。因此，人们往往忽视了发展中国家的研究经验，这些国家的研究者之间也少有交流，甚是可惜。同样，发达国家也有所损失，例如，它们本可以借鉴发展中国家有关发展规划的经验，进而应用于北美土著社区的发展，但是，不恰当的认识让它们错失了这样一个学习的机会。总之，发展中国家之间有着研究合作的潜力，实在是应该好好把握。

缺少对研究的需求

针对研究如何影响政策这个主题，很多人分析了发达国家的情况，他们假定：政策制定者对研究所能够提供的知识有着主动的需求。而实际上，在发展中国家的政府里，处境艰难的决策者们通常对研究的作用知之甚少，因而眼光短浅，不注重培养本国的研究能力。相应地，即便该国对研究有着强烈而日益增长的客观需求，其开展的研究活动也难获好评。

研究者缺乏适宜的途径将研究转化为行动

现有的许多研究还假设：国家存在着一种政策网络或决策管理机制，使得研究者和政策制定者之间能够进行制度化的互动。鉴于此，研究团体可以知晓政策制定者的兴趣，其研究发现也能反馈给政策团体。但现实远远要比想象的复杂。首先，发展中国家基本不存在这些必要的网络或管理机制。其次，在穷国中，研究活动跟政府当权者的联系往往甚少，而跟当地农民、矿工或者城市市场中的妇女倒是联系颇多。这样的研究通常是自下而上、以改变现实为目的，所以对于它们而言，政策不但不是可以借助的工具，反倒成了行动的障碍。在很多情况下，这类研究都取得了不错的成果。但同时，研究者也背负了沉重的负担。为了让研究成果付诸实践，他们必须和各种各样的人打交道，积极构建和动员自己的人际关系网络。

在条件不利的情况下搭建研究与政策制定之间的桥梁

尽管存在上述这么多障碍，但值得庆幸的是，并不是每个发展中国家都兼具所有的不利条件。各个国家情况都有所不同，而且困扰它们的障碍也会随着时间推移而发生变化。

更令人欣慰的是，即便是在最无望的情况下，也会出现一些条件，突然创造新的机会使研究者能够影响政策并取得实质性的进展。历史证明，在以下三种情况下，研究会变得异常有影响力。

第一，经济危机、政策失败或剧烈的政治变迁。在社会安稳之时，执政者或许对研究不屑一顾，但在危机关头，他们却不得不求助于研究建议。俗话说，机会都是留给有准备的人。如果研究者针对这些问题早已提出了具体的可行方案，那么此时他们就能大有作为了。

第二，社会和政治体制的转型，也为研究者影响新政制定创造了新的机会。例如，南非和越南尽管有着不同的背景，但两国都是在动荡的社会变迁过程中向研究者敞开了大门，欢迎具有事实根据的研究成果。

第三，新技术的出现和普及可以促使政策制定者发现新的问题，并尝试新的答案。从手机到电子贸易和网络教育，信息通信技术的革命激发了政策制定者对研究的需求。因为，在遇到史无前例的问题时，政策制定者唯有承认自己的无知，并寻求相关研究的帮助才能渡过难关，所以，如果人们已经进行过这类研究，手头也有了很好的建议，那么此时就能帮助政策制定者化解燃眉之急了。

换句话说，有所准备的研究者能够抓住恰当的时机，对政策产生影响。如果发展研究经过很好的设计和执行，并通过与政策制定者的沟通，及时形成实用的决策，那么政策制定过程中的障碍和缺陷就是可以克服的。

不仅如此，有效的研究还能起到“纠偏”的作用，清除那些可能的障碍，促使新知识转化为政策。在坦桑尼亚，以社区为基础的农村公共卫生研究就帮助该国改进了医疗卫生服务的设计和资源分配。在菲律宾和孟加拉国，对家庭贫困的系统分析也改进了经济政策的决策过程。在约旦，有关废水再利用的研究还转变了政府解决水资源问题的方式。总之，研究能够促进善治，而善治又能鼓励更多的研究，两者相辅相成。

专栏1.1 风险与回报——莫桑比克的案例

在莫桑比克，信息与通信领域的投资具有极高的风险性。然而，国际发展研究中心支持的项目却勇于开创，推动了相应政策的制定。这表明，即使在最艰难的条件下，研究也能够成功。

莫桑比克长期饱受战乱之苦。直到20世纪90年代后期，其贫困状况和研究能力的缺失程度依然堪忧。

但即使这样，国际发展研究中心也发现了一些有利因素。例如，经过了几十年的战争，国家处于相对稳定的状态；政府非常重视国家发展，而且在全球通信技术发展的大背景下感受到了一定的压力，也意识到了技术发展的潜力；另外，一些拥护这类技术的小团体极力推动相应的研究，希望让更多的人（特别是穷人）用得上、用得起通信技术。所以，尽管在非洲南部发展信息通信技术充满了未知数，但国际发展研究中心还是决意“赌一把”，为此项研究提供了资助。

这个项目主要分为三部分：一是组建国家的通信技术咨询委员会和秘书处；二是帮助政府制定信息通信技术的发展政策；三是开展一些试点项目，例如在农村地区建立电信中心，或是将信息通信技术用于中学教育和师资培训。这三个部分相辅相成。其中，咨询委员会和秘书处积极引导和协调各类工作，还与政府高层官员进行了接洽；而政策制定工作则为研究树立了中心目标；实地研究摸清了大众的需求和支付能力，同时也明确了阻碍项目开展的一些困难（网络连接及设备成本较高）；另外，通过试点项目获得的监测数据还对政策制定者产生了有力的影响。

为什么莫桑比克的研究能够成功？我们的评估给出了答案。

其一，莫桑比克的政策团体数量有限，圈子比较小，所以研究项目的管理者十分清楚应该去影响谁。其二，在咨询委员会和秘书处里，有一些成员社会地位较高，与政府领导关系密切。其三，政府积极推进有关通信技术的发展政策，就连总理和总统本人也参与其中。其四，该国一些支持通信技术发展的人作出了巨大的贡献。此外，由于莫桑比克的这项研究隶属于国际发展研究中心的阿卡西亚项目，而该项目又同时在塞内加尔、南非及乌干达这几个国家实施，因此，随着研究的推进，各个国家相互借鉴了彼此的项目经验。

基于此，研究最终产生了实实在在的影响。2000 年，莫桑比克成为非洲首个出台通信技术发展政策的国家，为其他发展中国家作出了表率，名扬四方。

本书中的 23 个案例研究涉及 20 多个国家的 60 多个项目（见表 1—1），通过对它们的分析，作者总结了改善研究和政策的一些实践策略，分析了发展研究与公共政策之间的互动。因此，本书既面向研究团体和政策团体，同时也面向投资于发展研究的国家和国际组织。

但首先值得一提的是，谈及研究对公共政策的影响，我们并不能提供“最佳示范”。因为“影响”更多地体现为一种过程，而不是结果，在这个过程中，各种活动和关系不停地相互作用，没有终点。换言之，影响政策只是达成目标的一种手段，而不是最终目的。发展研究的最终目的并不在于形成书册，或在内阁部长的演讲中被引用，而在于改善穷国贫困人口的生活。为了实现发展研究的最终目的，我们需要时间，同时也需要研究团体和政策团体双方的努力和互相助益，从而在它们之间建立信任的关系。

本书设定的前提是，如果发展研究经过精心设计和认真执行，并通过与政策制定者的良好沟通，那么它一定能够改善公共政策，进而推进可持续的民主发展。后面的章节将以具体的证据和案例来展示这种影响是如何实现的。

本研究以一个简单而又必要的问题开始，那就是什么是影响。这也是下一章论述的起点。

表 1—1　案例概览

案例名称(起止日期)	目　　标	研究产出
①“宏观经济调整政策的微观影响”项目(MIMAP),菲律宾(1990－2002年)	开发贫困模型、提升发展监测能力以影响减贫策略。	设计了不同的经济模型,如 CGE(可计算一般均衡模型);完成了以社区为基础的监测体系(CBMS)、贫困监测体系的设计;绘制了巴拉旺省的省级数据库及贫困监测地图;完成了研究报告及重点专题研究。
②“宏观经济调整政策的微观影响”项目(MIMAP),孟加拉国(1992～2001年)	1. 增进对贫困的认识,推动研究者、政治家、政府官员和非政府组织在制定公平有效减贫政策方面的对话。 2. 建立分析框架,分析关键的宏观经济和结构调整政策对穷人的影响。	先建立了国家层面的贫困监测系统,后来又建立了地方层面的监测系统;为更好地管理数据,建立了计算机化的信息系统;开发出可计算一般均衡模型,并开展了应用该模型的培训;对与贫困相关的主题展开了重点研究,例如公共支出的作用、农业和农村贫困的关系、农村市场的效率、人力资源开发,以及与穷人有关的方方面面。
③越南项目(1993～2001年)	启动 3 个不同的项目。 1. 越南可持续经济发展项目(VISED):支持有关环境、经济、法律和小额资助的国家研究项目,努力增强其研究能力。 2. 越南经济和环境管理项目(VEEM):在越南进行经济改革和自然资源管理的过程中,帮助决策者增强自身能力,根据相关知识来制定相应的政策。 3. 宏观经济调整政策的微观影响(MIMAP):开发并运用一套贫困监测体系;建立计量经济学模型(即可计算一般均衡模型)来辅助国家层面的分析。	VISED 包含四个主题研究:“区域发展的基础”、“出口加工区的组织和管理”、“股份制企业的形成和组织”、“信贷基金运营体系的建立”;撰写了主题各异的小额资助研究报告。 VEEM:撰写了 5 份有关贸易自由化、纺织品工业和服装工业竞争力的报告,这些报告于 2001 年面世;建立了计算机化的贸易数据库。 MIMAP:开发了一套以社区为基础的贫困监测体系,以及可计算一般均衡模型;运用这些模型来分析经济分配、财政政策的公平效应以及贸易改革政策的影响。

续表

案例名称(起止日期)	目标	研究产出
④拉丁美洲贸易网络项目(LATN)(1998～2002年)	1. 就国际贸易关系中出现的新问题进行政策为导向的研究。 2. 针对国际体系中的新趋势,支持拉丁美洲和加勒比海地区的国家构建相应的议程,并制定应对政策。 3. 对于在拉丁美洲和加勒比海地区开展的已有研究,提高其能力,使之介入到国际贸易谈判中去。 4. 加强各个参与机构的合作关系,保证网络的长期可持续性。	完成了涉及以下主题的工作报告和政策简报:如贸易联合的先决条件,包括如何组建贸易联盟和准备贸易谈判,如何处理多边主义和区域一体化的关系;在拉丁美洲和加勒比海地区的国家看来值得研究的新兴问题,包括国际投资、竞争政策、金融服务、电信产业、知识产权、争端解决等;国别案例研究(根据国际贸易关系,为发展中国家制定最适合也最可行的应变战略);网站、通信和学术会议;培训课程;有官员参与的会议;咨询服务。此外,该项目还计划出版一本书。
⑤24国集团的技术支持服务项目(G-24 TSS)(1988～2003年)	1. 协助发展中国家建立国际货币谈判的能力。 2. 帮助它们做好技术准备,增强它们的能力,使其能够在国际货币基金组织和世界银行的议题框架内,全程参与相关的讨论和谈判,并作出自己的贡献。	通过网络和传统方式来发布以下两个领域的研究报告,一是技术经济研究;二是有关国际金融机构作用与表现的规范性研究。 第一阶段:32项研究; 第二阶段:36项研究; 第三阶段:27项研究; 第四阶段:15项研究。 还完成了11卷《20世纪90年代国际货币和金融问题》以及《24国集团讨论文件系列》中的24篇论文。

续表

案例名称(起止日期)	目标	研究产出
⑥ Arsaal 项目,黎巴嫩(1995 ~ 2004 年)	第一阶段:评估主要农作系统的可持续性,考察创立“资源使用者网络”的可能性,通过当地受益群体直接参与制定、实施资源管理策略来促进社区的可持续发展。 第二阶段:对第一阶段的成果进行评估。将性别问题看做资源可持续管理的关键要素,增加性别分析的分量。	2001 年,Arsaal 项目支持贝鲁特美国大学组建了由多学科组成的“环境和可持续发展小组”。绘制了 Arsaal 地区有关土地使用、土壤退化和土地生产力的地图;完成了一篇专业文章,14 篇硕士论文;编辑了几本小册子、视频;在报纸上发表了文章;研发了一个针对干旱地区农村发展的研究工具;出版了一本图书:*Research for Development in the Dry Arab Region: The Cactus Flower*, Shadi Hamadeh, Mona Haider, and Rami Zurayk, published by Southbound/IDRC (2006)。
⑦ 铜矿产业,秘鲁(1991 ~ 1993 年)	评估采矿活动对秘鲁南部水资源的影响,并于 1992 年 2 月将结果递交给第二国际水法庭。 第一阶段:从社会、法律、生态方面探讨矿业废弃物排放的污染。 第二阶段:探讨该区域中水资源定量分配的影响。	给第二国际水法庭呈交了一份报告,帮助陪审团获得了对南秘鲁铜业公司不利的证据。 从严格意义上来说,这应该不算是研究成果,但矿业公司确实改变了其经营制度和实践,开始实施一些环保项目,以缓解环境退化。

续表

案例名称(起止日期)	目标	研究产出
⑧中东非的农业政策分析项目(ECAPAPA),东非(1997~2002年)	为农业技术创新、减贫和缓解环境退化创造更好的政策环境。共实施了两套共六个项目: 1. 在不同农业生态系统下,为农民推荐合适的作物品种,并帮助他们测算不同品种可能带来的收益;就社会经济问题,组织多学科的研究团队一起工作,并查看这种工作方式在多大程度上会影响国家农业研究机构。 2. 针对中东非地区因自然资源使用而引起的冲突,改进冲突管理机制,在实践中顾及多个利益群体;给现有的工作提供指导和外部支持。	只有3个项目全部完成,所以研究产出有限。值得注意的是,这几个项目都没有制作宣传材料。此外,还完成了3个项目的结项报告,以及另3个项目的中期报告。
⑨灰水再利用,约旦(1998~2005年)	涉及五个项目: 1. 促进政策发展,支持地区和国家层面的城市农业,保证城市的粮食安全。 2. 加强能力建设并开展应用性研究,改进灰水处理的小型的滴滤器,将回收的灰水用于城郊地区的家庭花园中。 3. 分析在塔菲拉地区扩大永续性农业实验的潜力,评估内容还包括技术的可靠性、安全性和可持续性。 4. 改进家庭花园里的灰水再利用系统。 5. 增加灰水回收,并加强对灰水的安全处理力度(最后的这个项目在本研究中未予考查)。	1. 有关灰水再利用的政策研究和技术研究。 2. 在拉马拉建立了污水净化厂。 3. 进行了一项评估研究。 4. 家庭对于灰水处理设备的需求增加;举行了有关灌溉需求的研讨会;开办了有关系统管理的水电工培训班;拟定了建筑法规的修订提案;鼓励研究所针对灰水再利用的问题进行学位研究。 5. 修订了国家住房法规;成立了专门制定《灰水再利用指南》的全国委员会;在中东和北非推广灰水处理装置;通过了《海得拉巴宣言》;建立了政策制定者、研究者、私人部门和受益者之间的网络。

续表

案例名称(起止日期)	目标	研究产出
⑩乌克兰环境管理发展项目(EMDU 年),乌克兰(1994~2002 年)	第一阶段:协助乌克兰相关机构,增强它们管理第聂伯河水系以及水资源利用的能力;减少第聂伯河南部水域的污染;推动加拿大和乌克兰两方公共机构及私人机构的长期合作关系。 第二阶段:深化乌克兰机构和工业的环境改革,提高科学家、决策者以及广大民众的环保意识;拓展有关环境问题的网络,让更多的公、私机构及第三部门组织加入进来;使项目符合标准。	1. 建立了国家环境管理信息系统,该系统与沿第聂伯河的 19 个州级办事处联网。 2. 建立了区域管理信息系统。 3. 收集和出版了一大批有关乌克兰环境立法的文字材料,向非政府组织、公众以及教育机构公开。 4. 完成了基线水质调查。 5. 进行了饮用水水质的卫生风险评估。 6. 针对水质和其他与水资源相关的问题,进行了多次调查和审计。 7. 培训了 90 个人。 8. 改变了沿第聂伯河流域的工厂排放系统。 9. 出版了一本书:*Preserving the Dnipro River*: *Harmony*, *History*, *and Rehabilitation*, V. Y. Shevchuk, G. O. Bilyavsky, V. M. Navrotsly, and O. O. Mazurkevich. Mosaic Press/IDRC (2005)。
⑪高海拔地区的采矿业,秘鲁(1990~1993 年)	加深对慢性高山病发病规律的认识,影响国家政策。	已出版书籍,该主题的两项研究均得到认可。

续表

案例名称(起止日期)	目标	研究产出
⑫渔业研究网络,东南亚(1983~1996年)	1. 提高渔业事务的管理能力,间接影响政策和管理机制。 2. 培养更多关注渔业的社会研究者,提升相关机构的研究水平。	在项目整个过程中,共完成50余篇报告,同时专门发行了一套系列出版物。
⑬ SRISTI,印度(1993年至今) 可持续技术和制度研究与创新学会	通过以下三种方式保护自然资源:记录起源于乡土知识的基层创新,保护知识产权,认可并传播这些创新成果。	1. 建立资料库,记录了超过13000条基层创新案例,并使用六种当地语言进行传播。 2. 建立了一个网络,其成员包括1000多个基层组织,通过简报和其他传播方式来相互支持。 3. 研究会与私人企业签署了三种兽药的专利共享协议。 4. 对几种草本药物配方进行了验证。
⑭坦桑尼亚基础医疗卫生干预项目(TEHIP),坦桑尼亚(1996~2004年)	在坦桑尼亚两个地区的地方规划中试用“循证规划”的方法,查看其可行性并评估其影响。	1. 开发出了10种工具,可以对死亡率和疾病信息进行收集、组织和数据展示。 2. 分析了相应的数据,以支持政策制定。 3. 针对卫生体系的治理和组织设计,开展了相关研究。
⑮阿卡西亚项目,莫桑比克(1997年12月~2003年12月)	1. 支持莫桑比克加强与全球经济的联系。 2. 在农村地区普及信息通信技术。 3. 在相应的区域内共同学习与通信技术有关的政策。	将试点项目作为行动研究的一种方式,开展短期研究,并为国家政策文件的草拟提供参考。该项目并不是严格意义上的学术研究。

续表

案例名称(起止日期)	目标	研究产出
⑯阿卡西亚项目,乌干达(1999~2002年)	向人们展示通信技术如何帮助社区居民解决他们的难题;建立一个知识体系来帮助农村居民、贫困人口和落后的社区更好地享受通信服务;加强农村地区的通信技术获取能力。	1. 在项目开始之前,对乌干达阿卡西亚行动研究的意义进行了预研究。 2. 针对人力资源、政策、基础设施和技术开展了几项研究;推动阿卡西亚秘书处代表国家科技委员会制定了整个国家的通信发展政策草案。 3. 针对电信中心以及电信服务农村普及情况等问题进行了调研,完成了相关内容开发情况研究。 4. 针对某些具体政策问题,为政府提供了相应的背景知识和解决方案。例如,帮助政府制定了农村通信发展政策,开展了有关电信中心的基线调查,1998年还对乌干达的通信技术应用状况作了四项研究。
⑰阿卡西亚项目,南非(1995~2002年)	支持社区运用通信技术来解决问题,促进社区参与;在农村和一些地理条件不好的社区普及通信技术。	由于南非的阿卡西亚项目是一项行动研究,所以项目的一些产出本身就包含在了项目过程里,具体包括一些政策创新,比如设立政府通信信息服务工作小组,以及关注电子商务政策过程等。

续表

案例名称(起止日期)	目标	研究产出
⑱阿卡西亚项目,塞内加尔(1997~2002年)	通过实施一系列示范性项目、管理和研究项目,来帮助塞内加尔政府制定有关信息通信技术的国家策略和协同框架。	为塞内加尔政府开展了一项电信服务研究。代表制定信息通信技术的发展政策和战略的地方和国家相关部门,并举办信息通信技术政策与实施论坛,使政府、私人部门和公众都参与到项目中来(之所以将这个作为产出,是因为阿卡西亚项目有着强烈的行动导向;而且,这个项目有一个非常独特的部分——"评估和学习系统",负责开展项目中最主要的研究)。
⑲信息通信技术政策,尼泊尔(1999年) 信息与通信技术政策	通过参与式的过程,帮助政府制定通信技术的政策和发展战略。	做了以下六个方面的背景研究: 1. 信息通信技术的普及情况; 2. 通信基础设施; 3. 人力资源开发; 4. 软件生产与应用; 5. 电子商务; 6. 电子治理(e-governance)。
⑳水资源需求管理,叙利亚(1997~2001年)	制定长期的管理策略,支持在叙利亚干旱地区合理使用苦咸水对大田作物进行补充灌溉。	六篇硕士论文,一篇博士论文,一篇同行评议的文章(Hagi-Bishow & Bonnell,2000)。

续表

案例名称(起止日期)	目标	研究产出
㉑水资源需求管理,突尼斯(1992~2000年)	设计一个综合的水资源需求管理战略,避免由于可能缺水而实施定量配给,延迟实施规划中的大型供水项目。	1. 五篇关于资源分配和权力下放的论文。 2. 四篇关于生活用水需求量测算的论文。 3. 建立了一个数学模型,可以帮助人们确定干旱地区最佳的种植方式。 4. 建立了一个综合的水环境管理模型,撰写了一篇与之相关的论文。
㉒ MIMAP,塞内加尔(2000~2002年) 宏观经济调整政策的微观影响	1. 掌握塞内加尔的贫困状况,建立一个贫困监测系统。 2. 开发一些分析工具来查看宏观经济政策对收入分配的影响。 3. 针对"穷人获取金融服务的途径","贫困的性别维度","教育和贫困的关系"这三个主题进行研究。 4. 鼓励在减贫领域工作的各类行动者(包括研究人员、决策者、非政府组织和金融机构)相互对话。	该研究的成果在很大程度上与应用经济研究中心的成果混合在了一起。如果硬要作一个区分,项目团队所公认的成果也不在其研究本身,而在于它引导了塞内加尔《减贫战略文件》(世界银行需要的项目材料)的制定。考虑到这项工作庞大的工作量以及对国家议程的重要性,项目团队转移了原本的研究议程。
㉓教育改革,危地马拉(2000~2002年)	在该国实施教育体制改革和"国家教育规划(2000~2020年)"的背景下,从本土视角出发,撰写一份有关教育预算如何规划和实施的建议书,从而影响危地马拉的教育政策。	进行背景研究,形成一份为危地马拉教育提供资助的研究报告。

第二章

政策至关重要

只有实现研究和政策之间的互动，新知识的影响力才能发挥出来。一方面，特定的政治环境或政策环境会给研究者的工作带来一些限制和机遇。另一方面，研究者的活动和成果又能提出新的政策问题或新的解决方案，反过来又会改变政策环境。最终，研究就影响了政府的决策方式。无论是对研究者还是决策者来说，这样的互动都是双赢的。因为如此一来，前者开展的研究就有了实际意义，能够对公共政策和行政举措产生真正的影响；而后者有了研究作支撑，他们的选择面就更宽了，可以及时作出更有效的决定。

然而，影响政策的并非只有研究这么简单。在每一个重大的政策决定背后，都有着相当复杂的因素和不同力量的交织。即使是作一个常规性的决策，大多数政府也得顾及不同人的信念和诉求，承受他们的曲解和成见，经历不断的妥协和讨价还价，更不用说是制定一项政策了。所以，有些人想当然地以为政策制定就是理性而有序的，是从发现问题到解决问题的一元线性过程——这显然不对。他们要是仔细地看看公共政策是如何制定和实施的，就会变得现实起来。如上所述，政策制定非常复杂，受人们的个性、不透彻的理解、某些偶然因素以及协商互动等因素的影响。假如在某一个具体的案例中，研究确实产生了影响，那它充其量也不过是万千影响因素中的一个。在任何一个国家的政策过程中，影响政策决策的各种因果要素盘根错节、纷繁复杂，它们或是一致、或是冲突，难以厘清，这在民主国家里表现得非常明显；在实施独裁和寡头统治的国家里，尽管信息并不完全透明，但情况也大体如此。

此外，研究本身也不是整齐划一、目的单纯。相反，各个地方的理论研究和应用研究都带有许多不同的意图、动机和预期。正是基于这些差异，有些研究者能很快地转移自己的研究方向；在更多的情况下，研究者们还会形成不一致的甚至相互矛盾的政策结论和政策建议，使决策者无从采纳。说到此处，读者或许已经明白了为什么我们难以追踪和测量研究对政策的影响。

但何为影响？在全球风格迥异的政治环境中，国际发展研究中心评估了许多发展研究项目，最后将研究对政策的影响归结为三个方面。

第一，研究可以扩展政策能力。在研究的作用下，政策团体能更好地去评估和交流一些新观点，也有更多的机会去分析和应用新的研究成果，因而改善了政策制定所必需的制度性框架。

第二，研究可以拓宽政策视野。发展中国家在制定政策时，总是苦于可选择的太少。而研究活动能够把新的观点引入政策议程，尽量以最适宜的方式呈递给政策制定者，让他们能够快速地理解并应用，而且还重视研究者和决策者之间的沟通——这些特点使得研究最终能够改善政策制定所必需的知识体系。在具体的实践中，“零和困境”以及非此即彼的政策选择常常限制了人们对政策的讨论，也让决策者伤透了脑筋。研究者所能提供的洞见恰恰帮助决策者化解了这些困境，从而赢得了他们的尊敬与感激。

第三，研究可以影响决策体系。决定政策质量好坏的，不仅仅在于其具体内容，同时也在于政策制定的过程。而研究成果恰恰可以使政策的立法、管理和评估过程变得更加公开和理性，进而改善政策过程的制度性框架。要达到这种效果，研究者必须具备一定的能力、良好的态度、对问题的好奇心以及实事求是的精神。

专栏 2.1 越南研究项目对政策产生的三种影响

20 世纪 90 年代初以来，越南对经济体制进行了雄心勃勃的“革新”（在越南，这被称为“Doi Moi”），期望通过引入竞争性市场和自由贸易来实现经济的现代化。然而，在这一改革实施之初，越南国内却几乎没有和市场经济相关的知识储备，难以制定合理的政策。在他们的请求下，国际发展中心支持他们开展了一系列研究，主题涉及环境与资源管理、贸易、减贫等方面，试图通过这些研究来影响政策。

值得说明的是，研究对政策的影响并不仅仅体现在某一项具体的决策上。要实现最大的影响，研究就必须帮助政策团体提高自身的能力，使其能够更好地评价证据和分析备选方案；同时，研究还应该致力于改善政策制定流程，拓宽决策者的选择面。

扩展政策能力。在“革新”之初，越南的政策机构十分孱弱；国内的经济学家长期接受的都是马克思主义教育，基本不了解西方经济学。国际发展研究中心积极推动机构间合作网络的组建，以便更好地传播知识和技能。实践证明，这种新颖的方式富有成效。例如，在国际发展研究中心的支持下，越南建立起了一个大型的、计算机化的贸易数据库。多年来，越南的政策和研究机构都得益于这一实践，并从合作中得到了回报。

拓宽政策视野。如果说政策能力的扩展意味着政策制定的制度性框架得以改善，那么，政策视野的拓宽也就意味着知识框架得到了重构。在越南，人们对贸易政策和贸易竞争力进行研究以后，发现既有的关税和出口促进政策并没有产生预期的效果。这个新颖的观点颠覆了人们对政策的看法，也补充了决策者对该问题的认知。

不过值得一提的是，要拓宽政策视野，最为核心的问题就是如何把新知识传递到决策的最高层。越南的案例给了我们一个答案：在他们的实践中，一些所谓的“中间人”发挥着重要的作用，这些人与研究者和政策团体都保持着紧密的联系，从而促进了知识的传播。

影响决策体系。由于政策过程非常复杂，我们很难说清研究到底是如何影响到决策体系的。在越南，这就更加困难了。但可以肯定的是，对于研究项目提供的那些材料，决策者还是挺上心的；他们后来制定的一些政策也反映了研究给出的建议。在某种程度上，越南的政策制定机制也发生了一些改变，较之以前，决策者们更看重基于事实的政策分析和决策实践了。

这三类影响有一个重要的共同点，那就是：它们所追求的都不仅仅是改变某一具体的政策。因为最有意义和最持久的影响不在于具体政策的改变，而是增强研究者和政策制定者的能力，让他们能够更好地创造和应用知识。这种影响需要数年甚至数十年才能发挥作用，并让人们普遍接受。但是其重要性是无以复加的。

我们怎样才能知道一项政策或决策是否受到研究的影响呢？回答这个问题并不容易。上文已经提到过，除了研究以外，还有很多其他的因素影响着政策的制定。一个特定领域的研究往往不会对某项政策产生直观的正面影响，因此，在大多数情况下，我们只能对此进行推测。即使是这样，有些时候我们也可以在有关政策的争论中看到研究的影子，例如，有些政策团体自己会承认受到了某些研究的影响，因而打开了思路，能够作出更好的决策。

决策机制及其对政策研究的接纳性

为了描述政府决策是如何作出、如何实施的，很多关注公共管理和政策过程的学者都对此作了清晰的分类。由于本书关心的是研究对政策的影响，因此作者将决策机制分成了以下三类。这种分类方式也得到了研究者和政策制定者的认可，为他们提供了不少帮助。

按照常规的决策机制（routine decision regimes），一旦出现了新的需求，决策者往往会在现有的规划和政策里去寻求解决方案。人们很少从整体的角度来争辩政策应该如何制定；即使有，也不会涉及那些有关政策制定的基本原则或目标。

与此不同，渐进式决策机制（incremental decision regimes）则允许某些特定的问题进入政策议程，让人们讨论各种解决办法及其意义。但是，人们一般很少对各类选择进行深入的探讨，而是能避免就避免。对于那些跨越整个政策领域的大问题，只要可能，他们会避免对此进行综合的重新审视。在这种小心翼翼的机制下，社会发展只能碎步前行。

和上述两种机制比起来，根本性的决策机制（fundamental decision regimes）就显得开放多了。该机制能够接受各种政策和策略，在当权者希望进行革命性的政治变革时，他们甚至会考虑一些激进的政策和战略。例如，南非的种族隔离政策结束以后，首届经过自由选举产生的政府便采用了这种决策机制。通常情况下，这种机制并不多见，对于那些胸有成竹的研究者来说，这实在是一个不可多得的好机会。

除了上述这种分类方式以外，我们还可以根据政府总体的行事风格，将政府分为三种：事务型（transactional）政府、过渡型（transitional）政府和转型（transformational）政府。尽管理论上可以如此划分，但事实上，几乎没有哪个政府是纯粹地属于某一类的；即使有，也不会长期处于那种状态。久而久之，由于需求的起落、领导人的更换以及工作重心的转移，多数政府都会呈现不止一种风格。例如，在进入更为平稳的发展阶段之后，政府往往会放弃先前的根本性的决策机制，而用渐进式决策机制。不同的风格有时候会以惊人的速度结合并产生突变。

要进行政策研究，人们就必须考虑政府的主导风格，因为这决定了研究和政策相结合的方式。而政府的风格又是由决策机制决定的，所以，接下来我们将看看几种决策机制对研究的影响。

在常规决策机制下，政府只希望研究者的数据、分析和文稿能够支持或轻微地调整现有的政策。对于那些挑战他们基本假设和信念的研究，政府通常会抵制。

在渐进式决策机制下，政府将一些新的问题纳入政策议程，它们欢迎研究者就这些问题提供建议和解决方案，但并不希望人们对现有政策或传统智慧进行大规模的反思。换言之，研究者只能“戴着镣铐跳舞”，在有限的主题里施展才华。

在根本性的决策机制下，政府会以更加开放的姿态来接纳研究者的工作和讨论，尤其是在决意推翻现有的政策重新来过时，政府非常愿意看到研究者对现有政治逻辑和价值假设提出挑战。它们更情愿反思整个政策议程，而不仅仅是修复其中的某些部分。

如果上述总结都是现实的话，那么，接下来我们可能就会得出一个让人沮丧的结论：既然多数国家采用的是常规式、渐进式而非根本性的决策机制，那么，大部分政府肯定都藏有一种偏见，拒绝采纳创新性的研究结论。常规主义者想的是借着研究来巩固现状；渐进主义者只想知道什么能够让他们挨一天算一天，尽可能避免争辩。由于大部分政策制定者根本就不会去思考或回答一些“大的问题”，因此，即使政策制定者坦承那些有关“大问题”的研究并未给他们的常规工作带来多少益处，我们也不必感到惊讶。

在这样的情况下，发展研究者首先得摆正心态，要随时准备吃闭门羹，毕竟，研究成果对决策者长期坚持的价值观构成了威胁。其次，研究者仍然需要组织和传播新的知识，哪怕是仅仅影响了那些常规的和渐进式的决策也好，因为这些决策通常都是政策制定者愿意作出的。最后，研究者还应该投身于更有长远意义的工作中，包括提升政策能力、拓宽政策视野、改进决策机制等方面。这是一项非常需要耐心的工作，但它会让政策团体慢慢接受更好的政策制定方式，最终会解放决策者的思想，改变他们的态度。

环境至关重要

在大多数情况下，研究者希望影响政策，但总会遭到来自政策制定者的一些制度阻力。除非政府领导人正在经历政治转型或管理危机（尤其是经济危机），他们一般不会主动请求研究团体来给他们提供有创新性的建议。总的来说，他们并不渴望发现新的问题，也不愿意接受那些令人不安的解决措施。为了实现影响力，研究者以及认同他们的政策制定者需要因地制宜，根据自己所处的政治环境来制定与之适应的策略。

首先，他们需要了解政府对研究的包容度。国际发展研究中心开展了 23 个案例研究，以查看每个研究是如何影响政策的。借助于这些案例研究，我们抽离出了五种不同的政策/政治环境。在每种环境下，研究者都总结了一套具体的策略来开展研究和政策的互动。总的来说，政府和政策团体也认可这种分类方式。

政府有着明确的需求

这是一种非常友好的环境。在这样的背景下，政策制定者需要知识，并愿意遵照这些知识去行动。同时，他们还有着接受和理解政策建议的能力，愿意运用这些建议解决实际问题。政策的大门向研究者敞开。为了能够最有效地作出贡献，研究者需要与决策者建立信任关系，让他们相信自己能够及时提供可靠的知识。

只要有着良好的沟通习惯和模式、足够的政策能力，政策制定者对研究信息和建议有着健康的需求，在这样的背景下，研究工作就很有可能对政策制定实施影响。

政府对研究保持兴趣，但领导缺位

在这种情况下，研究对政策影响比较有限。尽管政府官员很清楚那些突出的政策问题，也认识到了问题的重要性，但是政府缺乏必要的执行机构去实施研究者提供的建议。政策制定者不能承担起领导的责任，去决定什么该做、什么不该做，而且也没有清晰的决策制定过程。

此种情况提醒我们，政府对研究的兴趣并不能自动转化为政策决定或者行动。为了让研究产生影响力，人们需要针对研究的实施制订一个周密的计划，在政策制定者中寻求一个拥护者来推动研究的应用；或者由研究团体和政策团体进行细致的沟通，最后在研究者中产生领导者。以往的经验显示，研究者积极地引导政策制定者，同样能够将研究整合到政策话语中去。

政府对研究保持兴趣，但能力欠缺

和上一种情况相似，在这种环境下，研究对政策的影响也很有限。尽管政策团体中的领导认识到了问题的严重性和研究的潜在价值，可能此前也已经采取了一些应对措施，但或许是因为缺少资源，或许是因为其他政策更加重要，他们并未投入必要的资源来增强研究建议的采纳能力和执行能力。这样一来，研究和决策过程之间的关联通常就比较弱。因此，研究者面临着双重的挑战。他们一方面得协助政策团体进行能力建设，使得研究知识能够转化为政策和行动；另一方面还得让相应的问题得到决策者的足够重视。在后面的章节，我们将通过案例研究向读者展示什么样的策略可以帮助研究者有效应对这两种挑战。

新出现的问题激发了研究，但政策制定者不感兴趣

这一情况常常让研究者伤透脑筋。新出现的问题往往能够激发研究者的动力，促使他们去思考如何解决发展问题。但政策制定者并非如此，他们要么表现冷淡，将其抛之脑后；要么就煽动反对的声音，竭力抵制研究活动及其取得的成果，唯恐对既得利益者构成威胁。糟糕的是，如果该研究的潜在受益者从来都不知道研究的存在，那么研究也就缺乏政治支持了。

这样的政策环境让研究工作和研究者自身都处于高风险中，全世界都是如此。在我们的 23 个案例里，相当一部分案例涉及的国家都是这样的情况，尤其是在研究项目实施的早期阶段。为了改变这种不利的条件，研究者们进行了诸多尝试。有些人设法引起了决策者的注意，打开了他们的心结；另一些尝试则遭到了失败，决策者重重关上了面向研究者的这扇窗。当研究者及他们的支持者在政策团体内外都采取灵活的倡导策略、沟通策略及教育策略时，成功的几率就提高了。

政府没有兴趣或敌视研究

在这种情况下，研究几乎就没有影响政策的可能。政策制定者全神贯注于其他问题，甚至对研究者提出的问题以及所有利于研究的事物都持敌视态度。[①] 需要说明的是，有些政策制定者不能接纳任何研究，或许是因为研究本身过于超前了。所以，有些时候，一些创新的（或幸运的）研究偶尔产生一个成果，刚好出现在政策制定者需要的关头，我们也完全不必惊讶。在任何情况下，有志于发展研究的人都应该用耐心、决心、敏锐的认知来武装自己，通过

---

① 在我们的案例中并没有发现政府敌视研究的情况。但是，故意、有组织地冷落研究与公然抵制研究在本质上也没有很大差别。

长期、系统的说服来吸引政策制定者的目光。值得注意的是，正如科学领域一样，政策领域中的事物也在改变。政策制定者的态度会改进，他们的兴趣会变化，对研究的需求会增加，工作重点会调整，政府领导也会更换。有了这些变化，通往政策的门也就打开了。

总之，研究和政策之间的相互影响是动态性的。无论是对于研究者还是政策制定者来说，这既给他们带来了机遇，同时也带来了限制。影响力本身的含义就是非常丰富的，需根据具体情境而定。除了影响具体的政策，研究还能够提升政策能力，拓宽政策视野，甚至改变政策制定体系的本质。事实上，研究的影响通常得在数年后才会显现；其最持久的作用并不在于改变某项政策观点或者政府决策，而是提高治理的质量。

要使研究产生影响，研究本身必须具备严整的逻辑和有力的结论，但对此起到决定性作用的还是决策系统的特征。因为任何一个研究都必须在特定的决策系统里实施和传播，在常规式和渐进式的决策体系里，政策制定相对谨慎，对待研究的态度也较为保守；而在根本性的决策体系中，政策制定则相对激进，政策制定者也更愿意接纳新的观点。

这就涉及接纳性（receptivity）的问题——政策团体在政策讨论中是积极地邀请研究者的政策建议，还是淡漠处之或弃之如敝屣，抑或是对那些基于研究的政策行动完全不屑一顾？

然而，无论是在哪种情境下，不管政策团体对研究的接纳程度有多少，研究者和那些倡导研究的人都可以找到一种最好的方式来影响公共政策和发展行动。毫无疑问，政策影响是一个复杂的现象。无论如何，研究者仍然可以通过设计、实施和汇报其研究成果，从而对政策和行动施以最佳的影响。下一章节我们将根据 20 多个发展中国家的 20 多个案例，来介绍在这个过程中哪些努力是有效的，而哪些努力又是无效的。

第三章

哪些有效，哪些无效

长时间以来，发展研究与政策/政治环境相互作用、彼此影响。研究者及其支持者的工作深深嵌入在他们所处的环境中。即便他们雄心勃勃，志在改变公共政策的决策和施行方式，但在具体的行动中也必须收起锋芒，对参与政策过程的其他力量作出适当的权衡。经济和社会的性质、政府领导者的个性、政治连续性、政治变迁的压力与张力——所有这些因素都对政策的实施和成效有着强有力的影响。

换言之，为了使研究尽可能影响到政策，发展研究者会根据所处的政策/政治环境，认真地设计和实施研究，并将研究结果传递给政策团体。但这并不是简单的策略就可以完成的，政策环境既复杂又多变，好比每一个政策环境都是一扇门，而研究者没有万能钥匙。

随着研究的展开，政策团体对研究的态度可能会频繁地改变。某些政策制定者原本对研究不屑一顾，但后来他们也许会认同于此，也许还会离职而去。有时候，一些变化会对研究不利，使得一些本该产生的影响就此消失。还有的时候，由于研究为决策者提供了有用的答案，打消了他们的疑虑，反过来也增加了政策环境对研究的接纳性。

对于研究和政策的相互作用，上一章节共划分了五个类别。在本章，我们依然沿用这种分类方法，但下文的讨论中，我们将引入具体的案例，并分析一些加强研究影响力的策略。

政府有着明确的需求

如果政策制定者对研究表示出了真实而具体的兴趣，那么研究者的地位就非常有利了。在这种情况下，政策制定者通常对研究建议有着特别的需求，也有能力去采纳它，还会安排组织实施研究建议的落实。无论是对政策摘要还是详细的数据，决策者都会主动提出要求。而研究者所要做的仅仅是详细地阐述或者展示具体内容，不用多费口舌，政策制定者自己也知道什么问题是重要的，什么样的决策时机是合适的，什么样的研究建议是可信赖的。

专栏 3.1　与政策制定者共同工作（塞内加尔）

当一个政府迫切需要研究为他们提供建议时，研究对政策产生影响的可能性就会大大增加。研究团队若是对此早有准备，并且反应快速，便能很好地抓住这一时机，从而产生巨大的影响——正如塞内加尔一个经济学家小组发现的一样。

尽管是世界上最贫穷的国家之一，但由于早些年的政策，塞内加尔的经济还是取得了较大发展。GDP 年均增速达到了 5%，通货膨胀率也有了显著下降。但是穷人数量仍持续增长：2001 年的一项调查显示，该国农村地区的贫困率甚至高达 80%。

为了缓解这种令人震惊的贫困局面，国际发展中心于 2000 年支持塞内加尔应用经济学研究中心（CREA）开展了一项研究。该研究项目名为“宏观经济调整政策的微观影响”（MIMAP）①，集中讨论了这样一个简单的问题：宏观经济政策如何影响穷人的家庭和社区？对这一问题的深入探索，使得研究者触及了长期贫困最深处的复杂性。

该项目实施刚满三个月之时，塞内加尔政府请求应用经济学研究中心帮其完成一份《减贫战略文件》，用以说明该国政府将如何利用可能的资金来减少贫困。完成这个报告，塞内加尔就有可能满足世界银行与国际货币基金组织的要求，从而获得减少债务的资格。鉴于应用经济研究中心的双重角色，这个文件的撰写和MIMAP的项目工作不可避免地出现了相当大的重叠。

面对这样的挑战，应用经济学研究中心枕戈待旦，早就有所准备。其中一些经济学家声名远扬，在政策团体中拥有很高的可信度；有几人还具备公共管理方面的研究经验。机缘巧合使得他们要同时进行MIMAP的研究以及减贫战略文件的编写，极大的灵活性也给了研究者影响政策的机会。

最后，这次合作的结果令研究者和政策制定者都很满意。政府成功地制定了减贫战略文件，而且这个战略体现的是塞内加尔学术机构、非政府组织、商业和政策团体的共识，而不是外国人的一隅之见；这样一来，塞内加尔人对这个战略产生了一种认同感，后面的实施工作也就好开展了。同时，有着政府的大力支持作后盾，研究者的工作也赢得了政策制定者更多的尊重。

这个案例告诉我们：研究者若能及时向政策制定者伸出援手，为他们缓解经济和其他方面的压力，那么研究一定会产生最大的影响。另外，在政策制定者面临所有的压力中，对经济方面的忧虑最能驱使他们去向研究者求助。

---

① 国际发展研究中心选取了12个非洲和亚洲国家开展这个项目，塞内加尔只是其中一员。

在这样的环境下，研究者要影响政策，最好是首先取得政策制定者的信任。通常情况下，为高层决策者提供意见的研究者都是久负盛名之人，决策者心里清楚，这些研究者能以一种易于理解的方式，及时为政策制定提供高质量的研究。所以，与政策制定者建立信任关系就像是一种策略性的投资，最终会增加他们对研究的需求，进而影响政策。

有意思的是，政策制定者对研究的需求常常出现于两种相反的情况下：一是研究问题陈旧且广为人知，二是研究问题新颖且尚未被理解。

对于那些老生常谈的问题，政府往往委任了特定的部门机构，制定了清晰的解决方案，也实施了相应举措来将其制度化了。此时，研究所要考虑的问题并非是否要行动，而是如何行动。

例如，在塞内加尔，贫困问题由来已久。为了获得多边发展银行的债务减免，政府急需制定一个综合的减贫战略文件。此时，塞内加尔一个经济研究机构临危受命。而这个机构恰巧又接受了国际发展研究中心的资助，已经着手对塞内加尔的贫困状况进行了大量分析，可以将研究成果整合到减贫战略文件中去。更有利的是，该研究团队本来就因高质量的研究而闻名，再加上团队领导与政府官员的私人关系，便更能获得政府信任了。在撰写减贫战略文件的过程中，研究团队既提高了自己的声誉，也巩固了和政府的关系。信任的加深，使研究对政策产生影响成为了水到渠成的事。

另一方面，一些突如其来甚至令人担忧的问题给政府带来了挑战，同样也能激发政府对研究建议产生强烈的需求。譬如，信息与通信技术的出现曾让许多政府一筹莫展，不知这些新的系统能带来什么益处，也不知该如何规范并推广这些技术，只得四处寻求研究者的建议。在尼泊尔和莫桑比克，政府官员就承认它们对于这些技术知之甚少，而研究者刚好能弥补其所需，告诉他们应该怎样运用技术来促进发展。在尼泊尔以及整个非洲地区，信息和通信技术这一新奇的事物使得研究者和政府之间产生了密切持久的合作。

政府对研究抱有兴趣，但领导缺位

接下来我们要讨论的是大家经常遇到的一种情况，尤其是决策者，往往对这种情况非常熟悉。在他们看来，政府原本应该负责公共政策的实施，但有些时候，由于没有清晰的决策过程，政府无法承担应有的领导责任去决定什么该做、什么不该做。此时，研究项目的成员就应适时应务，担当起领导角色，这对于他们来说也是一个机会。一般来说，面临这种情形，研究团队应该采取两方面的策略来促进研究建议的实施：一是与决策者沟通，影响和激发他们作决定并采取行动；二是加强制度结构，保证研究可以付诸行动。沟通可以为决策和行动提供更多的参考，也能鼓励决策的形成和行动的落实。但如果缺少实施建议的体制，研究成果可能永远也无法付诸实践。

坦桑尼亚基本卫生干预项目（TEHIP）便是一个很好的例子。这个项目的研究者与当地卫生工作者和农村村民紧密合作，对当地居民真实的卫生服务需求进行了评估。如今，该项目面临的最大挑战就是：如何推动中央卫生部将 TEHIP 的项目方式制度化，来设计和执行一个计划。在试点阶段结束之后，由于在卫生部门各方面的参与者之间缺乏协调，项目进度放缓。直到数月后，由研究者、国际捐赠方及政府官员共同参与的准备工作都完成了，项目才出现实质性的进展。

另外，菲律宾在国际发展研究中心的支持下开展了 MIMAP 项目，成为了参与这个项目的多个国家之一。在项目实施早期，研究者在该国进行了一项大范围的贫困调查，并明确指出：应该扩大贫困监测的范围并使其制度化，以此来应对贫富差距。他们的工作使政策制定者产生了共鸣。但同时，与坦桑尼亚的项目一样，这个项目也面临着类似的挑战，那就是推进超越当地层次的行动，并在全国层面建立一套贫困监测体系。政府的领导力和实施努力必须符合菲律宾在行政分权方面的现实情况，这一点后来变得越来越明显（这将在第四章详细讨论）。

再来看看同样实施了 MIMAP 项目的孟加拉国，这个研究项目成功地在国家政府体制内实现了研究活动的制度化。项目人员从一开始就培训统计局官员和国家规划委员会的官员使用 MIMAP 分析工具，这样便将项目和官员的工作结合了起来。巧合的是，孟加拉国政府的某些职员同时参与到了国家减贫战略文件和国家经济发展计划的制订工作中，MIMAP 研究为他们提供了很好的借鉴，从而协助他们制定了这些文件。在这个案例中，研究之所以能对政策产生影响，主要是因为研究者与政府官员进行了细致的沟通，将研究植入政策过程中。

通过这些案例，我们可以发现：政府对研究有兴趣，并不能保证研究就会对政策产生影响。如果实施层面的领导缺位，研究团队就得想办法跟相关决策者合作，以此来培育领导层。具体的方法包括提供及时的、相关的政策信息，进行培训，等等。

政府对研究抱有兴趣，但能力欠缺

有时候，研究主题会与某个重要的政策问题相契合。对此，政府官员原则上可能愿意尽快接受研究者的建议并付诸实施。但实际上，由于缺乏能力，或者必须优先考虑其他政策，这方面的行动便不得不搁置下来。在这种情况下，开展研究项目的工作人员首先应该帮助政府提升研究能力，同时还得让相应的问题得到决策者的足够重视。如果政策环境不佳，政府本来就极度欠缺能力，或者政策团体并没意识到某个问题的严重性，研究者最好就不要贸然开展研究。

然而，通过实施一些策略，这些困难还是能被克服的。乌克兰环境管理发展项目（EMDU）便是一个典型。在乌克兰，第聂伯河对全国经济发展有着至关重要的作用，有人甚至称它为乌克兰的生命线。但是，日益严重的污染却让乌克兰国民人人自危。在国际发展研究中心支持这个项目前，一些本土研究者已经就该河的水质进行了数年的研究。即便如此，由于长期缺乏经费，技术也早已严重过时，这些研究其实开展得并不顺利。为了弥补这些缺陷，乌克兰环境管理发展项目正式启动，大力倡导使用先进而又低成本的水质检测技术，并制订了专门的计划，尝试将研究获取的数据和其他证据引入水资源管理政策的制定过程中。此外，为了利用事实证据来更好地制定政策，项目团队还与政府官员进行了合作，在推进管理技术提升的同时，也促成了他们态度的转变。

除了致力于提高政府能力之外，研究者还设法让广大公众对项目予以支持。很显然，民众支持能够吸引并保持政策制定者对研究的注意。这两种策略形成一股合力，使研究项目颇有成效。低成本技术的引进，以及更具效率的决策制定过程使得政策制定者更愿意采纳和实施研究者的建议；而公共倡导和教育活动则增加了这个问题的政治分量，让政府更愿意对第聂伯河的污染进行监测。这个案例给我们的启示便是：研究者能够提升某一问题的政治重要性，驱使政府有所作为；同时还能弥补政府的能力不足，使其能够更容易地去解决问题。

新出现的问题激发了研究，但政策制定者缺少兴趣

有时，研究者能够发现一些新的问题，或是意识到某些问题

越来越重要，但决策者却对此漠不关心。尽管政府里的个别人知晓这一议题，并部分地了解它的重要性，然而，由于这个主题本身具有争议性，或是缺少来自某个重要政治群体的支持，结果不仅难以吸引官员的关注和政治兴趣，而且几乎无法获得公众的注意。

在这样一种背景下，研究者若要影响政策，则必须遵循以下策略。第一，基于事实证据，提出一些值得人们注意的政策建议，形成一个有分量的研究议程。第二，要实施一个贯穿始终的宣传计划，将研究成果及其价值传递给政策团体，让决策者知晓。第三，要激起大众对这一议题的兴趣，同时让他们关注相应的政策建议。这三点策略只有“三剑合璧”之时才能形成一个完整的战略而共同发挥作用。因为，要引起政策制定者的注意，研究者首先必须迈出关键的一步——及时提供与政策相关的研究建议，以对方能够接受的方式展示出来。只有借助有效的宣传，这些信息才能更快捷地传递到决策层。若是在公众传播方面做得出色，政府就更容易转变那种冷漠的态度；尤其是那些本来就直接关注这一问题的公众，还有某些能够向政策制定者施加影响的个人，他们将使政府在这个问题上投入更多的思考乃至行动。

在这三点中，最后一点非常关键。因为政府官员和政治精英对研究关注的问题毫无兴趣，并不表示公众也不感兴趣。总有一些人会跟这个议题休戚相关，政策的改变或许能让他们从中分得一杯羹。所以，研究者往往会把自己的发现和政策建议告诉他们。在理想的情况下，有些社区几乎从一开始就参与到研究中来，这让社区成员深知研究的意义，并致力于促成政府的行动。

和其他情况类似，要在这种环境下让研究影响政策，研究者也需要直接培养政策制定者的分析能力和执行能力。然而，此处最关键的问题并不在于体制方面的，而是在于如何才能把相应的议题摆上台面，让决策者有所关注。当然，鉴于决策者的冷漠，这些努力最后很可能无果而终。但只要研究者依然坚持下去，还是有一线成功的希望的。

我们先来看看危地马拉的案例。在国际发展研究中心和一个玛雅人组织的支持下，危地马拉开展了一个研究项目。出于对当地居民尤其是女孩的尊重，该项目非常希望推动教育财政方面的改革。然而在当时，危地马拉刚刚才平息了长期的国内冲突，经济和政治局势依然动荡不安，因此，领导人更加注重国家的统一，而不是了解各个人群有什么特殊的需求，也不会考虑教育支出上是否存在种族和性别方面的不平等。这是研究团队需要承认恰恰又忽略的基本事实。由于没有顾及危地马拉的核心政治特征，这个研究项目从开始就注定了失败。无论研究者多么努力地倡导，多么仔细地安排时间，或是多么一丝不苟地去找合适的政策人员，始终都无济于事。在这个案例中，政府的态度非常强硬，即使面对很有建设性的建议也不会为之所动。但同时应该值得反思的是，研究者误读了政治环境，导致他们在制定和实施政策研究之时付出了很大的代价。我们需要从这个失败中汲取教训。

下面，我们再来看一个比较成功的案例。在印度的农业部门，“可持续技术和制度研究与创新学会”（SRISTI）已经记载并传播了超过一万例草根创新和传统实践了。除此之外，该协会还成功地提高了政策制定者的认知，通过政府机构使协会的活动实现了制度化。在具体的实践中，协会积累了有说服力的证据，侧重于不同决策者的偏好展开了有针对性的宣传，还主动地构建关系网络，将政府官员和项目工作人员联系起来。这样一来，曾经表现冷淡的公众权威也就成为了协会的同盟和宣传员。

与之相似，秘鲁沿海地区的一个研究项目同样取得了成功。在这个案例中，一个铜矿企业肆意排放矿渣和废液，给当地环境造成了巨大的破坏。研究者在一家当地非政府组织的支持和国际发展研究中心的资助下，向政府官员和私人企业施压，期待他们能够进行大规模的环境修复。这个非政府组织就此问题进行了研究，与官员和社区成员建立了联系，并广泛获得了公众的关注。最后，他们还引起了国际法庭对此问题的兴趣，形成了一个书面报告，认为铜矿公司负有不可推卸的责任，同时政府在环境法律方面的执法也过于松散。通过这个案例，我们可以发现：面对政府的漠视，研究者不仅得作出过硬的研究，而且还得在政策团体中进行集中的倡导，以及灵活地在当地和国家层面激发公众积极参与。

政府缺乏兴趣或敌视研究

在这种情形下，政策制定者极力抵制研究建议，并且可能对这个议题本身怀有敌意。要么是他们还远没有准备好去倾听研究的意见，要么就是当时的政治体制拒绝研究所提供的任何东西。面对这种情况，研究团队必须从一开始就认清现实：项目很难影响到政策；但同时还得始终如一地坚持自己的目标。随着时间的流逝和研究者的坚持不懈，或许终有一天，决策者能放弃先前的偏见，向研究者张开双臂。

在这方面，秘鲁又为我们提供了一个好的例子。这个案例中的研究项目主要探索了高海拔地区采矿工作对健康的影响。一般来说，人们总是认为高海拔地区生活对身体的要求更苛刻，但久而久之适应之后，任何职业的负面影响就和低海拔地区差不多了。这个信念令人宽心，却和研究者的结论相冲突——我们的研究者发现，在安第斯山脉高海拔地区，小规模的人工采矿活动损害了矿工及其家人的身体健康，这种损害远远大于低海拔地区的矿工所受到的影响。无论是卫生部的官员还是来自采矿业的代表，都对项目结果表示质疑。此外，采矿社区中的很多人依然持有传统观点，认为在高海拔地区生活的人应该能很好地适应高山环境。因此，至少在短期之内，项目无法发动公众来推动相应的政策变革，进而保护矿工健康。在项目执行之初，秘鲁的矿工工会原本表现得非常积极，然而，后来秘鲁跟其他一些南美国家一样，实施了重大的经济改革，包括劳动力市场改革和国有企业的私有化等。这导致矿工工会的地位遭到削弱，该研究项目也丧失了先机，难以再影响政策了。

总　结

发展研究项目是否能够作用于公共政策受到很多因素的影响，但这主要取决于其时空背景——从理论上来说，如果政策制定者愿意接纳研究，而且有足够的能力将之付诸应用，那么研究就很容易产生影响；相反，如果决策者不愿意接纳研究成果，其适应能力又较差，则研究很难产生影响。

通过案例回顾我们就会发现，现实情况其实要比这复杂得多，但同时，即使是在逆境中，研究者的希望并非如此渺茫。这些案例告诉我们：首先，研究的确能在政策过程中有所作为，即便在最开始，相应的政策环境对研究的接纳程度很低。只要研究者审时度势地开展相应的工作，将研究成果传递给决策者和公众，那么任何情况下，他们的研究影响都能实现最大化。其次，无论是在研究还是政策制定领域，任何事物都会发生变化。在研究进行的过程中，政策背景时常会发生变化；同时，研究项目能够也应该适应环境的变化。在一些情况下，研究本身似乎改变了政策制定者的观念，因而让政策团体开始认可研究的价值，建立起对研究者的信任，政策环境对研究的接纳性也相应提高。根据本章对政策环境的分类，作者梳理了各个案例，并将它们划分到了相应的类型中（详见表3—1）。

第二列表示项目实施之初的政策环境，第三列则表示项目实施之后的政策环境。在有些案例中，政策环境的变化是由研究项目引起的，另一些案例则是受到其他因素的影响。

表 3—1　对 23 项案例研究的背景及随时间变化的分析

背景	项目之初	项目终结
1. 政府对研究有着明确的需求	MIMAP1 – 塞内加尔 通信技术项目 – 尼泊尔 经济改革 – 越南 阿卡西亚项目 2 – 南非 阿卡西亚项目 – 莫桑比克 阿卡西亚项目 – 乌干达 阿卡西亚项目 – 塞内加尔	MIMAP – 塞内加尔 通信技术项目 – 尼泊尔 经济改革 – 越南 阿卡西亚项目 – 南非 阿卡西亚项目 – 莫桑比克 阿卡西亚项目 – 乌干达 阿卡西亚项目 – 塞内加尔 亚洲渔业研究网络 3 SRISTI4
2. 政府对研究抱有兴趣，但领导缺位	TEHIP5，坦桑尼亚 MIMAP – 孟加拉国 MIMAP – 菲律宾 拉丁美洲贸易网络 24 国集团 6	TEHIP，坦桑尼亚 MIMAP – 孟加拉国 MIMAP – 菲律宾 拉丁美洲贸易网络 24 国集团（24 个国家） 铜矿产业，秘鲁 灰水再利用，约旦
3. 政府对研究抱有兴趣，但能力不足	环境管理，乌克兰	环境管理，乌克兰 阿萨尔项目，黎巴嫩 7（本地）
4. 新出现的问题刺激了研究，但政策制定者缺少兴趣	高海拔地区采矿，秘鲁 铜矿产业，秘鲁 ECAPAPA8 阿萨尔项目，黎巴嫩 亚洲渔业研究网络 SRISTI 灰水再利用，约旦 教育预算改革 水源需求管理，突尼斯	

续表

背景	项目之初	项目终结
5. 政府缺乏兴趣或敌视研究	咸水灌溉,叙利亚	咸水灌溉,叙利亚 阿萨尔项目,黎巴嫩(国家) 教育预算改革 水源需求管理,突尼斯 ECAPAPA 高海拔地区采矿,秘鲁

备注：

1. MIMAP：宏观经济政策和调整政策的微观影响；
2. 阿卡西亚项目（Acacia)：一系列用于发展项目的信息与通信技术；
3. 亚洲渔业研究网络（AFSSRN)：全称“亚洲渔业社会科学研究网络”；
4. SRISTI：可持续技术和制度研究与创新学会；
5. TEHIP：坦桑尼亚基础医疗卫生干预项目；
6. G-24：即24国集团，是77国集团派生出来的由24个发展中国家组成的组织，在国际金融改革的议题中为其成员代言；
7. 阿萨尔项目：黎巴嫩阿萨尔地区贫瘠土地的可持续改进项目；
8. ECAPAPA：中东非的农业政策分析项目。

通过该表我们看出，就本书讨论的研究项目来说，很少有研究在实施前后一直处在封闭的政策环境中。大多数研究在实施以后，都能与政策团体进行一定对话，政策环境对研究的接纳性也会相应提高，印度的SRISTI项目和秘鲁的铜矿污染研究项目就是如此。只有像秘鲁高海拔地区采矿研究这样的少数几个项目才无甚改变。

考虑到这些变化，如果我们仅仅借用政策环境的接纳性，似乎还不足以解释研究最终能对政策施加什么程度的影响；接纳性和影响之间并不存在完美的线性关系。在政策环境，以及研究实施和传播的过程中，还有一些其他的关键性因素在发挥作用。为了更完全、更有效地理解研究影响政策的动态过程，我们还需对此进行深入的探索。这正是第四章的目的。

第四章

管理研究，随机应变

既然人们决定要通过研究来改善落后地区（尤其是发展中国家）的经济、社会和政治条件，那他们就应该知道，发展研究通常是在艰苦、资源稀缺甚至冒着生命危险的情况下进行的。虽然环境这么严酷，但只要研究的设计、实施和沟通能够完全符合政策及政治环境的需求，那么它就有可能影响相关的政策与行动，在促进可持续和民主发展的同时，真正改善民生。

在第三章里，我们已经讨论了发展研究与政策/政治环境的互动，并提出了多种策略性的研究途径。接下来本章将介绍一些具体的实践经验，回顾那些成功影响了政策的研究，为读者呈现一系列行之有效的建议。

在此之前，笔者需要重申一个看似简单的现象：在发展中国家，从事研究管理通常是非常艰辛的。研究团队得在资源短缺的情况下筹集所需设备，克服资金的不确定性，招募、培训和留住人才——各种困难将无可避免地摆在发展研究管理者的面前。

且不说其他，要留住积极而有能力的员工就是许多研究管理者所面临的一项重大挑战。在国际发展研究中心资助的多个项目中，某些职位需要自信、有志向和具备一定营销技能的员工，这些要求也使得人员流动非常频繁。对此，管理者并没有什么神奇的解决之道。要避免过高的人员流动率，他们通常只能谨慎地招募，建立标准的激励制度来留住劳苦功高之人。除此之外，有几个项目的实践还让我们有了新的发现。例如，在可持续技术和制度研究与创新学会（SRISTI）和约旦的灰水项目中，人员流动率都比较高，但最后这两个研究都实现了对政策的影响。其成功的秘诀就在于，项目的领导层比较固定。所以，即便其他层面的员工变动很大，研究团队的管理依然稳如泰山。

这些案例告诉我们，不仅要对研究团队内部勤加管理，此外还得注意三个重要的方面。第一，明确项目意图，即影响政策和行动。第二，建立和维护牢固的关系网络，以方便研究合作和政策倡导。第三，制订并实施一套连贯的沟通和宣传计划，系统地把研究引入决策过程。接下来笔者将对此依次进行介绍。

专栏 4.1　节约水资源，改善相关政策（约旦）

和许多其他地区一样，在中东和北非地区，淡水稀缺威胁着城乡地区的贫困人群。其中约旦尤为严重，当地快速的城市化使数百万人面临水资源短缺和食物供给不稳定的问题。为了应对这个情况，约旦落实了许多补救措施，其中一个重要的措施就是回收利用灰水、发展更高效的城市农业。围绕着这个目标，约旦涌现了相当多的研究项目。

灰水主要由洗浴用水和水槽中的废水构成，是一种未被充分利用，但具有潜在价值的水资源。它可以用于灌溉城市花园，有助于城市居民增加食物来源和提高收入，对于发展中国家的家庭来说独具价值。在约旦，国际发展研究中心支持了一系列前后承接的项目，首先证明了灰水的价值，后来又推动了政策的变革，拓宽了灰水的利用范围。

其第一个研究主要是在安曼收集相关数据。该研究发现，安曼1/6的家庭都从事着都市农业，其中40%的家庭使用未经处理的灰水。此外，约旦还没有关于都市农业的具体政策或法规。

第二个项目是在约旦河西岸的巴勒斯坦人聚居区开展的。这个项目测试了一种小型的灰水过滤器，该器具非常廉价，主要是由回收塑料瓶制成。值得一提的是，这个项目还考虑到了文化与宗教界人士对再生水的关注，利用了当地酋长向其部族介绍灰水的优势。

第三个研究则评估了澳大利亚援外合作署开展的项目，这一项目致力于探索新的方法，用来保护约旦南部的土地和水资源。在国际发展研究中心的资助下，评估者阐释了该项目是如何增加家庭收入，并促进社区合作和资源保护的。

最后，在塔菲拉地区实施的第四个项目提高了灰水处理的简易性、安全性和高效性。它促进了环保型肥皂的生产；优化了灌溉系统，培育了能够更加适应灰水灌溉的新作物。此外，它还推动了政策变革，促进更多公众认可灰水的再利用。

这些项目之所以能够对政策施加影响，是与政府当局的态度分不开的。因为当局认识到了约旦的水资源危机，乐于接受研究给出的建议。同时，这些项目还显示出了一些其他的重要特征，即研究者、决策者、捐助者、非政府组织及住户之间建立起了牢固的关系网络，有着充分的沟通；参与项目实施的个人和组织有着较好的信誉；项目的领导者有着战略性的眼光，能够把以前的经验应用到后续的项目中。正是由于这些特征，研究才得以对当地行动和国家政策产生影响。

确定影响政策的目标

一般来说，如果一个研究在开展之初就明确了“影响政策和相关行动”这个目标，那么，到最后它也就更容易施加自己的影响。众所周知，设立一个共同的目标能够给冗长的项目带来活力和方向，但此处的“目标”还不单指一种心理状态，而更是指一种方法。它可以影响初期的研究问题，有助于人们决定调查或试验的进度与其他安排。而且很关键的是，它能促使研究者在向政策团体和公众汇报研究成果前，仔细斟酌要汇报的内容和词句。另外，它还能让研究团队更加注重培育他们与决策者的持久关系。

有人可能认为，上述大部分观点都是不证自明的，不必太费笔墨。因为发展研究作为应用研究的其中一支，骨子里就有着影响公共政策、发动政府或其他主体开展行动的意图。这样的说法或许有一定道理，然而事实并非总是如此。因为研究者对政策和研究的思考往往是两码事，他们通常是到了研究项目后期，才着手考虑如何去影响政策。所以，要实现最好的效果，研究者应该在最开始就把这个目标融入研究设计之中。

以拉丁美洲贸易网络（LATH）为例，该网络创立于 1998 年，是一个区域性的研究机构，专门帮助拉美国家应对全球经济问题，并参与相关的贸易谈判。它从一开始就明确了“影响政策”这一目标，多年来以此指导工作，一直务实地致力于开展与政策相关的研究，以满足拉美决策者的需求。

从另一个方面来看，拉丁美洲贸易网络的成功还佐证了其他项目收获的经验。它的作用远远不只影响一个具体的政策或规划那么简单，而是更加长远地扩展了政府决策能力，以新问题和新思路拓宽了政策视野，通过加强审议、决策和政策执行程序而改善了政策体系。总之，只要在研究策略里明确提出了“影响政策”这一目标，研究者就会注重与政策团体的长期互动。

明确影响政策的目标这件事，迟做总比不做好。在东南亚，国际发展研究中心对亚洲渔业社会科学研究网络（AFSSRN）进行了长期支持。面对渔捞过度和环境退化的重重威胁，该网络最初设立的目标仅仅在于提升东南亚的研究水平，特别是探索沿海渔业的经济和社会问题。经过几年时间，该网络才转移了重心，开始注重为政府提供明确的政策建议。在这些年间，网络的研究者也没闲着，他们提高了整体的技能水平，也树立了研究团体的声望。由于自身研究能力有了增长，在工作重心转向之后，他们能够自如运用已有的能力去实现新的目标，相应地也就改善了公共政策和地方实践。

建立关系网络，推动研究者和政策团体沟通

亚洲渔业社会科学研究网络、拉美贸易网络以及其他很多案例都已证明，在一个有着共同目标的网络中开展研究，能带来多种甚至惊人的回报。因为，在全球各个发展中国家，研究者都会面临诸如资金匮乏和设备短缺之类的苦恼；特别是一些贫穷国家的研究者在独自工作时，还常常会感到孤独和疏离。而关系网络在资源、经验和研究成果的整合方面具有很好的乘数效应，恰恰能为研究者减少这类苦恼。此外，当今的研究领域主要是由发达国家来主导的，因此，相关知识和影响的传播也主要是单向的。而关系网络建立起来之后，发展中国家的研究者和决策者之间能够密切合作，有助于他们独立创造和分享知识，进而也能对发达国家的研究领域产生影响。

那么，要怎样做才能使网络发挥出最大的效用呢？笔者认为，在网络建立之初，人们就必须针对“影响政策”这个目标制定出详细的策略。他们得明确地将“影响政策”纳入自己的计划；让所有利益相关者都积极地参与到网络活动中去；他们得密切关注政策制定者的需求变化；还得跟政策制定者及其他相关人员进行广泛磋商，随时调整研究议程；为了携起手来追求共同的目标，他们必须投入到长期的工作中去。

以拉丁美洲贸易网络为例，这个网络的政策研究者在很早就明确了研究的政策导向，而且大范围地招募其他研究者，耐心地建立

各种关系，从而成功地把研究引入了政策。意料之外的是，拉丁美洲贸易网络与亚洲渔业社会科学研究网络类似，都总结出了一个关键的成功秘诀，那就是研究团体与政策团体之间的人员流动。在拉丁美洲、亚洲和非洲，大量研究型人才成为政策制定团体中的一员，另一方面，经验丰富的政府官员也乐于临时性地加入研究队伍。许多人甚至还同时扮演了研究者和政策制定者两种角色。这种职业身份的交叉自然而然地加强了研究者和政策制定者之间的工作联系。正是依靠关系网络构建起来的合作，才为这些跨国互动增加了很多机会。

注重与政策制定者以及公众的沟通

事实上，大多数研究者在跟政策团体中的官员和政客打交道时，往往都不太自在。在他们看来，不发达地区的政局动荡混乱而又阴晴不定。要跟这里的政府机构建立进一步的关系，他们大多只能望而却步。况且，这些决策者百事缠身，研究者要吸引他们的注意力，只得把复杂的研究用简明扼要的方式表达出来，对此，研究者们也没有足够信心。

这种担忧是正常的，但也是不合时宜的。在今天，人们对发展研究给予了越来越多的期望，除了为问题寻求新的答案以外，人们还希望发展研究者能够对自己的研究成果进行梳理，将其中包含的意义和政策内涵规整出来，清晰地向政策团体和公众阐释。正如一个愤怒的研究者在某次会议所抱怨的那样，研究者现在都应该“像艾琳·布劳克维奇（或者像茱莉亚·罗伯茨在电影《永不妥协》里饰演的那样）……你必须有自己的能力、自己的风格……你必须作研究……进行传播，设计策略，出版成果……拜托，我只是一个研究者”。

单凭一己之力是行不通的，还需要策略。笔者反复强调的是——沟通是影响政策的前提。这里所说的“沟通”是指一个长期的共建互信的过程，研究者需要适时地向政策制定者建言献策，帮助决策者更好地做好本职工作。而所有这些，都需要持久的耐心和周密的行动。

例如，若想开展一个为期五年的发展研究项目，人们在第一年就得启动相应的沟通策略。首先，项目工作者可能得跟中层政府官员进行非正式的对话，或者半小时的概要介绍（在官僚系统中，中层官员往往要比高层官员稳定，所以，开始就跟他们接触，可以尽可能地保证未来五年内项目和政府间的稳定关系）。另外，根据研究主题，不管是省级立法机关还是城市议会，其他层次和机构的政策人员也应参与进来。除了政府部门，那些对研究问题感兴趣的支持者也应成为项目工作者的沟通对象，包括商业协会、农业和劳工组织、专业机构以及其他类似的组织。

有时候，即使是在住户和社区里跟一些最普通的老百姓交流，也会产生非常有影响的结果。例如，要调查健康、教育或互联网连接等问题，就最好去问那些正为这些问题苦恼的家庭。对于日后出台的政策，他们或支持或抵制的态度很有可能会决定政策的效果；研究者和社区之间的相互教育能够增进人们对今后政策的理解，进而支持政策的实施。

随着研究的推进，其成果将会越来越多，研究者与政策制定者之间的沟通就应该越来越及时和具体。此时，如何选择措辞和合适的表达方式就显得尤为重要了。一般情况下，政策制定者对那种专业性较强的研究问题、理论和方法都不太感兴趣，他们所关心的是实际工作中饱受困扰的问题，需要的也是简明清晰的解决方案。

另外，研究的时间安排也至关重要。有些时候，政策制定者会连续好几个月都对研究者不理不睬，但突然间又会要求对方立马给出他们想要的答案。研究者若想影响政策，就得充分利用这几个月时间开展他们的研究，随时准备抓住机会，把成果递交给政策制定者，正如路易·巴斯德（Louis Pasteur）的那句至理名言——“机会总是留给有准备的人”。

可以理解的是，政策制定者需要处理各种各样的难题。如果研究者呈现给他们的不是清晰明了的信息，而是更多的矛盾和未解之谜，那只会给他们添乱，无益于决策的形成。当然，这并不是说研究者就可以夸大其词地力捧某项政策建议，相反，他们应直截了当地说明他们知道什么、不知道什么。在呈递给决策者的建议中，研究者可以写出自己的洞见，但必须说明哪些是事实，哪些又仅仅是他们的推测。在当今，单个研究者很难就某个问题给出完备的解决方案。有时，研究者在某个方面的无知甚至还能给予决策者些许宽慰，让后者明白——“原来我不懂的地方别人也不一定就懂”。这种及时、简明、坦率的沟通有助于树立决策者对研究者的信任，也利于使研究的影响力发挥出来。

随机应变

上文已经提到，为了发挥研究的作用，我们需要对项目进行精心管理，明确研究的目标，建立关系网络，还要注重沟通。但所有的这些都是在研究团队的能力之内的，在此之外，还有一些跟政策环境相关的不可控因素，我们将其称作系统变数（system contingencies）。在下文我们将介绍五种系统变数，无论是什么样的机构调整和政治变动，研究者都应该调节自己的策略，尽力把研究引入政策。

决策机构的稳定性

要实现政策影响，发展研究者们通常得做好两方面的工作：一是与政策制定者建立私交，二是让研究本身得到整个政策团体的认可，形成“集体记忆”。然而，若是政策制定者的去留迅速无常，或者集体记忆也不管用时，政策的影响力也就削弱了。这种情况在发展中国家相当普遍。

以国际发展研究中心资助的危地马拉教育研究为例，在这个项目开展过程中，危地马拉政府实施了意义重大的结构性调整，使得决策权从行政部门转移到了立法机构。由于缺少相应的准备，研究者无法有效地对立法者开展游说，因而研究的影响力也就大打折扣了。与之类似，在秘鲁高海拔地区的采矿研究项目中，秘鲁政府削减了财政预算，撤销了专门处理职业健康问题的政府机构，让研究团队少了一个潜在的同盟。简而言之，尽管研究可以产出一些有意义的结论，但是，如果没有一个愿意接受它的政府机构，或者政府的政策重心出现偏差，那么即使研究成果再好，也难以落实到新的政策或者行动中去。

无独有偶，乌克兰的河流治污项目也有着类似的遭遇，同样面临政府机构不稳的问题。但最终这一案例却在很大程度上取得了成功，其原因就在于：研究者利用电视节目和其他方式把研究成果传递给了公众；此外，他们还选取了一个特别稳定的决策者作为研究和政策的桥梁，那就是总统。公众与总统的关注在一定程度上消解了机构变动给项目带来的冲击，工作开展起来也就更有保障了。

除此之外，我们还有另一种策略。前文已经提到：研究者应该建立与政府中层官员的合作关系。因为他们是政府机构的中坚力量，对研究的“集体记忆”最为深刻；而且这一层级的人员调整给项目带来的破坏性也相对较小。例如，拉美贸易网络的成员就很好地利用了这点。作为该项策略的延伸，研究者还可以在低一级的国家治理结构中去寻求更稳定的决策部门。诸如村委会、州政府或地方教育委员会之类的机构，有时可以成为研究团队的最佳拍档，帮助它们把研究成果推向政策。这一点将在下文详述。

政策制定者应用研究的能力

在很多发展中国家，国家发展的问题实际上就是政府能力欠缺的问题。如果政府没有足够的能力来推动经济和社会变迁，那么国家发展也就无望了。在它们缺乏的各种能力里，吸收和应用研究建议便是其中之一。这也是大多数研究者长期面临的一个变数。

对此，研究者们自有应对之道。在拉美贸易网络的案例中，政府官员最初连一些基本的贸易谈判概念都搞不懂，这实出项目意料之外。为了尽快改变这种状况，研究者只好在原计划的基础上增加了培训官员的时间。同样，为了参与对全球重大经济问题的探讨，24 国集团启动了“技术支持服务项目”，通过适时的研究来为成员国提供决策参考。但即使是这样，各国的政府官员也不一定会依照建议来行事。研究者们发现，各国部长起初对他们构建的计量经济模型疑虑重重，而且在采纳研究建议方面也表现得非常谨慎，生怕招致世界银行和国际货币基金组织的不悦。面对这种意外情况，研究者不可对官员期望太高，毕竟，终日公务缠身，让他们很难顷刻就理解研究中的假设、数据或是表达方式。相反，研究团队应该合理地计划并投入必要的时间，通过培训和倡导来提升决策者的能力。很多时候，当细心的研究者成为决策者的老师时，研究影响政策的时机才真正到来。

分权抑或中央集权

从表面上来看，一个国家是否有着分权的决策制度，似乎与研究能不能影响政策没有太大关系。不管在什么样的决策结构中，只要研究项目的计划符合现实，那么它就有可能影响政策。要做到这点，研究者首先得摸准相应国家的体制。若要实施一个医疗卫生研究项目，而且该国的医疗政策又是由省级或地区官员来制定的，那么研究就应该针对他们展开攻势。值得注意的是，分权体制中的很多规则都不是以白纸黑字的形式存在的。为了使研究的影响力最大化，研究者需要理解那些非正式的和不成文的政策制定实践，并弄清楚决策者到底想实施怎样的权力分配。

以菲律宾的 MIMAP 项目为例，由于该国的贫困监测和扶贫体系采用了分权制，因此，要将研究成果推广到全国各个角落，那就需要相当大的精力和时间投入。事实上，研究者也正是这么做的。为了让菲律宾全国都使用他们开发出来的贫困监测体系，研究者们采取了步步为营的策略，首先在巴拉旺省成功地实施了计划，随后又将项目扩展到了第二个省，即布拉干。

在坦桑尼亚的 TEHIP 项目中，中央政府有志于推动医疗体系的分权，希望区域和当地层面的医疗工作者能够拥有一定的决策权。了解到这点之后，研究者实施了与之相适应的试点项目。他们通过住户访谈，评估了普通老百姓的健康需求，从而为政府开展各地的分权工作提供了一些指引。

与之类似，在国际发展中心支持的多个"信息与通信技术项目"中，研究者也注意到了：中央政府希望实施某些方面的分权，让地方承担更多的责任来管理和推动信息与通信技术的发展。在城市市场和乡村学校，在田间地头和渔船上，适当的分权化管理着实让技术创新变得民主起来，另外也改变了老百姓的生计。而研究者需要明白的是——哪些方面在实施分权，其目的又是怎样。

另一方面，在中央集权的国家，政治体制会对研究的应用产生积极还是消极影响，到最后其实还是取决于研究本身。当它顺应中央的意志时，当权者便会以国家利益之名推动研究的应用，集权体制也就能够促进研究对国家层面的政策产生影响。在越南，随着市场经济改革的推进，政府非常需要经济方面的研究。国际发展研究中心就应其所需，开展了与之相关的研究项目。对于研究成果，中央政策团体也相当感兴趣。而在同样实行中央集权的叙利亚，结局就没那么好了。由于灌溉问题并非政府的优先考虑点，因此，项目方开展的该主题研究从未得到利用。

总而言之，尽管发展研究必须以影响政策为己任，但研究者的期望必须跟实际情况相结合；只有在与国家决策结构相符的前提下，研究才更有可能影响到政策。在有的国家里，某些领域的决策权已分至地方层次。在这样的前提下，若是哪个研究项目非得硬上，不产生全国性的影响就不罢休，其结果也就可想而知了。那么，我们应该怎么做才能符合实际呢？笔者建议，在设计一个发展研究项目时，人们最好先去了解相关领域的政策制定结构和过程，判断其集权或是分权的程度，再据此调整项目的执行和汇报。

转型国家的特殊机遇

如前章所示，在那些经历政治、经济和社会转型的国家里，研究者往往能找到难得的机会，让他们的工作影响到公共政策和行动。因为，这种情况下的决策者对非传统的思想和创新非常敏感，正在逐步成形的年轻机构也有着很强的可塑性，而且公众也乐于接受反传统的主张。在转型社会里，人们不仅会对政策内容革旧维新，甚至连治理的方式也会有所改变。所以，研究既可影响政策本身，同时也能影响政策讨论和决定的规则。

从乌克兰到南非再到越南，国际发展研究中心资助的研究者们利用这些转型，恰到好处地影响了政策。在乌克兰，研究者引入了一种新的规程，加强了环境管理的透明度和可问责性，从而帮助政府深化了体制改革。在南非，种族隔离政策结束以后，国家实施了社会和经济变革，而研究者早早为此做好了准备，对该国首个经由选举产生的政府给予了支持。在越南，研究者积极为政府出谋划策，从而进一步推动了该国的经济改革。总之，对研究而言，转型并不是什么安稳的环境，巨变和挫折有如家常便饭一般。但不管怎样，有耐性的、善于抓住机会的研究者依然爆发出自己的影响力，并发挥持久的作用。

经济危机与政府压力

当一个政府面临经济危机或者其他沉重的经济压力时，形势反倒利于研究者去影响政策。因为大部分情况下，迫于经济方面的压力，政府领导往往会向研究敞开怀抱。例如，塞内加尔的 MIMAP 项目之所以能取得成功，很大程度上就有赖于国际机构给该国政府施加压力，让其不得不撰写《减贫战略报告》。在越南，官员和政客们都希望通过可靠的贸易政策改革来吸引国外援助，并取悦潜在的合作伙伴；还有其他一些政府为了规范和促进信息通信技术的发展，也向研究者伸出了橄榄枝。这些事实都说明了一个简单的道理，那就是研究者要知政府之所思、察政府之所虑，只要他们回答了困扰政府官员的经济难题，那么研究就能发挥出最大的作用。即使研究主题不与经济直接相关，这个道理也依然适用。例如，有关卫生服务的研究也可以引起政府的注意，因为这样的研究能够让稀缺的卫生预算都花在刀刃上。退一万步讲，即使经济发展并不是政府最优先考虑的事项，研究者也可精心布局，通过培训和倡导来吸引决策者和公众的关注，最终影响政策。

从某种程度上来看，这五种系统变数是对第二章和第三章提到的五种政策环境的补充。事实表明，无论在什么样的政策环境中，特殊的政策和政治变数都会影响研究的效用，研究者想要影响政策，只能对症下药，采取与之最适应的策略。

然而，研究发现及其积极宣传也会促使环境对研究的接纳程度和系统变数发生变化。对研究团体而言，需要具备一定的灵活性和韧性，才能充分利用这些转变。这是下一章所要阐述的主题。

第五章

研究与政策的政治性

通过案例回顾我们可以发现，政策过程鲜有一帆风顺的。政治决策和政府行动中的各种结构、规程以及人们的个性都构成了研究的环境；想要影响政策，研究者就得嵌入这个变幻莫测的环境中去。所以，在制定研究策略时他们需要注意两点：第一，要把握住那些最适合采纳和应用研究成果的人；第二，要根据环境变化作出灵活的反应。例如，在孟加拉国，那些关注贫困问题的研究者发现，高层官员有权实施政策，所以他们就直接和这些官员进行了接触，而没有在低层政府机构中投入太多精力。与之相反，在拉丁美洲，每次政府变革都会影响高级官员的任命，中层官员的地位反倒更稳定一些。于是，那些关注贸易问题的研究者就更注重培育和中层行政人员的关系。总之，环境决定了研究者应该试图去影响哪些人，以及如何去实现这些影响。

日常的政策制定过程非常复杂，它遵从的绝不是一种线性的逻辑；相反，随着时间发展，它会在决策、实施、再思考和再调整这样的环路中迂回前行。每当出现一个议题之时，政府就会作出相应的决策，并在实践中对此进行检验；之后，或许先前的决策取得了效果，政府又会转而关心其他议题。

这表明，想要影响政策，研究者就得持续地跟决策者沟通，要树立对他们的期望，再培训他们，影响他们。例如，在塞内加尔，减贫研究者针对一些还未纳入政治议程的经济问题举行了研讨会，并邀请执政党和在野党的政治领袖都来参加讨论。这样，在做某些决策之前，领导们就已经受到了研究者的启发，掌握了一些新的方法；同时，他们也会更加信任研究者，在需要制定政策的时候自然就会去寻求研究者的建议了。

就国际发展研究中心评估的项目而言，只有跟通信技术相关的项目是提供的一次性支持，并最终影响到了政策。例如，在尼泊尔，一个花费还不足10万加元的小型项目迅速得到了政府的重视，帮助其设计了国家电信政策。但即便如此，我们也不要被表象所蒙蔽。因为，政府的重视往往源自官员和研究者长期建立起来的信任关系。在尼泊尔案例中，决策者确实寻求了研究者的建议，但他们绝不是随随便便找的研究者，他们所信任的，是那些有着良好信誉和知名度的研究团队。这样的逻辑倒也在情理之中，毕竟熟人办事风险小。而且，越是新颖的问题，就越会促进决策者去找专家咨询建议。

除了以上这些因素之外，我们的案例还显示，如果研究团队与其他组织建立了良好的伙伴关系或是联系网络，有着畅达的沟通渠道，并注重研究的及时性，那么它影响政策的可能性也会大一些。下文将对此一一说明。

伙伴关系与联系网络

伙伴关系和联系网络之间没有严格的区分。如果非得找出一点不同的话，那可能就在于：关系网络是一种有组织的形式，而伙伴关系则是在操作或策略上体现为一种合作计划或意图。众所周知，要想让研究取得理想的效果，就得培植一定的伙伴关系和联系网络。直到今天，这个道理依然毋庸置疑。因为无论在什么地方，伙伴关系和联系网络总能产生规模效益，会聚各种各样的知识和洞见，激发公众意见和活力，并与决策者一道影响社会的发展。从本质上来说，研究是一项协作型的工作。而伙伴关系和联系网络恰恰能将各种力量组织到一起，使其能够共同探索和改变我们的世界。

在研究项目的实施过程中，要建立并维持良好的伙伴关系和联系网络并非易事。项目团队必须投入足够的资源和时间，而且还得有一套缜密的计划——要结合可用的资源以及政治经济环境，来确定自己的目标、选定理想的成员并开展相应的行动。只有在具备所有的这些条件以后，伙伴关系和联系网络的效力才会发挥出来。

国际发展研究中心的评估发现，以下四个至关重要的操作性因素决定了伙伴关系和联系网络是否能够对政策产生真正的影响。

（1）资源调动能力。这里的资源指的是一个广义的概念，包括能将研究付诸实践的所有因素，例如公众的意见以及政府的配合。如果研究者能够同时赢得公众和政府的支持，那么他们的工作通常都会更有效地影响到政策。国际发展研究中心在印度的SRISTI项目就是一个最好的例证，在这个项目中，网络的成员广泛参与了村庄层面的咨询和政府游说，从而取得了很好的效果。秘鲁的铜矿案例也是如此，一个名为“LABOR”（Asosiación Civil Labor，详见 http://www.labor.org.pe/info.php?id_seccion=1）的组织调查了污染事件的真相，并将其发布到国际社会中，引起了国内外公众的广泛关注，并促使政府进行了政策改革。

（2）项目参与方与决策者沟通的便捷程度。无论是越南的经济研究，还是莫桑比克的通信政策制定，各地的研究者都意识到了，联系网络能够让研究者和政策制定者带着共同的目标围桌而谈，进而推动项目进展。事实上，这些伙伴关系通常都是由政策团体首先发起的，他们的这一举动无疑向优秀的研究者敞开了大门，有助于研究影响政策。

专栏 5.1　增强拉丁美洲的谈判实力

在与工业化国家进行贸易谈判和磋商时，发展中国家长期处于不利地位。富裕国家的政府往往拥有见多识广的政策部门和独立的智囊团，而贫困国家却什么都没有。因此，面对那些有可能影响国家未来的复杂谈判，他们也只能退至一边，无法充分参与协议的制定。近些年来，贸易谈判所涉及的范围愈加广泛和深入（就业、环境规范、税法和竞争政策等）。在这样的背景下，发展中国家由于缺乏政策分析能力，变得越来越弱势。

1994 年国际贸易谈判“乌拉圭回合”结束，在漫长的磋商过程中，拉美国家在谈判、磋商方面的能力缺陷暴露无遗。也正是因为如此，拉美贸易网络应运而生。

得益于国际发展研究中心的支持，拉美贸易网络于 1998 年正式成立。其目标主要有以下三方面：（1）针对国际贸易体系中的新问题，支持拉美国家制定相应的应对政策；（2）提升拉美国家的能力，使之介入国际贸易谈判；（3）加强各参与机构的合作关系，使之为了更长远的目标而共同奋斗。

该网络从 30 多个学术机构中吸收了 35 名研究者，以及来自国际非政府组织、研究所和政府间组织的官员及同事。他们的研究主要分为三类：（1）针对多方谈判组建贸易联盟，制定谈判策略；（2）针对新兴议题的实质性研究（substantive studies）；（3）根据各国情况，为其制定合适的国别战略。

从总体上来看，拉美贸易网络旨在为政府以及私人部门的决策者送去及时的政策研究。由于议题的更迭，其研究侧重点也会随之发生转变。通常来说，中层政府官员是这个机构最好的受众，因为他们比高层官员更具连续性和稳定性。

评估显示，拉美贸易网络已经实现了对政策的影响。在它的作用下，政府机构加强了决策和谈判的能力，政策团体得到了培训，而决策制度也变得更加透明和开放了。在后来的谈判中，各国政府根据自己国家发展的特点做了更充分的准备，因而也就更好地维护了拉美国家的利益。

(3) 在适当的时机寻找适当的伙伴。研究团队应该和什么样的人建立伙伴关系或者联系网络呢？这个问题看似简单，实则充满玄机。从长时间来看，所有跟特定主题有利害关系的人都应参与到研究和政策的设计及实施中来，甚至包括一些可能会阻挠项目推进的人。此外，在一个以研究为中心的伙伴关系或网络中，项目团队应该尽可能地吸纳决策者，尽管一些位高权重之人很少全程参与项目的活动，但这依然能够带来很大好处。那么，我们应该在什么时候、用什么样的方式把各类行动者带入网络呢？这个问题更加棘手。在有些情况下，不同行动者加入网络的先后顺序非常重要，譬如烟草控制项目和一些争端解决项目就是这样。经过多年来的积累，国际发展研究中心发现，研究本身能够促进争端的调停。因为，研究搜集到的新信息能够化解旧的偏见，建立相互信任，并打破零和僵局。这就是为什么那些“志不同道不合”的人也应加入网络的原因了。但值得一提的是，笔者并不主张所有的利益相关者同时加入网络；相反，研究团队应该有步骤地分别和他们建立联系。

(4) 求同存异。要让风格迥异的合作伙伴齐心协力，朝着共同的目标进发，这着实有些困难。但是，一旦做好了，项目就会获得巨大的乘数效应——这可是任何机构都没法独自实现的。一般来说，研究者的鼓动能力比较弱，很难激励各方为了一个共同的目标去持久地奋斗。所以，研究团队最好多找一些在这方面比较突出的合作伙伴，来弥补自身的不足。

沟　通

对于政策的制定者和实施者来说，他们只有在和研究者进行了充分的沟通，了解到研究以后才有可能采纳相应的研究建议。在最理想的情况下，研究团队最好在项目初期就开始与决策者沟通，并把这样的活动列入研究计划，贯穿项目活动始终。有时候，决策者会以正式或非正式的方式亲自参与到研究的规划和实施中。例如，在坦桑尼亚有关医疗卫生服务的研究项目中，政府官员从一开始就参与了进来。但更普遍的情况下，决策者或其他人想要知道研究结果，多半得靠研究者的汇报才行。

研究结果的传播渠道有两条：其一是直接的信息交流，项目团队可以将研究结果用政策简述的方式呈递给各位部长，也可以用广播和电视节目传播到全国；其二是研究团队和政策部门之间进行工作人员的互换。通过这样的交叉体验，研究者和决策者能够更加理解对方的工作风格，从而促使研究对政策产生更大的影响。接下来，我们会针对这两种传播渠道展开详细的论述。

信息交流有着多种多样的载体，包括研讨会、大型会议、政策文件、大众传媒或其他一些专门的媒体，以及研究者和决策者之间的私人联系。这些载体看似简单，但并非每个研究团队都能很好地利用它们。要做到这一点，则需注意以下几方面。

首先，信息需要双向流动。除了向决策者阐述自己的成果，研究者还得重视倾听对方的反馈。在这样的对话中，有心之人往往能从决策者的话语中听出他们的疑惑，并察觉到他们是否采纳了自己的建议。基于此，研究者才能学会换位思考，用对方能理解的语言向其阐释研究结论，进而促进沟通和政策影响的实现。

其次，沟通需要持续性。短短的一篇政策简述和一场研讨会，往往不能对政策产生持续的影响，尤其是在政府人员频繁流动时更是如此。所以，项目团队在制定策略时必须考虑到沟通的问题，而且要将这项工作贯穿项目始终。只有通过持久的沟通，研究网络的价值才能凸显出来，特别是那些有决策者参与的网络。

再次，沟通需要简单明了。和那些冗长的学术文章比起来，单刀直入的短文往往更具可读性，也更容易被读者记住。已有经验表明，这绝对是一条颠扑不破的真理，只是研究者在实践中往往难以做到。繁忙的决策者尤其是那些位高权重的人根本就没有多少精力去理解那些讲究的抽象概念，也没有足够时间去品味那些丰富的历史细节。要提高沟通的质量，研究者可以通过一些常规的研讨会、工作进程报告以及临时会议来跟决策者进行面对面的交流。这样，研究才能更多地影响到政策。

作为沟通的第二条渠道，研究和政策团体之间的人员互换也发挥了重要的作用。在大量案例中，研究项目的成员直接进入政府部门，与同事分享研究知识，促进了研究在政策制定和实施中的应用。例如，亚洲渔业研究网络的一名成员最终成为了菲律宾一个大型农业研究局的领导，叙利亚的一个项目领导也在项目结束后被委任为农业部长。类似的案例举不胜举。

当那些拥有重要社会地位的人参与到研究中时，也会推动人际传播。例如，在印度的 SRISTI 案例中，项目的首席研究员拥有极高的声誉，引发了高级政府官员对项目的兴趣，从而支持了项目对本土知识的探索。另外，莫桑比克一个享誉全国的信息学学者同样打动了政府官员，让其正视起通信技术的发展前景来。这些卓越的人物能够使研究更容易影响到政策。

另外，与政府机构或者其中一些有影响力的官员结成联盟也是一种人际传播方式。在约旦，灰水再利用项目的研究者与统计局官员建立起了联系。在意识到二者有着共同的目标之后，统计局官员将项目活动发布到官方网站上，从而让政府的其他部门也知晓了这个项目，巩固了研究本身的地位。在越南，经济研究所的所长同时也是好几个决策机关的成员，这种特殊的身份也方便了项目的宣传与实施。

这些案例向我们说明了这样一个道理，研究者和决策者并非超然独处、各自为政；相反，他们互为表里，在不同的阶段还会交换角色。发达国家如此，发展中国家就更是如此了。因为后者拥有的高水平专家并不多，很多研究机构和政策机构都聘请了同样的专家来指导他们开展工作。不可否认，研究与政策制定毕竟是两个领域，有时难免会有观念和目标上的分歧。但只要将这些分歧搁置一旁，研究者和决策者的合作依然能够挖掘出巨大的潜力。

谁在倾听？

政策制定者并不是研究者的唯一听众。除了他们，非政府组织、研究机构、大学学者、商业组织、劳工组织、农业组织、地方官员以及社区领导等，都应成为研究者传播的对象。因为越来越多的案例发现，激发公众舆论能够吸引并保持政客和高级政府官员对相应议题的兴趣。（需要再三强调的是：有时，一项研究最好的结果就在于改变人们在各自社区中的工作生活，而不是赢得政府的正式回应。）

总之，如果项目在实施之初就制定了沟通策略，确定了具体的受众，并在整个项目过程中一如既往地坚持与他们沟通，那么研究成果的传播效用就能达到最大化。现实的确是残酷的，有时哪怕做了再好的沟通，一些特殊的事件和环境也会阻挠研究产生政策影响。但不管怎样，只要有一线成功的希望，经过周密设计、精心实施的沟通策略就能从根本上提升研究的政策影响力。

审时度势，把握时机

要是政府本身对研究项目感兴趣，那么研究肯定就更容易对政策产生影响，这是再自然不过的事了。此前，国际发展研究中心在尼泊尔和一些非洲国家支持了通信政策方面的研究，当政府遇到相应的难题时，研究团队刚好就能够及时给出解决方案。在其他案例中，有些研究已经开展了许多年，决策者对它们给出的建议逐渐产生了兴趣。值得一提的是，决策者很可能会突然求援，研究者必须对此做好充分的准备。

一般来说，随着时间的推移，研究者影响政策的能力也会有所增强。这是因为在坚持求索的过程中，他们能够逐渐加深对政策问题的理解，在相关的领域里树立其自信和信誉。拉美贸易网络和亚洲渔业研究网络的专家便是如此，多年的知识积累让他们更能够向决策者提出很好的建议，从而提高自己的声望。

如果说研究者和决策者分别代表知识的供给方和需求方，那么，从供给的角度出发，研究者一般会按照更为传统的套路来开展发展研究，即设计项目、实施研究、分析资料、出版并传播研究结论。而从需求的角度入手，研究者则会根据决策者面临的实际问题，快速进行分析并及时为对方提供答案；在此之后，又会继续转入对下一个问题的探索。这两种研究方式各有利弊。从供给出发，研究者就会着眼于长期的产出和能力建设，但也可能会错失直接影响政策的机会；如果更多地偏向于需求方，研究者或许可以获得短期的产出，但长此以往，研究者只能不断地去迎合对方的需求，无法从根本上提高自己的能力。所以，研究者和决策者双方都得投入必要的时间和耐心，在这供给和需求之间取得一个平衡，从而相互支持，在满足后者短期需求的同时，也长期培养前者的研究能力。

援助机构的表现：持之以恒，触机即发及其他优势

按照上文的说法，研究者既要懂得及时地开展研究，还要做好“打持久战”的准备。这无疑是对他们的一种挑战，但与此同时，经受考验的还包括援助机构本身。国际发展研究中心对亚洲渔业研究网络支持了 14 年，对 24 国集团政策研究的项目支持了 15 年。很多项目从一开始就确定了持久能力建设的目标。

国际发展研究中心的实践经验表明，长期支持一个好的研究项目可以带来丰厚的回报。它可以培育研究团队的合法性、可信度和自信，促使决策者接纳研究成果。但这样的长期策略也给援助机构本身施加了不少压力。

首先，援助机构在提供支持和指导时，一定要秉持一种谦逊的态度。而且，它对研究项目的支持力度越大，在发表对政策研究方向的看法时就该越谨慎。作为局外人，援助机构不可干涉他国的政策议程。想要让发展和研究变得可持续，那么就必须由发展中国家的人民自己做主。

其次是财务方面的压力。援助机构的工作要有弹性，既要安排一些长期的项目，也要抓住稍纵即逝的机会。但机构的常规预算却不会有这么多的变动。通常情况下，议会和国会每年都会对国家与国际机构的运作经费进行一次审批。为了对纳税人负责，它们自然

是要严格把关，让相应的机构制订合理的计划和预算。然而，计划毕竟跟不上变化。有时面对突如其来的机会，捐助机构只有在不同账户间迅速调集资金；而另一些时候，援助机构如果承诺了要对某个项目进行长期资助，这也会给今后的立法机关与政府带来压力。所以，在实际操作过程中，援助机构一定要对这些问题有充分的准备，适当安排自己的时间计划。总之，要将研究成果带入政策领域，援助机构就必须得学会运用策略、开发创新和不屈不挠。

作为研究的资助者和倡导者，国际发展研究中心支持了一系列短期的特殊项目和长期的能力建设。其经验显示，不管采取哪一种支持方式，困难和收获都会同在。只要制定了恰当的策略与时间安排，最后总能对政策产生一定影响。

事实证明，国际发展研究中心的研究管理水平是决定项目成败的关键因素。而人员的稳定性、专业素养以及机构本身的耐心又会左右机构的管理水平。首先，在国际发展研究中心的人员流动率较高时，它与项目管理者之间的沟通就会屡屡中断，对项目的贡献也会降低，所以研究项目影响政策的几率也会变小。其次，如果研究中心的员工具备较强的专业素养，对相应的研究主题和方法比较熟悉，那么他们的工作开展起来也就更顺畅一些，而且其成果也会更容易进入政策领域。再次，国际发展研究中心为有些项目提供了长期而又稳定的支持——研究者有了充足的资源、时间和能力，得以更好地把握机遇，对政策产生持久的影响。简而言之，高水平的管理有利于研究开展和发挥政策影响力；相反，管理不善的项目会妨碍研究，难以产生影响。

通常情况下，在国际发展研究中心支持的项目中，那种隶属于某个长期战略规划中的项目以及与其他资助方合作的项目，往往比一次性的小项目更容易影响政策。但有些时候，如果机会合适、准备充分，那么一些预期之外的项目依然值得一试。发展研究的援助机构一定要兼顾自己的信誉度与灵活性，一方面要持之以恒，另一方面也要触机即发。

只有这样，长期支持的效果才会彰显。例如，在约旦的灰水利用项目中，国际发展研究中心的一名项目官员熟练地指导合作伙伴依次完成了一系列项目，共同积累了有关水资源管理的大量经验，从而引起了决策者的关注。同样，乌干达和莫桑比克在通信政策研究项目上齐心协力，共同增强了研究对两国政策的影响力。

值得注意的是，无论在哪种情况下，援助机构的官僚作风以及资金延期都会对项目结果产生负面的影响。在我们评估的众多案例中，有两三个项目本来都有着不错的发展潜力，后来都是因为资金短缺从而降低了对政策的影响程度。例如，在东中非农业政策分析的项目中，国际发展研究中心推迟了拨款日期，致使整个项目的宣传工作受阻。尤其是在危地马拉，因为资金不到位，项目组成员大批流失。发展中国家的研究者往往因稀而贵，因此当面临多个项目招聘时，他们往往会把有限的精力投入到可马上带来稳定收入的项目中。

然而，援助机构所能提供的不仅仅是资金，它还能给项目带来专业的知识、良好的声望和不可或缺的人脉关系。所有这些要素都能加强研究的效力。其一，在研究的过程中，援助者若能对研究机构提供机智灵活的支持，并能帮助其抓住时机作出决断，那么这种支持就会从仅仅为其提供某一专业领域的知识拓展至促进其与整个政策团体的互动。在以往的工作中，国际发展研究中心经常牵线搭桥，让相似的发展中国家和地区相互学习发展经验。其二，援助机构的声望也非常重要。它有助于推动政策的制定、获得其他援助机构的支持，并吸引学者的目光和参与。其三，许多人或许会对“人脉关系”不齿，但在实际的工作中，援助机构确实能为项目引介一些重要的人物，让他们直接给项目出谋划策，或是通过他们又征询一些其他人的意见。这些意见对于研究工作来说有着非常重要的价值。因为只有对于权威信息与观点的私下熟稔才能产生这些意见，而这些意见通常会在评审委员会中出现。

总而言之，我们的经验就是：援助机构必须学会持之以恒和触机即发，唯有如此，才能更好地推动研究进程，提高研究者的能力，最终对政策产生显著而持久的影响。

第六章 上篇结论

如果该说的都说了，该做的也都做了，那么影响公共政策就只是一个达到目的的方法而已。发展研究的真正使命远比这深刻——它希望推进国家的发展进程，以此来改善人民尤其是穷人的生活。而影响政策和政府行动，就是这个征途上的必经之路。

实践证明，研究可以通过各种各样的途径来影响政策，并没有普适天下的“最佳方式”。因为在不同的环境下，研究者和政策制定者的需求、偏好、风险和优势都各有不同。对于研究者来说，要想影响政策，他们就得首先学会理解环境的复杂性，并摸清其中的规律。

更具体地说，发展研究者必须将自己的工作视为政策过程的一部分。因为通常情况下，只有捕捉到了各种影响政府决策和产出的要素，研究才能影响政策。为了做到这一点，研究者必须细细体会各种事件，包括不同角色的互动、政治上的讨价还价、官僚政治的平衡、危机和转型的政治经济学，等等。即使有些政府的结构和行政程序相当稳定而又透明，但要弄清其政策制定的机制，也绝非易事。

在本书里，我们展示了国际发展研究中心所做的23个案例评估，让读者也能与我们一同探索政策制定的微妙之处。老实说，并非所有案例都取得了令人满意的效果。有一些案例仅对政策产生了微弱的影响，有的甚至完全没有。不管怎样，这些案例依然能让我们明白这样一个道理——即使在最无望的情况下，研究也有可能对政策产生影响；但研究的影响力并非总能发挥出来，更别说完全实现预期效果了。要影响政策，研究者必须审时度势、随机应变，还需要耕耘不辍，小心维护同其他机构和个人的伙伴关系，当然，还得有一点老天给的运气。

除此之外，这23个案例还给我们提供了一些实践经验，让研究者可以比照调整自己的工作，以便更好地影响政策。值得一提的是，此处所说的“影响”并不单单针对某一具体的政策。如果我们的研究能够扩展某个国家的政策制定能力，给予其更多的选择让其拓宽政策视野，或是改变政府的决策体系，那么，这样的影响力定会更加持久。因为扩展了政策能力之后，政策团体便能更好地独立分析和进行沟通了；拓宽了政策视野，意味着该国可以借助新的知识和方法，来思考、解决紧迫的政治难题了；而改善政策决策流程，可以使政府变得更加开放、更加明智、更有责任也更有效率。这类研究推动的发展是可持续的和民主的，因而产生的影响也更为持久。

那么，我们应怎么设计和实施研究呢？根据案例评估结果，笔者梳理出了一些经验。最根本的一点是，研究者必须把握相应的政策制定背景，根据这个环境的特征来制定和实施研究战略。

要做到这点，研究者首先要对决策机制的性质有个基本判断：它是常规的、渐进的，还是根本性的？这个步骤非常重要，因为根据不同类型的决策机制，研究者就必须采用不同的方法来影响政策。通常情况下，大多数国家的政策制定都是常规式或者渐进式的，决策者最容易接受对那些熟悉的逻辑和价值观作出微小的调整，不愿对已有政策进行大的改动。与之形成鲜明对比的是，根本性的决策机制则开放得多，在这样的环境中，决策者欢迎人们挑战传统、提出一些大的问题和解决方案。如果把握住了决策机制的特征，研究者就可以有的放矢地开展工作进而影响政策了。例如，在前一种政治环境下，研究者通常只能进行一些无伤大雅的研究；而后一种政治环境（国家可能处于治理转型或是经济危机之中）却容许研究者提出更激进的政策改革建议。

接下来，研究者需要考虑的问题就是“在不同的政治环境中如何与政策展开互动”。回顾第二章的讨论，我们将“政府采纳研究的意愿和能力”分为五个类别，并依递减顺序排列（详见表6—1）。在每种情况下，研究者都应采取特定的方式来设计和实施研究。

表6—1　应对政策环境

政策环境	内　涵	研究者需要考虑的方面
1. 政府有明确的需求	这是一种非常友好的环境。在这样的背景下，政策制定者需要知识，并愿意遵照这些知识去行动，他们信任研究者，所以研究很容易影响政策。	研究者和政策制定者的相互信任非常关键。研究者需要提前对一些问题展开思考，这样，等到决策者意识到了这些问题并向研究者求助时，他们就能提供完备的意见和建议了。此外，研究者还得有清晰的表达能力和良好的声望。
2. 政府对研究感兴趣，但领导缺位	政府官员很清楚那些突出的政策问题，但是缺乏必要的执行机构和机制去实施研究者提供的建议。研究者必须担当起领导角色。此时，沟通策略很关键。研究者必须想办法在该国培育相应的执行机构和制度。在这样的政策环境下，研究对政策的影响潜力很大。	为了扮演领导角色，研究者必须超越研究本身，思考一些有关制度和机构方面的问题。例如，假如这些资料被采用了，那么采用的方式可能是什么样的？哪些方面需要作出决策？哪些政策和规章可能会调整？调整以后它们又会对其他方面的政策、制度形成什么样的影响？研究者必须专注于跟决策者的沟通。同时，他们还得策略性地吸引相关公众的兴趣，让他们充分参与进来，对决策者施加影响。

续表

政策环境	内　涵	研究者需要考虑的方面
3. 政府对研究感兴趣,但能力不足	政策团体认识到了问题的重要性,但没有足够的资源来采纳研究建议。研究者需要适当承担起领导的责任,找到那些主要的支持者,让他们改善政府对研究的看法;另外还得尽力吸引一些资源用来推行研究建议。在这样的环境中,研究者一定要务实地考虑成本因素。一旦搜集到了足够的资料,建立起了相应的组织机制并制定出了低成本的解决方案,那么研究对政策的影响就大有可能了。但研究者需要做好充足的心理准备,因为项目在短期内可能会失败。	政策分析和执行过程中的能力不足,意味着研究者在思考和实践中必须保持创造性的和务实的作风。他们可以设计一些不会占用太多资源的制度结构,也可以提出一项务实的措施以满足政府的优先需求,或者寻求其他的资金来源用于研究建议的实施。另外,他们需要用一些特别的沟通技巧,来让政府更加重视相应的政策问题,例如动员公众意见来给政府施压。
4. 新出现的问题刺激了研究,但政策制定者不感兴趣	这是大多数发展研究的起点。对于有些议题,研究者通常会比公众和决策者更早意识到它们的重要性以及通过研究建议来解决相应政策难题的前景。使问题进入政策领域需要投入极大的努力,研究者最好能够获得政治支持。总的来说,在这种背景下,研究往往很难影响政策。	研究者需要积极推动研究议程,并确保研究议程与政策有着很强的关联性。为此,他们得随时关注政府的需求和考虑,及时把握政策动向。另外,还应在其他一些相关群体身上花点心思。诸如游说集团、媒体、受相关问题影响的人群、私人部门以及教育机构等,都应得到研究者的足够重视。因为它们能够帮助研究者搜集更多的资料,并吸引决策者的注意。毫无疑问,研究建议实施以后肯定能带来一些社会和经济效益,研究者大可将此摆上台面,告诉那些潜在的受益人,这样也会得到他们的更多支持。在这种背景下,为了加深人们对研究资料的理解,研究者一定要重视倡导和沟通工作。此外,研究者还得考虑到一些实践层面的问题,例如政府是否有足够的条件来实施研究建议。待到政府开始重视这个研究问题以后,研究者必须得有合适的建议去推动政府实施。

续表

政策环境	内　涵	研究者需要考虑的方面
5. 政府没有兴趣或敌视研究	在这种环境下，政策制定者拒绝听取研究建议，甚至对这个研究主题本身就怀有敌意。至于原因，可能在于研究内容与当前的政治体系相抵触，也可能在于研究主题过于超前了。对此，研究者必须保持耐心，最好等到政府关心此类问题的时候再出马，切勿冒进。在这种环境下，研究往往很难影响到政策。	面对政策制定者的抵触乃至敌视，研究者需要保持一种强烈的使命感和奉献精神，藏器待时。他们得结合当下的制度背景来好好思考自己的研究结论。如果操之过切，势必带来相反的效果。所以最好的方法就是伺机而动，等到政府的态度转变以后，再将研究成果呈递给决策者。

显然，在这五个类别中，有一些情况非常适合研究者开展工作。但即使是遇到最不利的环境，研究者也不应太过气馁，因为某些系统变数有可能会帮助他们实现对政策的影响。研究者以及他们的资助者和拥护者应该随时关注政策环境，看看出现了哪些系统变数，它们又带来了什么样的机遇。为了做到这点，他们需要常常思考下述五个问题。

决策体系有多稳定？

如果政府的决策结构和过程飘忽不定，或经历着政府改组、预算削减之类的重大变迁，那么研究就很难对政策产生影响。此时，研究者可以将目标转移到中低层官员身上。因为这些官员无论是在人事还是行动方面，都较少受到政治风暴的影响，在决策体系中处于相对稳定的位置。

高层决策者的能力如何？

如果政策制定者对某个问题不熟悉，缺乏必要的分析技能和实践经验，或者忙于处理其他问题，那么逻辑繁杂、以事实为依据的政策建议就很难引起他们的重视。在这种情形下，研究者需要好好反思自己的表达方式，并多多照顾对方的时间与接受能力，采用合适的措辞和方式来提供建议。

决策体系是集权式的吗？

评估结果显示，即使决策权下放至省级或更低层的政府，研究也能影响政策。在这种情况下，研究者一定要清楚与自己研究主题相关的政策是由哪一层级政府作出的。为此，他们必须捋顺该国的体制结构，并仔细体会它的日常政治。

有特殊的环境在发生作用吗？（转型中的国家）

对于研究者来说，国家转型往往是一个难得的机会。在这样的形势下，他们更容易影响政策内容甚至决策体系。特别是研究者已经有了良好的信誉和相应的准备时，这种效果还会更加明显。与之类似，如果决策者面临着新的政策挑战（例如，如何管理和推广通信技术，从而促进国家发展），那么他们的思路将大大放宽，并考虑研究提供的建议。

政策制定者面临经济危机吗？

我们的案例显示，在经济危机或者其他沉重的经济压力面前，决策者非常愿意求助于那些早有准备的研究者。所有的研究者都应该思考一下这些问题：你的论据或者结论具有经济价值吗？它们能缓解政府的经济压力吗？在你的国家里，如果你的研究实施以后会给一些人带来经济上的利益，那么你能让这些人参与跟政策制定者的对话吗？如果你的研究没有直接的经济价值，那它对国家发展或地区发展有什么其他的作用吗？作为一个发展研究者，如果你的研究不能为发展作出任何贡献，那么再多的反思也无济于事。

总之，我们的案例研究发现，无论在什么样的政策环境下、出现什么样的变数，研究者的反应能力都会起到至关重要的作用。只要做到以下三点，不管处境有多艰难，研究者总能应对自如：明确影响政策的目标，建立研究者和政策制定者的关系以及注重与政策制定者以及公众的沟通。这三方面的内容都具有共同之处：无论政治和政策制定的过程多么琐碎繁杂，这三个方面都完全在研究者的掌控范围之内。

确定影响政策的目标

要让研究产生政策影响，研究者不能仅仅是心有所念，而且还得在设计研究、实施研究以及宣传研究成果时就明确提出这个目标，从而把思想转化为行动。为此，研究者首先得扪心自问：我们的项目是否真的与社会变迁和发展相关？我们瞄准了哪些需要改变的具体政策？所有项目活动是否都是围绕着“影响政策”这个目标来开展的？在此，笔者需要重复一下第四章的观点：研究者一定要确立影响政策的目标。这里所谓的目标指的不仅仅是一种思想状态。因为，在设计和实施研究的过程中，一旦清晰地提出了某些意图，那么研究者就会据此列出一些将要探索的问题，确定项目的操作方式，并选择合适的语言来向政策制定者呈现研究结果。一般情况下，如果项目从一开始就明确提出了影响政策的目标，那么其收效必然会最大化。然而在实践中，并不是每个研究项目都能做到这样。即使政治—经济环境并不理想，也要坚持这条原则。在最坏的情形下，最初期望的政策影响可能会被泼冷水。但正是在这些不利的环境下，研究者更需坚定目标不动摇。

建立关系网络，推动研究者和政策制定者沟通

通过许多案例我们都能发现：取得政策界相关人士的信任非常重要，为此，研究者必须有意识地去和对方建立联系。而具体的形式倒是不拘一格。例如，研究者可以与政策人员建立私交，与当地非政府组织、商会、工会及其他利益团体建立联盟，参与或是建立一些研究网络与伙伴关系，以便获取资源、分享经验，并在海内外扩展自己的影响力。有些研究者在独自工作时，常常会感到孤立无援。而伙伴关系和联系网络恰恰能够克服距离的障碍，让研究者团结起来，同时还能对一些好研究予以权威的肯定。在整个项目过程中，研究者需要问自己：我们想要影响哪些决策过程？谁是这些过程中的关键行动者？如何才能接近并吸纳这些行动者？他们最容易和谁结盟？如何让项目的资助方、其他研究者及其他潜在的合作伙伴参与进来，以便更好地影响政策和政府行动？

注重与政策制定者以及公众的沟通

在我们的案例中，每一个成功项目的背后都有着良好的沟通。此处所谓的“沟通”不应仅限于研究成果的传播阶段，它贯穿项

目始终，是一种有组织的活动。通过这样的沟通，研究者可以随时注意到政策制定者和公众关切的问题，并让他们了解研究进展、研究可能取得的效果，以及研究与他们利益的相关性。为此，研究者必须问自己：我们在设计研究时是否制定了一个实用的沟通策略以及具体的操作计划？我们是否找到了一些关键的沟通渠道，其中的正式渠道有哪些，非正式渠道又有哪些？有一些同盟或者潜在的支持者可以帮助我们把研究的重要性呈现给政策制定者，我们是否和这类人群建立了联系？我们的研究建议得以采纳之后，有些社区居民和村民可能会受益，我们是否跟他们建立了亲密的关系？总之，沟通之所以能提升研究的政策影响力，其中一个重要的原因就是，它调动了人们的兴趣，发起了一些行动。这是发展研究的核心之一。

话到最后，笔者想说的是：如果发展研究成功地改善了政策和政府行动，那么其他一些好的变化很可能会随之发生。例如，当政府怀着海纳百川之心，立足事实来制定公共政策时，那么这个决策过程或许就会变得更加公平和有效率。在政策制定方面，政府的视野放宽，能力增强，政策执行也会变得更为高效。另外，公众或许会自己去寻求一些新的知识，加深对各种公共政策的理解，也会对政府的表现作出更明智的判断。借助于这些变化，老百姓的生活也会得以改善。这正是发展研究的要义所在——给人民更多的知识，让他们理解并决定自己的未来，通过这样来赋权于人民。

中篇　案例研究

PART 2

第七章

本篇简介

本书的发现主要是基于23个丰富的案例研究。由于案例的书写是按照本书作者、案例研究者及其他使用者的角度来完成的，读者不一定能很快地把握案例内容，因此，我们在本篇对所有的案例进行一下小小的总结。通过对这些案例的反思，读者可以发现更多有意思的问题。

按照不同主题，本篇案例用七章来展示，并将它们各自所涉及的地区标示出来，以便读者根据自己的兴趣来安排阅读顺序（详见表7—1）。

尽管我们已经尽可能地展示了各个案例的精彩之处，然而，因为篇幅有限，案例撰写者们对一些细节不得不进行必要的删减。所以，如果读者希望更深入地了解案例内容，可以访问 IDRC 的网站：www. idrc. ca/evaluation-policy/ev-26606-201-1-DO _ TOPIC. html。

本书的 23 个案例向我们展示了研究是如何能够（或者不能够）对政策产生影响的。

表 7—1　案例总结（按地区分类）

研究主题	地区				
	撒哈拉以南非洲	中东和北非	亚洲	拉丁美洲	其他
贫困监测	• 反贫困政策互动过程（塞内加尔）		• 减贫战场上的新动向（孟加拉国） • 将社区纳入反贫困阵营（菲律宾） • 并行不悖的研究和政策过程（越南）		
贸易和金融				• 在谈判中形成新的国际贸易秩序	• 影响全球的经济议程（全球）
资源管理	• 防止人才外流（东非）	• 共享土地，打造未来（黎巴嫩）		• 改变秘鲁的采矿业面貌*	
水资源管理		• 最大限度地利用稀缺资源（约旦）			• 大河奔流（乌克兰）

续表

研究主题	地区				
	撒哈拉以南非洲	中东和北非	亚洲	拉丁美洲	其他
		• 寻找一个临时的灌溉解决办法（叙利亚） • 逐渐改变水资源政策（突尼斯）			
健康和教育改革	• 基础医疗卫生干预项目“照亮”了健康之路（坦桑尼亚）			• 影响教育政策（危地马拉）	
网络与创新			• 耐心带来收益（东南亚） • 发扬传统知识（印度）		
用于发展的信息与通信技术	• 将信息技术传递给塞内加尔人民 • 莫桑比克进入信息化时代 • 信息技术来到彩虹之国（南非） • 弥合数字鸿沟（乌干达）		• 尼泊尔努力迈入信息化时代		

注：带 * 标志的案例研究包含了表 1—1 所示的案例⑦和案例⑪。

第八章

贫困监测

减贫战场上的新动向：孟加拉国的研究者帮助决策者制定减贫战略

下面这段材料主要基于玛利亚·瑞格瓦兹（María Pía Riggirozzi）撰写的案例和凯瑞特·帕瑞克（Kirit Parikh）的研究。

自建国以后，孟加拉国就一直没有摆脱贫困的烦扰，尽管近些年来其经济增长率都保持在5%以上，但依然无济于事。为了诊治这个经济顽疾，研究者和决策者们走到了一起，联手对贫困展开深入的分析，并制定可行的扶贫战略。

孟加拉国有着1.42亿人口，人口总数在50个所谓的“最不发达国家”中位居首位。尽管在过去的数十年里，国内外各界人士都为推动孟加拉国的经济发展做了不懈努力，但它依然是世界上最贫穷的国家之一。

可以说，老天对孟加拉国不公。灾难性的飓风时常造访这个国家；每年雨季，1/3的国土都会遭受洪水肆虐。频繁的自然灾害对经济发展构成极大威胁，严重影响了农业部门就业者的生计，而这些人的数量约占全国总人口的2/3。

然而，客观地说，贫困的成因是深层而复杂的，我们决不能简单地将贫困完全归咎于自然。即使是贫困的定义，至今也是众说纷纭，很难有个公认的说法。其中有本词典将贫困定义为“一种生活状态，在这种状态下的人们缺乏普通的或社会认为所必需的资金或物质财富”。过去的经济学家们或许正是因为读了这部词典，所以往往都是根据收入和消费来测量贫困。不幸的是，他们的研究并未向我们揭示贫困的成因，也没有指出一条减贫的光明大道。

宏观经济调整政策的微观影响项目（MIMAP）

IDRC创建了宏观经济调整政策的微观影响项目（英文缩写为MIMAP，下文均用缩写简称），倡导运用经济建模来分析和监测贫困（见专栏8.1）。为了清晰地认识贫困的成因、更好地缓解贫困，孟加拉国于1992年加入这个项目中，成为其第二个参与国。

专栏8.1　MIMAP网络——推动创新，促进理解

MIMAP项目之所以能开展，主要是基于这样的信念：要制定有成效的减贫战略和项目，就必须及时掌握可靠的贫困指标，还得全面了解宏观政策可能会对穷人产生的影响。

通过研究、培训和对话，MIMAP帮助发展中国家制定政策和设计项目，让它们在减贫、降低脆弱性的同时，也维持了经济稳定，实现了经济结构调整的目标。1989年，IDRC创建了MIMAP网络，如今，这个网络连接着12个非洲和亚洲国家的研究者、决策者、非政府组织和国际专家。具体来说，MIMAP旨在：

（1）加强发展中国家的研究能力，让它们能够分析宏观经济政策对国民的影响。

(2) 开发严谨的分析工具和贫困监测系统，为人们制定政策和设计项目提供技术支持。

(3) 协助建立以社区为基础的监测和地方发展机制。

(4) 针对那些可能会跟银行、双边和多边组织进行谈判的决策者，增强他们的谈判能力。

(5) 将研究者、政治家、政府官员和非政府组织联系起来，促进他们在国家和区域层面的政策对话。

(6) 促进在知识、研究工具和成果方面的交流，推动国家、机构和捐助者之间的政策对话。

如需更多信息，请访问 www. idrc. ca/mimap。

MIMAP 提供的资源让孟加拉国的研究者和决策者走到了一起来共同制定减贫政策。他们的合作产生了一些新颖的研究成果，例如一套新开发出来的贫困监测系统，其监测内容不仅包括收入和消费，同时还涵盖了卫生、饮用水、土地、住房等一系列综合因素。

基于帕瑞克的案例调查，瑞格瓦兹对孟加拉国的 MIMAP 项目作了一项评估，在报告中作者提到：在减贫领域，根据政策制定需要而开展的研究已经成为决策者获取信息的一个重要来源；“在孟加拉国，影响减贫的一个关键问题就是：缺乏足够的与贫困有关的信息”。

> 要想制定有效的和可持续的经济政策，对穷人产生积极的影响，我们首先需要获取有关贫困的信息——这实在是一个严峻的挑战。充分获取与贫困有关的信息并加深对贫困动态性的了解，始终是政府扶贫议程中的首要任务。

孟加拉国已经实施了许多扶贫项目。然而，由于当局只能依靠孟加拉国统计局（BBS）的住户消费调查（HES）来进行传统的数据收集，其掌握的信息不仅时效性差，而且还极不可靠。MIMAP 项目孟加拉国发展研究所（BIDS）小组组长穆斯塔法·穆杰里（Mustafa Mujeri）博士评论道：

> 这项调查的周期没有什么规律，一般是 5 年或 10 年才开展一次；数据发布也往往会滞后 3～4 年，等到人们看到报告的时候，这些数据也早已过时了；另外，住户消费调查把视野局限在了收入和消费方面，能收集到的信息太有限了。所以，调查结果对于决策者来说没多大用处。

新的研究工具

贫困监测系统（PMS）是研究人员开发出来的一种新的研究工具，它监测的内容包括收入、就业、健康、教育、住房、社区服务和土地等一系列指标。研究者运用该系统，对同一批家庭进行了数次调查，以此来查看他们的生活随着时间推移而发生的变化。经过几次调查以后，研究者又添加了一些新的指标，对系统进行了改善。如今，该系统包括 12 个维度的核心指标，通过持续的调查来收集 21 个地区住户信息。

> 这些调查已经成为人们掌握贫困发展趋势的一个主要来源，具有很强的政策含义。正如 Riggirozzi 所言，贫困监测系统能够在调查后一年内就公布相应的数据，为政策制定提供可靠而及时的信息，进而增强了扶贫政策的有效性。在此背景下，政策选择的空间拓宽了，政府还能根据监测的政策效果随时对此作出调整，所以，其决策水平得到大大提高。

此后，地方层面也开始运用贫困监测系统。孟加拉国总共有64个地区和6万个村庄，可想而知，在全国铺开贫困监测是相当困难的。所以，人们首先是在地区层面推广这套系统，将调查数据提供给当地的非政府组织和公民社会组织。至于村级调查，现今只是在少数村庄实施，而孟加拉农村发展学院（BARD）坚信，在当地非政府组织的参与下，贫困监测体系还可在更大的范围推广。

在处理纷繁的调查数据时，计算机为人们提供了莫大的帮助。MIMAP项目总共研发了两个计算机数据处理工具，其中之一就是计算机化的信息系统（CIS）。借助于此，人们建立了一套综合的数据库，可对贫困信息进行数据处理、归档和发布。瑞格瓦兹在报告中写道：培养信息系统的应用能力非常重要，因为这样才能使它的作用充分发挥出来。

MIMAP小组研制出的另一个分析工具是可计算一般均衡模型，专门用来监测和分析宏观经济政策对贫困的影响。在孟加拉国进行宏观经济改革和结构调整的背景下，这个模型的作用尤其明显。瑞格瓦兹提到："政府在进行必要的经济改革之时，也会实施一些减贫政策，（在这个模型的帮助下）我们可以观察这些政策的宏观和微观影响，比如宏观政策是如何影响到家庭福利和收入分配的。"

除了上文提到的贫困监测和研发工具以外，MIMAP项目还作了一系列的专题研究，形成了许多工作论文、技术论文、政策论文和新闻稿，并广为传播这些研究成果，让决策者们能够了解最新的研究进展。

政策影响

无论是搜集信息还是分析信息，所有工作的焦点无疑还是影响政策。瑞格瓦兹说：

IDRC 所支持的这个项目其实一直隐含着“影响政策”这样一个目标。它期望告知世人：研究可以直接影响政策制定者，为他们提供可靠的政策选择。

孟加拉国发展研究所的 MIMAP 项目前任主管穆杰里博士说得更加直接：“到了最后，我们关注的问题已不是‘谁的研究送到了决策者那里’，而是‘政策是否（根据这些研究）制定出来了’或者‘这些政策是否合适’。”

在瑞格瓦兹看来，无论是数据调查、模型建构、能力培养、专题研究，还是信息传播，所有的这些活动都对我们深入了解贫困起到了非常重要的作用。她说：“MIMAP 项目不仅填补了研究者和决策者在知识储备上的差距，而且还在政策研究中开辟了一块新的领域，将这些议题纳入了决策者的工作范畴。”

例如，她指出，孟加拉国财政部正是基于贫困监测系统的信息才作出预算的，规划委员会也不例外。“规划委员会大大借助了 MIMAP 的建模工作……并通过可计算一般均衡模型加强了政府官员的工具应用能力，让他们能够分析宏观政策的微观影响。”

此外，规划委员会在准备时效五年的孟加拉国《减贫战略文件》时也直接应用了可计算一般均衡模型的调查数据。穆杰里博士曾经参与过该战略的制定过程，他对 MIMAP 项目的研究成果作出了较高评价：“MIMAP 项目一直很强调社会方面的发展，它在很大程度上影响了我们制定减贫战略的思路。在我们准备制定这个战略之初，孟加拉国只将总预算的 15% ~17% 投入到社会部门，如今，这个比例增加到了 26% ~27% 。”

同时，MIMAP 的研究成果还有益于能力建设。瑞格瓦兹总结了帕瑞克博士对多人所作的访谈结果后指出：MIMAP 项目强化了研究人员和研究机构的专业能力，让他们能够从事与政策相关的高质量研究；增强了决策者应用研究成果、切实推行扶贫项目的能力；由于政府机构和 MIMAP 项目成员一道参与贫困监测活动，政府官员的技能也得以大大提升。

影响政策体系

在孟加拉国开展的 MIMAP 项目之所以能成功地影响政策，主要是因为它在研究者和研究成果的应用者之间建立起了紧密的联系。在穆杰里博士看来，这样的合作非常有新意，因为“MIMAP 项目成立之初，孟加拉国几乎就没有那种专门服务于政策制定的研究，当地缺乏咨询研究的传统，我们必须说服决策者让他们相信自己需要研究的帮助”，“要缩小研究与政策制定之间的鸿沟，诀窍之一就在于让研究者和决策者保持密切的关系”。

穆杰里博士相信，政府官员参与到 MIMAP 的项目活动里，有助于让他们形成一种主人翁意识。以贫困监测系统的调查为例，他说：“其实我们完全可以自己开展这个调查，并写一份报告。但若是这样，项目的连续性就要大打折扣了。”他认为，决策机关和研究团体之间的对话能够直接影响决策过程。

瑞格瓦兹的报告同样支持了这样一种信念，她指出：“在孟加拉国，MIMAP 项目有一个重大的贡献，就是为决策者应用研究成果提供了许多灵活的渠道和机制。”项目的确推动了政策的改变。

实际上，MIMAP 项目自实施之初，“就是基于一种协调机制的，它衔接了决策者的需求和专家的知识，让他们得以共同寻找认识贫困、缓解贫困的新方法”。

因此，研究者和决策者在政策的制定、监测和评估过程中建立了紧密的联系，同时，一种有关研究应用的文化和主人翁意识也得到了强化。

经验和教训
1. 采取合作的方式缩小研究与政策制定之间的距离，可以营造出一种研究应用的文化和人们对项目的拥有感。 2. 不要把贫困信息收集和数据分析的任务全推给专家，而要注重合作，这是一条务实的原则。 3. 获取可靠、及时的数据，可以培养政府机构的主人翁意识，并帮助决策者更好地与多边援助机构对话。 4. “在实践中学习”对研究者有着至关重要的影响，可以增强他们参与制定和实施减贫战略的能力。 5. 地方一级的贫困研究有助于提高公众的认识，赋权给地方层级的行动者，鼓励他们积极寻求有效的缓贫措施。

基本数据	
时间	1992～2001 年
目标	1. 增进对贫困的认识，推动研究者、政治家、政府官员和非政府组织通过对话探索公平有效的减贫政策。 2. 建立一个分析框架，以便分析关键的宏观经济和结构调整政策对穷人的影响。
研究产出	1. 先建立国家层面的贫困监测系统，再建立地方层面的监测系统。 2. 为更好地管理数据，建立计算机化的信息系统。 3. 开发出可计算一般均衡模型，并开展了应用该模型的培训。 4. 对与贫困相关的主题展开重点研究，例如公共支出的作用、农业和农村贫困的关系、农村市场的效率、人力资源开发，以及与穷人有关的方方面面。

将社区纳入反贫困阵营：收集和分析菲律宾的贫困信息

下面这段材料摘自玛利亚·瑞格瓦兹（María Pía Riggirozzi）和特蕾西·涂普林（Tracy Tuplin）撰写的案例研究，其原始材料来源于凯瑞特·帕瑞克（Kirit Parikh）的研究。

有效地减少贫困需要及时、准确的信息。1986 年以来，扶贫就成为菲律宾政府的主要目标，然而，对于菲律宾人来说，收集与贫困相关的数据，并据此来制定扶贫战略依然是件难事。IDRC 开展的“宏观经济调整政策的微观影响”(MIMAP) 项目从 1990 年开始就在帮助政府搜集相关信息。正如近期一份评估报告所指出的那样：MIMAP 支持的研究正是菲律宾所需要的。

巴拉望省有 75 万人口。如果你去巴拉望，几乎所有的导游都会告诉你巴拉望是整个菲律宾“纯朴得最让人着迷”的地方。其实，“淳朴”也是“穷”的委婉说法。在巴拉望，贫困人口接近 50%。许多居民都没有饮用水、适当的卫生设施或电力。很多人都是文盲，长期营养不良。

从 1999 年制定年度预算开始，巴拉望的省级官员决定改变这一现实。但是，横亘在他们面前的障碍似乎是不可逾越的。巴拉望由绵延近 650 多公里的 1800 个岛屿组成。基础设施不足是发展的巨大障碍；教育和卫生服务急需资金投入；而 3.8% 的人口增长速度（居菲律宾第一）更是助长了贫困的发生。

有效地减少贫困需要及时、准确的信息。1986 年以来，扶贫就成为菲律宾政府的主要目标，然而，对于菲律宾人来说，收集与贫困相关的数据并据此来制定扶贫战略依然是件难事。他们所掌握的贫困数据不仅极少而且不规律，不同调查所获得的数据也难以匹配。所以，人们根本无法对菲律宾的贫困进行全面而综合的了解。另一方面，政府的定期调查又着眼于通货膨胀率、汇率和贸易平衡这类宏观经济变量，即使有对收入、住房，以及营养不良率的调查，也并不是每年都开展，因而也就降低了这些数据与贫困之间的关联性，并削弱了这些数据对于减贫的影响。

“通常要等到三四年之后，我们才知道政策和项目的影响”，德拉萨大学安吉洛国王经济与商业研究院（AKI）的执行董事帕诺西亚诺·印托（Ponciano Intal）博士如是说。比较典型的例子是1997～1998年亚洲金融危机以及厄尔尼诺现象对菲律宾的影响。这两个事件使得菲律宾国内生产总值缩减了0.5%，引发了经济的繁荣—萧条周期，损失了大批境外投资，让多年的扶贫成效付诸东流。经济学博士西莉亚·雷耶斯（Celia Reyes）指出："1997年我们有一次全国调查，但下一次全国调查就得等到三年后的2000年了，所以我们根本就没有足够的信息来告诉决策者或其他人，这些事件究竟产生了什么不良的社会影响。"

一个三管齐下的项目

除了缺乏数据以外，菲律宾还缺少一个可以定期收集有关"人的方方面面"信息的系统。"尽管我们已经在规划了，但目前还没有一个很好的途径来衡量家庭的生活水平。"约瑟芬·伊斯卡诺（Josephine Escano）解释道。伊斯卡诺供职于巴拉望省规划和发展办公室的研究和评估处，担任处长一职，他说："我们需要一种方法来对人们的生活进行长久的测量，这样我们才能制定更有效的规划。"

在这样的背景下，MIMAP项目的菲律宾团队为他们定制了一套以社区为基础的贫困监测系统（CBMS）。MIMAP项目于1990年开始在菲律宾实施，期望通过持续的努力，来监测和分析贫困，并为决策者提供政策建议，最大限度地减少政策对穷人的不利影响（更多详情请参见http：//web. idrc. ca/en/ev-6649-201-1-DO_TOPIC. html）。

贫困监测系统网络的主管雷耶斯博士说："面对贫困问题，我们有许多可能的应对战略。"

> 我认为最为重要的，就是设立一个贫困监测系统，因为它可以为我们提供有关贫困的多维信息。此外，高质量的监测数据还能让我们更好地评估政策和项目影响，并明确各个项目的受益人群。

菲律宾的 MIMAP 项目共有三个目标，上文提到的贫困监测只是其中之一。第二个目标，则是基于估算的菲律宾经济数据来建构经济学模型，包括宏观经济模型、家庭模型以及专门衡量宏观经济对家庭影响的矩阵。在实践中，人们已经采用这些模型分析了税收改革、贸易自由化、外汇自由化和解除管制等政策的影响。

最后，MIMAP 项目的第三个目标主要是政策宣传和信息传播。正如雷耶斯所说："只有通过有效的沟通，我们才能把项目成果传递给相应的受众，进而影响政策制定。"其传播工具包括季报、研究论文、出版物和网站等。此外，MIMAP 项目还组织了政策研讨会和机构对话，将研究组织和决策机关的技术专家与实践者召集到一起；同时积极参与有关贫困和社会福利监测以及政策影响评估的工作小组。

将研究引入政策

根据帕瑞克提供的原始材料以及瑞格瓦兹和涂普林撰写的报告，我们可以发现，MIMAP 项目在菲律宾开展得正是时候。菲律宾发展研究所（PIDS）的所长马里奥·兰伯特（Marío Lamberte）博士称，1990 年，"菲律宾已经历了许多经济危机，政府正急得焦头烂额"，MIMAP 项日刚好给菲律宾带来了当时它最需要的项目。

在项目早期，MIMAP 的建模工作就引起了决策者和政府官员的兴趣，取得了显而易见的成效。每一次论坛都会吸引更多的参与者前往。来自菲律宾发展研究所同时也是MIMAP项目助管的凯撒·科罗拉顿（Caesar Cororaton）博士解释说：关键是，这个研究的中立性得到了大家的公认。

拓宽政策视野，扩展政策能力

评估发现，受访者普遍认为MIMAP在菲项目有两大贡献，一是拓宽了政策视野，二是扩展了政策能力。

首先，该项目开发了一些分析工具，让人们认识到各种经济改革的后果，并为决策者提供有效的信息，帮助他们了解政策可能产生的影响。瑞格瓦兹和涂普林提到："MIMAP在菲项目丰富了当地人们的知识，帮助受援国决策者增强了制定政策的能力。"简而言之，项目研发的数据采集和信息收集工具，使当地的决策者能够分析贫困原因、跟踪贫困变化趋势，并评估人口福利。在MIMAP项目实施以前，菲律宾的政策制定几乎不仰赖研究。正如兰伯特直言批评的那样，政策分析师和决策者们根本就不关心宏观经济对微观层面产生的影响，因为政府根本就没有约束他们的方法，他们干脆就省去了这个分析环节。

1993~1994年，菲律宾成立了减贫委员会，在工作中直接采用了MIMAP研发的这些工具。此外，MIMAP项目团队还帮助政府机构实施了贫困监测。然而，评估报告却指出：到目前为止，菲律宾的决策机构尚未将这些工具的使用制度化。

其次，MIMAP项目开发和测试了一系列可用于政策分析和政策模拟的定量方法，包括可计算一般均衡模型、宏观经济模型、收入分配模型和家庭模型。这些模型对国家和地方政府的计划体制、预算编制以及战略制定都产生了影响。评估报告称，MIMAP的建模和指标改进工作锁定了一些重大的政策问题，促进了国家层面对这些问题的探讨，使得有关发展的新知识和新见解进入了人们的视野。

瑞格瓦兹和涂普林说："在帮助菲律宾分析和预测宏观经济政策的影响方面，MIMAP起到了至关重要的作用。"它不仅带来了有关扶贫的新思想，创造了贫困监测的新工具，而且其分析工具本身还提高了政策分析的质量和可靠性。

影响政策体系

贫困监测系统是MIMAP项目的核心所在。最初这套系统只在两个村庄测试，如今，它已覆盖了包括巴拉望省和布拉干省在内的整个菲律宾。2003年4月，菲律宾内政与地方政府部要求各巴朗加（"巴郎加"是菲律宾最小的行政单位）、市和省级政府采用该系统的13个核心指标来测量贫困。在IDRC的支持下，以社区为基础的贫困监测系统已经从菲律宾扩展到了12个国家。

照理说，从根本上修改战略和政策不是一件容易的事。不过评估报告却称，在巴拉望推行的以社区为基础的贫困监测系统却"铸就了辉煌"，其促成因素包括：

（1）省、市以及巴朗加等各层决策者和地方长官的参与，使得研究成果能够在政策过程中得到有效利用。

（2）有MIMAP项目的研究以及统计活动做支撑，为巴拉望开拓了研究贫困问题的新道路。其核心就在于建立了一套有效的指标，从而使数据的收集和解释工作更加轻松易行，并重点突出。巴拉望省长乔尔·雷耶斯（Joel Reyes）如今成了贫困监测体系的坚定支持者，他说："以社区为基础的贫困监测体系为我们提供了可靠、相关和全面的数据，让我们能够了解人民的福利水平乃至全省的发展状况；通过它，我们就可以知道你现在在哪儿、你该去哪儿以及怎么去了。”

（3）研究成果交给了当地人，这使他们对贫困监测体系有了一种主人翁意识。

总的来看，最后一个因素是最为关键的。社区成员参与了数据的收集、验证、处理和使用过程。另外，项目方还为当地提供了调研获取到的信息，让他们加入对自己社区的规划中，雷耶斯博士认为，正是借助这样的过程，项目方给当地社区充分赋权，让巴朗加居民对自己需求的优先序更为敏感，能比其他地区的人更好地向规划人员表达自己的需求。另外，由于有数据信息做支撑，他们更容易在预算资源的分配中直接发挥作用，还可对政府官员的职责和透明度提出要求。

瑞格瓦兹和涂普林说：“在研究的基础上，MIMAP 项目确定了一套可管理的和相关性较强的指标，增强了政策的可信度，从而最终改变了政策制定的方式。在这个意义上，它使我们能够测试不同的想法并调整政策，在实施的过程中又不断地改进政策。”同样重要的是，贫困监测体系在巴拉望的成功运行促进了它在菲律宾其他省份推广。

成功之道

MIMAP 项目在菲律宾的成功并不是偶然的。瑞格瓦兹和涂普林注意到，该项目原本的设想就是“通过开发解决实际问题的知识，来直接影响决策者”。

另外，其他因素的作用也不容小觑。研究团队与政府机构的紧密联系就非常重要，例如，菲律宾的反贫困总统委员会（现为国家减贫委员会）、内政和地方政府部、社会福利和发展部以及国家经济和发展管理局这些政府机构都与项目方关系密切。事实上，从一开始，政府高级官员就加入了该项目的咨询委员会。此外，国家扶贫委员会还邀请雷耶斯博士去商议贫困的瞄准机制，在他们的共同作用下，形成了一个跨机构的地方贫困监测系统工作委员会。与政府机构的合作给进一步的网络构建提供了空间，以便不同层次的政府和非政府人员可以相互交流。

同时，地方政府以及当地社区对项目的主人翁意识也促成了MIMAP项目的成功。西莉亚·雷耶斯（Celia Reyes）评价道："从一开始就与地方政府合作是很关键的步骤，因为最终还是得由他们来承担项目的成本并享受收益的。"

在实践中建设能力

通过研讨会和网络的联系，决策者和研究者的能力得到了培养，进而巩固了MIMAP项目的成果。例如，项目方会为政府官员培训通信写作和其他技能，促进贫困监测结果更广泛地传播。评估报告写道：这样的方法扩大了政策的讨论范围。

兰伯特认识到，除了决策者，研究人员自身的能力也有所提高，变得日益成熟起来；在项目实施过程中，他们加深了对相关主题的理解，还学会了如何提出更可靠的政策建议。

接下来，MIMAP项目面临的挑战就是扩大项目规模，并确保国家的各个统计机构协调工作、生成相应的数据。西莉亚·雷耶斯认为，这将使社区为基础的贫困监测体系覆盖全国。所以，项目要进行下去，还必须依靠地方政府的技术支持，并成立一个中央层面的数据库。菲律宾统计局的管理员卡梅丽塔·艾瑞克塔（Carmelita Ericta）指出，所有的政府单位都必须认识到，信息收集虽然有一定的花销，但它更是一种投资。

基本数据	
时间	1990～2002 年
目标	增强贫困监测能力和建模能力，帮助制定减贫战略。
研究产出	1. 建构了类似于可计算一般均衡模型的不同经济模型。 2. 推出了一套以社区为基础的贫困监测系统。 3. 建立起了巴拉望省级贫困数据库，绘制了该省的贫困监测图；开展了一些主题研究，撰写了研究报告。

反贫困的政策互动过程：塞内加尔的研究者和决策者共同构建本土减贫战略

下面这段材料摘自特雷西·涂普林（Tracy Tuplin）撰写的案例研究，其案例来源于弗雷德·卡登（Fred Carden）的研究。

如同撒哈拉以南的大多数非洲国家一样，塞内加尔一直在为改善本国民生而努力，但收效甚微。现在，随着一种深入探究贫困实质的新方法的出现，塞内加尔人看到了希望的曙光。通过这种方法，政府或许会制定合适的政策，并取得减贫实效。

塞内加尔总人口有 1000 万，现在是世界上最贫穷的国家之一。在过去的十年中，该国的贫困率已由原来的约 1/3 增加到 1/2 以上。据 2001 年的一项调查估计，2/3 的塞内加尔人都是“穷人”；在农村地区，贫困率甚至高达 80%。1962 年脱离法国的统治之后，人们原本对塞内加尔的减贫寄予厚望，然而，这些严峻的统计数字难以让人乐观起来。

20 世纪 80 年代，塞内加尔的经济问题浮出水面——低水平的经济增长、强劲的国内需求、不稳定的公共财政以及长期的国际收支逆差，所有的这些问题加在一块儿，严重冲击了许多人的生活。1982 年，塞内加尔与邻国冈比亚合并成立邦联，但这个联盟还未完全投入运作，便于 1989 年解散。

20 世纪 90 年代，塞内加尔政府启动了一个雄心勃勃的经济改革计划，试图通过货币贬值、解除价格管制和取消补贴等强硬的措施来扭转局面。这项改革确实取得了一定成效：从 1995 年至 2001 年，GDP 年增长率为 5%，通货膨胀率也有所下降。

然而，另一方面，塞内加尔的贫困人口数量却在持续上升，70% 的就业人口集中在农业生产部门。即便国际社会有所支持，但该国的农业发展依然停滞不前，工业和私营部门的发展也未能如愿。

宏观经济调整政策的微观影响项目（MIMAP）

正如其他那些不发达国家一样，塞内加尔的贫困也是一个复杂和持续的问题，难以消除。GDP 的增长并不会自发改善穷人的生计。要制定缓解乃至消除贫困的战略，经济学家和决策者则首先得了解贫困的根源，以及经济政策对穷人的影响路径。

为了解决这些问题，IDRC 于 1989 年创立了 MIMAP 项目，如今，这一项目已经吸收了来自亚洲和非洲的 12 个国家，并组建成网络（详见专栏 8.2）。塞内加尔便是 MIMAP 网络的最新成员。

自 20 世纪 80 年代开始，IDRC 便在塞内加尔活跃起来，它选择支持了该国的应用经济学研究中心（CREA），让这个机构来承担 MIMAP 项目在塞内加尔开展的研究工作。项目效果非常明显。作为 CREA 的主任以及 MIMAP 在塞内加尔的项目协调员，阿卜杜拉·迪亚涅（Abdoulaye Diagne）博士称：“此前，许多关于贫困的研究都是由外国专家来开展的，而塞内加尔本国学者却未涉及。正是在 MIMAP 项目的支持下，我们中心能够开展贫困研究了。”

专栏 8.2 MIMAP 网络——推动创新和了解

MIMAP 项目之所以能开展，主要是基于这样的信念：要制定有成效的减贫战略和项目，就必须及时掌握可靠的贫困指标，还得全面了解宏观政策可能会对穷人产生的影响。

通过研究、培训和对话，MIMAP 帮助发展中国家制定政策和设计项目，让它们在减贫、降低脆弱性的同时，也维持了经济稳定，实现了经济结构调整的目标。1989 年，IDRC 创建了 MIMAP 的网络，如今，这个网络连接着非洲和亚洲 12 个国家的研究者、决策者、非政府组织和国际专家。

IDRC 的评估小组在全球选取了数个项目作为对象，以查看它们的政策影响力。塞内加尔的 MIMAP 项目便是其中之一。这篇评估报告由涂普林撰写，其资料来源主要是弗雷德·卡登的研究。报告指出，塞内加尔的 MIMAP 项目启动之初曾有一段小插曲对项目的设计产生了较大影响。

该项目刚刚起步时，迪亚涅博士就发现，塞内加尔急于完成一个综合的《减贫战略文件》，这份文件意在说明该国的各类行动者将如何利用可能的新资源来减少贫困。写成这个报告，塞内加尔就有可能以“重债穷国”（Highly Indebted Poor Countries）的身份进入世行与国际货币基金组织的视野，从而减少债务并获得新的贷款。

仅仅加入 MIMAP 项目 3 个月，应用经济研究中心就被塞内加尔的经济和财政部选为技术合作伙伴，一起撰写《减贫战略文件》。其目标是将政府机关、当地专家、发展伙伴以及民间社会团体的减贫共识反映在报告里。鉴于应用经济研究中心的双重角色，

MIMAP 的项目工作和《减贫战略文件》不可避免地出现了相当大的重叠。

在迪亚涅博士看来，这是一个意外的惊喜，他说："我们出了一份文件，启动了《减贫战略文件》起草的咨询工作。障碍很快就被消除，如今，我们的联合团队里既有自己的研究者，也有政府官员。大家都是自己人，已经无所谓什么参与不参与的了，也没有所谓的'顾问'了。"

转折点

塞内加尔的 MIMAP 项目始于 2000 年 6 月，其总体目标是提高应用经济研究中心的研究能力，让研究者更好地理解宏观经济政策对微观经济的作用和对贫困的影响。应用经济研究中心的研究团队共有 10 人，包括该机构的教授、博士生，以及来自统计局的代表。他们的目标主要有如下四个：

①掌握塞内加尔的贫困状况，建立一个贫困监测系统。

②开发一些分析工具来查看宏观经济政策对收入分配的影响。

③针对"穷人获取金融服务的途径"，"贫困的性别维度"，"教育和贫困的关系"这三个主题进行研究。

④鼓励在减贫领域工作的各类行动者（包括研究人员、决策者、非政府组织和金融机构）展开对话。

2000 年 11 月，7 名应用经济学研究中心的研究成员参加了一个有关贫困的分析研讨会。在涂普林看来，这就是一个转折点：

> 在很大程度上，原本计划要开展的 MIMAP 活动被放在了次要位置。不过这没关系，因为重要的是：应用经济研究中心的数据和研究成果充分体现在了《减贫战略文件》中——这

一贡献赢得了不少赞誉。《减贫战略文件》所提的建议也几乎都是建立在应用经济研究中心的发现之上，这一事实表明，研究工作确实可以影响政策制定（特别是塞内加尔的减贫战略制定）。

该报告还说，应用研究中心的帮助使得塞内加尔人自己完成了《减贫战略文件》的撰写，增强了他们的主人翁意识，从而有利于战略的进一步实施。事实上，应用研究中心与政府各部委的合作还给政策团体带来了重大变化。正如卡登所说："在写《减贫战略文件》以前，决策者在很大程度上忽视了本国的研究人员，经济政策研究大多是由世界银行以及国际货币基金组织的人员来主导的……所以，合作撰写《减贫战略文件》一事成为了塞内加尔政策团体发展史中的一个里程碑。"

另外，应用研究中心的几个团队成员同时也在行政单位任职，这使得政策过程更具互动性——这是一个双向的过程。在团队里，一方面行政人员把自己的需求呈现出来，另一方面研究人员还会告诉他们该如何去做。政策制定出来以后，研究人员还可跟进，参与到政策的监测和评估中。涂普林写道：

> 这个案例最为特殊的一点，就在于它是"无心插柳柳成荫"。尽管最终的结果可能超出了项目最初的预期，但是MIMAP团队依然颇感内疚，因为他们没有按照原本设计的那样去行事。

政策影响的类型

涂普林并没有纠结于MIMAP团队的内疚情绪，不管怎样，这个项目或多或少也实现了最初的大部分日标。在原来的设计中，扩展政策能力是一个重要的目标。通过大量的培训活动，以及可计算一般均衡（CGE）模型的建立，这个目标可以说已经实现了。基于有关贫困的信息，CGE 模型能帮助决策者监测和分析宏观经济政策对贫困的影响，并生成与贫困关联性更强、更新的国家层面的数据。

部分政府官员发表了他们对项目影响的看法，来自教育部综合经济管理办公室的达欧达·古耶（Daouda Gueye）便是其中之一。他指出，应用经济研究中心不断对信息提出新的需求，促使一些政府部门改善了信息收集方法。此外，经济和财政部减贫工作组的协调员希尔莫·尼阿涅（Thierno Niane）也称，该项目“撬动了塞内加尔的许多‘杠杆’，查看了这些杠杆的运行情况，以便更好地确定经济增长和减贫之间的关系”。

涂普林补充道，随着项目的开展，这个研究团队的知名度和可信度也大大提高了。“该团队将应用经济研究中心打造成了一个服务于政府的可信机构，因其出色的能力而远近闻名；由 MIMAP 项目培训出来的研究人员也成为本地区最具资质的研究性人才”。

评估报告指出，MIMAP 项目还拓宽了政策视野，从学生、研究者，到经济规划师、行政管理人员以及捐助者，都加入到了政策制定和评估的大流中。有些研究者和官员即使不再从事与 MIMAP 项目相关的工作，在各自的反贫困阵地中，他们依然会运用早前积累的经验来解决问题，并与原先的团队成员保持联系。

谈及该项目对塞内加尔政策体系的影响，涂普林认为，它重新界定了研究与政策领域之间的联系，发挥了关键性的作用。

> 该项目开展之前，塞内加尔政府除了偶尔咨询一下研究者，平时基本上不会把研究整合到政策制定中来。经历过 MIMAP 的项目合作以后，决策者发现，研究者可以提高团队

的工作质量，加快工作速度。这本身又为构建新的合作框架打下了基础。

影响“政策影响”的因素

一些关键人物在政策影响的过程中起到了重要作用，研究最终能影响政策，与他们的努力是分不开的。涂普林给予应用研究中心的迪亚涅博士以高度赞赏，认为他作为项目领导，在 MIMAP 项目与《减贫战略文件》的撰写过程中发挥了很大作用。还有一些其他的关键人物也不例外。然而，报告也指出，“在非洲，由于本国专家数量太少，根本无法满足需求，因此这些仅有的‘能者’往往处于‘过劳’状态……这不仅影响了工作质量，同时也成为制度建设的一大问题”。

和 IDRC 的其他同类项目比起来，塞内加尔的 MIMAP 项目在传播研究成果方面并没那么突出。然而，该项目依然下了不少工夫来促进研究成果的传播，并推动沟通的有效性。例如，应用研究中心组织了一次“塞内加尔经济反思日”活动，颇受决策者的好评。

涂普林写道，因为项目开展过程是互动的，所以研究成果能直接进入决策圈。

> 从概念本质上来探讨，“传播”其实暗含着某种被动的内涵，事实却刚好相反，由于 MIMAP 项目融入《减贫战略文件》的撰写过程中，决策者自然就成了 MIMAP 的坚定支持者，使得该项目成为了主流。这与其他严重依赖传播手段来影响决策的研究项目形成鲜明对比。

虽然机构建设不是 IDRC 的一项政策目标，但它确实也能对政策体系形成影响。在塞内加尔的案例中，人们发现，对应用经济研究中心的支持，最终可能会对该地区产生重大影响。涂普林在报告中写道，这是一项投资，总会得到回报的。同时，涂普林也提到，迄今为止，应用经济研究中心主要是通过参与项目的政府研究员来与政府保持非正式和个人的联系。对此，有些人提出了更高的要求，认为它应该与政府建立更多的正式联系。

经验和教训

1. 灵活性非常重要。在这个案例中，MIMAP 项目团队弃用了原本设计的活动方案，而选择了参与撰写《减贫战略文件》。

2. 将项目与特定的政策制定过程联系起来，能创造一个良好的工作环境，便于把研究成果转化成具体政策。

3. 有些时候，必要的机构支持能够提高项目团队的知名度，从而增强研究的信誉，促进与决策者的互动。

4. 由本国专家收集和编制数据往往比国外咨询机构来做要好，因为这样可以增强政府对数据信息的拥有感，从而推进相关政策的实施。

基本数据	
时间	2000～2002 年
目标	1. 掌握塞内加尔的贫困状况，建立一个贫困监测系统。 2. 开发一些分析工具来查看宏观经济政策对收入分配的影响。 3. 针对"穷人获取金融服务的途径"，"贫困的性别维度"，"教育和贫困的关系"这三个主题进行研究。 4. 鼓励在减贫领域工作的各类行动者（包括研究人员、决策者、非政府组织和金融机构）相互对话。
研究产出	该研究的成果在很大程度上与应用经济研究中心的总体科研成果混合在了一起。如果硬要作一个区分，MIMAP 团队所公认的成果也不在其研究本身，而在于它引导了塞内加尔《减贫战略文件》（世界银行需要的项目材料）的制定。考虑到这项工作庞大的工作量以及对国家议程的重要性，MIMAP 团队转移了原本的研究日程。

应用经济研究中心的主任迪亚涅博士试图做一些制度安排，来维持与某些机构的伙伴关系。例如，他与教育部签署了一份为期三

年的合同，准备合作进行多项研究，并撰写一份报告。另外，应用经济研究中还可继续与 MIMAP 项目合作，推进与《非洲发展新伙伴关系计划》（NEPAD）相关的研究。

涂普林总结道："该项目最引人注目的是，参与撰写《减贫战略文件》并不符合项目的原本设计。许多内、外部因素共同为项目打开了一扇窗户，在各方的努力下，项目最终取得了成功。"

并行不悖的研究和政策：测量现有研究对越南经济政策的影响

下面这段材料主要基于安德烈·萨米尔（André Saumier）的案例研究。

20 世纪 90 年代初以来，越南对经济体制进行了大刀阔斧的改革，期望在不影响其社会主义政治体制的情况下，开放本国经济，引入市场的力量。在同一时期，IDRC 在越南开展了三个大型研究项目。这些项目对越南的政策会有什么影响呢？

尽管当前仍然存在巨大的经济和社会问题，然而不可否认的是，越南的改革已经取得了重要成就。在不到 12 年的时间里，它已从世界银行认定的最不发达的国家之一变成了"普通的发展中国家"。

越南共有 8000 万人口，约 80% 的人生活在农村地区。其经济发展主要集中在南部的胡志明市，其次就是北部的河内市。发展的不平衡加剧了机会、就业和收入的差距，因而，越来越多的农民非法涌入城市。尽管如此，越南的进步依然令人印象深刻。1990 年，越南的人均国内生产总值只有 114 美元，到 2002 年，其总人口增长了 14 万，但人均 GDP 仍升到 423 美元。在同一时期，该国的海产品出口从2.39亿美元增至20亿美元，大米出口增长了一倍。如今，越南已是大米、咖啡、鞋类和其他产品的主要出口国。

所有的这些成就均非偶然。自1991年以来，越南便一直奉行名为“Doi Moi”（革新）的经济改革和现代化战略，试图往社会主义制度注入一些市场经济元素，形成“社会主义市场经济”。此番改革有一个鲜明的特点，那就是坚持社会主义的政治制度不动摇，同时又决意改变其经济结构。除了中国，还没有哪个国家进行过这种改革，因而对越南来说，这样的改革没有路线图，没有现成的方案可循。

安德烈·萨米尔代表IDRC针对越南研究的政策影响力进行了评估，他提到：

> ……许多领导人对相关政策的理论、实践、测量、制定及部署等知之甚少。由于这些知识和能力不可能内生，至少在短期内如此，所以，他们不得不借助于外部力量。

IDRC在越南开展的项目

正是在这样的背景下，IDRC于1991年开始支持越南从事相关研究。2002年，IDRC的评估部门实施了一个评估，以查看此前的工作通过什么方法、在何种程度上影响了政策。正如萨米尔在其报告中所说的：“我们在这里分析的‘政策影响’既不琐碎也不边缘。事实上，我们看到整个经济体系实现了重新建构；而这种重新建构是在一个集权主义政府掌权、各方面受到极端限制的背景下不断展开的……”

萨米尔重点评估了 IDRC 的三个项目，梳理了大量的文献，并访问了越南本土的研究者和政府官员（尤其是咨询和研究机构的领导），在此基础上才形成了一个评估报告。

越南可持续经济开发项目（VISED）

1993 年，IDRC 和加拿大国际开发署（CIDA）通过越南可持续经济开发项目，对越南有关环境经济的研究给予了大力支持。至 1997 年项目结束，它已经支持 25 个机构对经济特区、股份公司、信贷资金和国有企业等不同主题开展了 50 个规模相对较小的调查。

在越南，IDRC 的对口联系单位是新组建的科技和环境部。尽管该部与经济领域关联较小，但它有一个强大的、人脉资源丰富的咨询小组。

越南经济与环境管理项目（VEEM）

1997 年，IDRC 和加拿大国际开发署在 VISED 项目的基础上，又启动了一个为期五年的新项目——越南经济与环境管理项目。与 VISED 比起来，后者的结构化程度更强，它旨在增强政府制定政策的能力，帮助政府更好地实施经济整合与自然资源管理，并进行相关的政策性研究。萨米尔说："VEEM 自一开始就有志于改善政策。"

在经济领域，VEEM 项目的关注点主要集中在两个相互关联的领域：一是贸易自由化，二是出口产业的竞争力。借助一个综合的计算机贸易数据库，VEEM 于 2001 年发布了五大报告。该数据库是越南第一个也是唯一的贸易数据库。

宏观经济调整政策的微观影响项目（MIMAP）

MIMAP 项目（1995～2001 年）有着两个相对独立的部分：一是贫困监测，二是建模。多年以来，缓解贫困和消除饥饿都是越南政府的政策目标。

首先，就贫困监测部分而言，MIMAP 项目试图开发一个以社区为基础的监测系统，以此提供比传统大型研究“更丰富”和更及时的贫困数据信息。该项目一直倡导一种自下而上的贫困监测方法，并对此进行了尝试。它针对当地居民实施了一些简单的问卷调查，由此获得的信息有助于人们根据社区需求有针对性地设计和实施社会发展项目。

其次，就模型建构而言，MIMAP 项目支持建构了几组计量经济学模型，帮助人们分析各种政策所带来的广泛影响。其关注点主要是财政政策（增值税税率）和贸易改革（关税税率）对分配和公平的影响。值得一提的是，这样的分析在越南尚属首次。

评估政策影响

研究活动可以以不同的方式来影响公共政策，例如，扩展政策能力、拓宽政策视野以及影响政策体系。

扩展了政策能力

研究活动可以激发新的思想，提高人们的交流技能，培养新的人才，让他们针对特定主题来进行研究和分析。换言之，研究可以改善政策制定的制度性框架。

IDRC 在越南实施项目之前，该国不少机构和学者的政策影响力都比较弱。作为重要的政策顾问，一些越南的经济学者曾远赴苏联学习正统的马克思主义理论，深谙中央计划经济。然而，由于不熟悉西方经济学概念，他们在面对市场经济时往往束手无策。因此，要满足越南市场经济改革的需要，这些经济学者就必须学习资本主义的经济理论和模型。但是，由谁来给他们做培训，又怎么培训呢？

正是在这个意义上，“IDRC 的三个项目……通过新颖的方式而作出了卓越的贡献”，萨米尔写道。所谓新颖，就在于这几个项目给予越南本国的研究者以空间，将研究任务委托给越南的机构和研究者，让他们自己挑选主题，并让一些高级学术顾问定期前往河内交流研究进展情况，并提出建议。此外，IDRC 还积极推动机构间合作网络的组建，以便加强不同机构的相互合作。实践证明，这种新颖的方式富有成效，在项目开展过程中，一批具有竞争力的骨干研究人员逐步形成。

从 VISED 项目一开始，这一方法的效果就体现出来了；在 VEEM 项目的开展过程中，其作用更加明显。VEEM 项目的主要任务就是在贸易数据库的基础上，收集和分析大量的数据。对于越南研究人员来说，这项复杂的工作简直闻所未闻。

MIMAP 项目的情况也与之类似。越南研究人员同样是在国外学者的协助下，开展了复杂的建模工作。在应用模型分析政策时，具体的主题由越南财政部来选择。

IDRC 在越南开创的另一项创新，则主要是在 VEEM 和 MIMAP 两个项目（成功经验）的鼓励下完成的。在此项目中，一个由众多研究机构和研究人员构成的合作小组形成了，这在越南极为罕见。总之，IDRC 的项目表明，人们可以联合起来，去共同完成一些所需技能跨度较大的复杂工作。

拓宽了政策视野

研究活动可以为政策议程引入新的思路，为决策者提供可以应用的知识，并推动研究者和决策者之间的对话。换言之，研究可以改善政策制定的知识框架。

如萨米尔所说，越南的经济改革启动之时，共产主义经济理论的局限性越来越突出。因此，“决策者最初所面临的挑战，不是拓展既有的政策视野，而是探索经济政策的一个‘未知领域’，闯出一条路来”。在改革初期，越南取得了巨大的成就。由于经济的快速增长，该国甚至还被称为亚洲的“新小虎”。萨米尔写道：“改革得以广泛而充分地实施，眼看胜券基本在握，越南甚至出现了一定自满情绪。”然而，1996～1997年亚洲金融危机的爆发为越南经济无情地敲响了警钟。于是，如何恢复经济发展的势头成为一个亟待解决的新问题。

由于这些问题出现时，VISED项目已经结束，因此，该项目在拓宽政策视野方面的作用并不明显。诚然，VISED开展的大多数小项目都有所创新，为区域发展提供了新的思路。但另一方面，关于该项目对越南高层顾问的影响，相关资料仍然有限。

相比之下，VEEM项目则要出色一些。它帮助越南经济研究所解决了两个紧迫的政策调整问题，一是贸易政策，二是竞争政策。该研究所的研究表明，越南政府大肆夸耀的出口导向政策实际上是一种替代进口政策，同时也是中央计划经济的产物；关税政策对农村地区非常不利。此外，其研究还显示，越南政府为了保持关键出口产业（主要是服装和纺织品工业）的竞争力，采取的措施实际上是建立在有缺陷的分析基础之上的。毫无疑问，这两个研究成果都有着重要的政策含义。

这些成果随即传播到了几个重要的决策智囊团那里，萨米尔说这就像是“无线传播”一样。尽管很形象，但研究成果扩散到高级决策层的机制却并非这么简单。就VEEM项目而言，其中有关经济的项目部分主要是由三名高级政府顾问来主管，他们可以将研究成果呈交到较高层的政府手中。另外，评估小组访问到的其他几位人士也认为，经济研究所的所长功不可没，因为他既是执政党中央委员会的成员，还是国会经济事务常委会的委员，自然方便了研究成果的传播。

MIMAP 项目对贫困作出了新的定义，并开创了一种新的方法来收集贫困信息，它所做的这些工作都是为了拓宽政策视野。“很明显，”萨米尔写道，“不管是有关贫困的思考还是具体的实践方法，MIMAP 项目都对越南的‘消除饥饿和减贫战略’（PHERP）形成了重要的影响。”

除此之外，MIMAP 项目开发的模型还拓宽了财政部税收政策。长期以来，财政部都缺乏计量经济模型这样的工具来准确地分析政策，在 IDRC 专家的协助下，“可计算一般均衡模型”应运而生，为财政部解了燃眉之急。如今，该部已经能够自如地运用这个模型来解决许多问题了，它所能发挥的作用仍在继续。

影响了政策体系

除了上述两点以外，研究活动有时还会直接影响公共政策，例如，决策者会根据研究发现，来调整有关发展的项目、法律法规乃至社会经济结构。事实上，这样一个过程并不多见，即使有，也是百般迂回的。只有在少数情况下，研究才能对政策体系产生明显和直接的影响。

例如，在萨米尔看来，革新项目要求对各种计划和政策进行重新建构，同时制定新的政策，

> ……越南政府迫切地希望改革，但又缺乏与之相关的政策知识。正是在这样的背景下，VISED 和 VEEM 两个项目扩展

了政府的政策能力，拓宽了其政策视野，由此断言 VISED 和 VEEM 两个项目影响了越南的政策体系并不为过。

我们无法清楚地考证这两个项目对政策的影响路径。但以 VISED 项目为例，人们至少能够观察到：许多重要的决策其实是符合我们研究所给出的建议的。

VEEM 项目得出了具有深远意义的结论，但未能对政策体制产生直接可见的影响。这在一定程度上是因为该项目形成的报告学术性较强，但在政策操作性上却稍逊一筹；而且这些研究报告直到 2001 年底才面世，可能已经错失了显示影响的时机。

MIMAP 项目无意取代当前的贫困指标，但将来政府或许愿意采用 MIMAP 的方法来衡量贫困，所以，该项目将会产生长期的政策影响力。而它的建模工作已经得出了一些有意思的理论发现，例如，贸易自由化政策的“滴漏效应”是失败的。

经验和教训

1. IDRC 的上述三个项目都对政策产生了影响，尤其是在扩展政策能力和拓宽政策视野方面。
2. 把握恰当的时机很重要，IDRC 的项目之所以成功，其中一个关键原因就在于：越南刚好处于经济转型时期，需要相应的研究来指导改革实践。
3. 一个强大的、人脉众多的项目咨询团队功不可没。对大多数国家而言，要让研究影响政策，并对政策的效果进行准确的评价，就必须与众多机构和个人保持较好的联系，在越南尤为如此。
4. IDRC 通过能力建设、机构发展和网络组建这些方式，推动了越南本土内源式和自发式的研究，强化了研究者的政策影响能力。在这个过程中，恒心和毅力是关键。

基本数据	
时间	1993 ~ 2001 年
目标	1. VISED：支持有关环境、经济、法律和小额资助的国家研究项目，努力增强其研究能力。 2. VEEM：在越南进行经济改革的过程中，帮助决策者增强自身能力，根据相关知识来制定相应的政策。 3. MIMAP：开发并运用一套贫困监测体系；建立计量经济学模型来辅助国家层面的分析。

续表

基本数据	
时间	1993～2001 年
研究产出	1. VISED：(1)四个主题研究："区域发展的基础"、"出口加工区的组织和管理"、"股份制企业的形成和组织"、"信贷基金运营体系的建立"。(2)主题各异、小额资助的研究报告。 2. VEEM：(1)有关贸易自由化、纺织品工业和服装工业竞争力的 5 份报告，这些报告于 2001 年面世。(2)计算机化的贸易数据库(这在越南绝无仅有)。 3. MIMAP：开发了一套以社区为基础的贫困监测体系，以及可计算一般均衡模型；运用这些模型来分析财政政策和贸易改革对分配和公平性的影响。

第九章

贸易和金融

影响全球经济议程：发展中国家的经济日益受到重视

下面这段材料主要基于戴安娜·图西（Diana Tussie）的案例研究。

世界银行预计：到2010年，发展中国家对全球消费和资本形成的贡献将超过50%。然而，在国际经济和货币政策这个高深莫测的世界里，发展中国家必须努力抗争，才能让发达国家听到自己的声音。

在制订全球经济议程的讨论会上，24国集团便是替发展中国家表达意见的组织。24国集团成立于1972年，其初衷在于确保24个成员国的议题能够进入77国集团的视野。显然，这是一个非常艰巨的任务，因为77国集团这个庞大的组织主要是由富裕的北方工业国家、世界银行以及国际货币基金组织所主导。其实，24国集团和77国集团都是在联合国贸易与发展会议（即UNCTAD，简称联合国贸发会议）之下成立的，如今依然隶属于联合国贸发会议。它们的使命在于辅助世界银行和国际货币基金组织形成一些国际金融政策。然而，由于缺乏足够的能力来研究和有效解决复杂的问题，24 国集团一直处在国际谈判桌的边缘地位。

最初，联合国系统对 24 国集团的项目提供了一些技术支持。这些支持由联合国培训与研究所提供，并由联合国贸发会议管理；资金则主要来自联合国开发计划署。但是，由于开发计划署规定，对于没有平行融资（parallel funding）的项目最多提供 10 年的资助，因此，它对 24 国集团的支持于 1986 年就中断了。为了使项目持续下去，24 国集团转而向 IDRC 求助。1988 年，该机构开始对 24 国集团一个为期三年的项目提供支持，其目标是："帮助发展中国家构建在国际货币磋商中的谈判能力，帮助它们做好技术准备，使其能够在国际货币基金组织和世界银行的议题框架内，全程参与相关的讨论和谈判，并作出自己的贡献。"

一个领域宽泛的项目

下文将要介绍的是技术支持服务项目（Technical Support Service，简写为 TSS），在 24 国集团内部，人们往往将其简称为"研究项目"（Research Programme）。它的主要目标是：

（1）不断增强 24 国集团的能力，为国际金融机构的讨论作出贡献。

（2）推进发展中国家有效参与有关国际金融架构改革的各种论坛。

（3）提升发展中国家的政策设计能力，帮助其建立稳定的金融环境来吸引投资，降低面临外部冲击——尤其是全球市场波动带来的冲击——时的脆弱性。

（4）促使发展中国家决策者加深对某些复杂问题的理解，如国际市场是如何运作的，贸易、投资和金融之间有着什么样的关系，等等。

（5）提高非发展中国家对“发展维度”（development dimension）的重视，并将这一议题引入对国际金融和体制改革的讨论中。

IDRC 原本承诺只参与该项目三年，但随着时间的推移，它已经伴随着该项目走过了四个阶段，前后长达 15 年。大部分利益相关者认为：在此期间，这个项目成为了“将 24 国连接在一起的黏合剂”。如今，联合国贸发会议、丹麦和荷兰政府以及 24 国集团成员国自己的政府也以财政或实物的方式，向该项目提供各种支持。

在过去的 15 年里，技术支持服务项目开展了 100 多项研究，推出了一套《20 世纪 90 年代国际货币和金融问题》丛书，共计 11 册，还在《24 国集团讨论文件系列》里刊登了数十篇论文。这些研究通过可靠的技术性分析，旨在与国际货币基金组织和世界银行的对话中表达发展中国家的观点，从而改变相关研究全由国际金融机构主导的局面。此外，这些出版物还有意于提醒 24 国集团的成员国注意眼下出现的新问题。

除了从事与发展相关的研究，该项目还为国际公共政策的制定和实施机构、学者以及研究所提供了许多新鲜的观点，从而在发展研究这个特殊的领域里提高了自己的知名度，让许多高层决策者和机构都对此有所了解。

主动联系决策者

著名经济学家、多伦多大学的经济学名誉教授杰拉尔德·海莱纳（Gerald Karl Helleiner）从 1991 年开始就参与到了技术支持服务项目中，担任了 8 年的研究协调员。IDRC 的 TSS 项目主任评估员图西博士评价道：海莱纳教授积极参加了24国集团的代表会议、部长会议以及理事会会议，是“一个非常活跃的项目主任”；他还坚定不移地倡导发展中国家在国际金融事务中发挥更大的作用。

海莱纳指出，按照购买力平价来计算，在20世纪90年代中期发展中国家的产出占世界总产出的44%。“在未来十年里，要是把发展中国家当作一个整体，那么其经济增速大概会高出工业国家的一倍，”他说，“发展中国家（和其他非七国集团国家）不仅拥有庞大的人口规模，其经济水平也让人不可小觑，它们在全球经济中的重要性正在迅速提高。”

为了更好地说明这点，海莱纳举了一个例子：“在1991年工业国家的经济普遍发生衰退时，世界出口总额增加值的3/4却是来自发展中国家，正是发展中国家的市场缓冲了这些国家的问题。”

虽然海莱纳一直在为24国集团的成员国奔走呼喊，但另一方面，在日常的项目运作尤其是跟24国相关人员的联系工作中，他也会遇到一些具体的问题。例如，海莱纳在发送研究成果时所用的通信录往往都不是最新的，这就导致很多人都无法收到研究材料。图西博士还指出，我们通常都有“这样一个错误的假设，认为只要把材料发送给各个国家的项目执行官，那么各国其他的机构也将获知这些研究结果”。

上述问题在1993～1996年（即项目的第二阶段）得到了很大的解决。其主要原因在于，人们采取了一些关键的措施，用以增加成员国对24国集团这一项目的“拥有感”。例如，让成员国出资，以及建立有关研究引导和测量政策需求的新机制。谈到这方面，图西博士说，技术小组的成立具有里程碑的意义，因为

> 技术小组提供了一个正式的平台，让研究者和24国的代表走到一起；在研究项目和24国集团之间，它充当着一个媒介的作用，通过这种对话机制消除了研究和政策领域的隔阂。

工作方式的变化

1996~2000年的项目第三阶段可谓至关重要，在这一时期，项目方尝试了多种方法来拉近研究者和决策者之间的关系。其中包括：设立专门的“联络处”（Liaison Office）来强化与各国项目执行官的交流；邀请研究者和决策者参加各类非正式会议，从而激励了针对研究项目的直接性政策投入。

同是这一时期，海莱纳退休，哈佛大学肯尼迪政府学院的国际政治经济学教授罗德里克（Dani Rodrik）担任新的研究协调员。走马上任之后，罗德里克立即利用互联网着手宣传和推广研究项目的成果，使得项目信息和相关论文全球可及。罗德里克还为一些研究论文补充了简短的战略主题意见书，让人们更便捷地了解项目信息；此外，不再分册出版研究论文，改为以独立的讨论文件形式，与联合国贸发会议和哈佛大学联合出版，这样便解决了时间滞后的问题。

项目方通过在方法上的改进，希望吸引更多的受众，影响全球层面的公共政策，同时推动国际货币和金融领域里的学术争辩。到了项目第四阶段，更多的研究将“从发展的角度出发，在政治、政府间、学术乃至全社会的范围内拓宽金融和货币问题的国际讨论”。

这与整个项目前九年的工作比起来，存在一个明显的不同。图西博士说道：在此之前，研究项目是以24国集团各成员国的项目执行官为受众的。进入第四阶段以后，随着项目重心的变化，研究协调员与联络处之间的关系变得有些紧张。因为前者主张视野长远的研究，而后者却更倾向于由需求驱动的研究。

更为根本的变化是：以前，在海莱纳看来，24国集团应该对该项目享有所有权，因而并未明确界定研究协调员和其他人的职责。而罗德里克上任以后，他们的职责范围是否应该确定下来却成了一个争论的焦点。因为罗德里克认为，该项目首先应该对联合国贸发会议负责，所以，他把该项目看成了联合国对24国集团提供的技术援助，与其他的技术援助别无二致。

图西博士坚信，这些差异源于他们对政策过程的不同看法，她说："在传统的观念里，政策制定是一个线性的过程，各种分析报告和可采取的立场都事先准备好了，直接呈现在决策者面前，由他们在谈判和做决定时使用。"这样的观念在今天已经不太适用了。在早期，24国集团中的许多利益相关者都对线性方法坚信不疑，认为研究报告可以直接影响政策。即使在今天，依然有些人"对代表和部长们抱有一些希望，期盼着他们能够阅读自己的报告，并将报告的观点贯彻到政策中去"。

与这种"线性的"方式相对，我们还有另一种影响政策的方式，即"启迪式"（enlightenment）。按照海莱纳的比喻，这就像是水滴石穿一样，研究者通过长时间的努力，对观念的传播和渗透施加作用，最终影响政策走向。另一方面，罗德里克却评论道，尽管线性方法能够立竿见影，但是"启迪式"的研究更多的是通过改变认知进而影响政策。

从结果来看，对于项目的产出究竟有多大的利用价值，这似乎很难下定论。因为不同的参与者对于谁去使用它以及如何使用它都有不同的意见。阿齐兹·阿里·穆罕默德（Aziz Ali Mohammed）与联络处的同事都认为，该项目产出的研究报告最有可能是给决策机关里的低层工作者阅读了。与之相反，罗德里克却相信执行官和他们的助理才是主要的读者。一名来自尼日利亚的前执行官帕特里克·阿卡图（Patrick Akatu）称，报告的质量虽然很高，但并未渗入到诸如世界银行和国际货币基金组织这个层面的决策机构中。他说，这些研究"有助于我们理解政策制定的背景，但在具体的谈判中却起不到什么作用”。不管怎样，图西博士总结道：24 国集团凭借着这个官方的研究项目，赢得了在发展中国家问题上的发言权；而且，国际货币基金组织董事和世界银行行长能出席 24 国集团的会议，这件事实本身就让 24 国集团提出的议题显得更有分量；此外，跨国捐赠机构为研究项目提供资金支持，这也更进一步肯定了 24 国集团的地位。

评估政策影响

国际发展研究中心在评估了研究项目对政策的影响后，将其归纳为以下三种。

（1）扩展了政策能力。包括知识的扩充，支持的增加，发展思路的创新，沟通能力的提升以及研究人才的发掘和培养。在实际工作中，有人对研究项目的工作人员提出要求，希望获得更具体的政策简述，这本身也说明了人们对某些议题的知识渴求正在增加。

（2）拓宽了政策视野。研究项目通过类似于“启迪式”的方法来影响政策，往往会引入一些新的概念和思路；基于对问题理解的深化，研究者和其他人员也可能会选择新的立场。这便是研究项目最为重要的贡献之一。

（3）影响了政策体系。对项目或者政策进行根本性的调整。从目前情况来看，研究项目在这方面已经有所作为了，但在今后，这依然是该项目的一个长期目标。

基本数据	
时间段	1988～2003 年
目标	1. 帮助发展中国家建设在国际货币秩序谈判中的磋商能力。 2. 帮助它们做好技术准备，增强它们的能力，使其能够在国际货币基金组织和世界银行的议题框架内，全程参与相关的讨论和谈判，并作出自己的贡献。

续表

基本数据	
时间段	1988 ~ 2003 年
研究产出	1. 通过网络和传统方式来发布以下两个领域的研究报告： (1)技术经济研究 (2)规范性研究(针对国际金融机构角色和表现的研究) 第一阶段:32 个研究 第二阶段:36 个研究 第三阶段:27 个研究 第四阶段:15 个研究 2. 11 册《20 世纪 90 年代国际货币和金融问题》。 3.《24 国集团讨论文件系列》中的 24 篇论文。

在谈判中形成新的国际贸易秩序：开展相应研究，帮助拉美应对不断扩张的贸易对话

下面这段材料主要基于路易斯·马卡达尔（Luis Macadar）的案例研究。

20 世纪 90 年代后期著名的国际贸易谈判“乌拉圭回合”结束，在一堆繁复的谈判主题中，拉美国家发现自己集体失语了，在一场关涉它们自身存亡的游戏中，拉美国家却如旁观者般唯有坐视不语。正是在这一时期，IDRC 支持了一些研究者，期望通过他们的努力将拉美地区的各个部门和国家联合起来，为发展中国家的政策制定史书写新的篇章。即便尚未完成，这也是一个光辉有趣的篇章。

1994 年，漫长的“乌拉圭回合”终于落下帷幕，《服务总协定》的签署似乎为这场谈判画上了完满的句号。然而，即使是三

年之后，在时任 IDRC“贸易、就业和竞争力项目”主管的罗亨顿·麦铎拉（Rohinton Medhora）这类思考者看来，为此下定论似乎还早了点，事情远非这么简单。

这场贸易谈判于 1986 年 9 月在乌拉圭开始，故以此命名。在谈判过程中，拉美国家在谈判、磋商方面的能力缺陷暴露无遗。这似乎验证了经济学家、教育家赫希曼（Albert Hirschman）在 25 年前的一篇论文中所写的那样：某些国家，尤其是拉美国家根本就无法独立地制定自己的政策议程，它们已经失去了主权国家应该享有的自由，成为了“应对国家”（coping states），因为它们所花的主要精力不是在采取主动的行动上，而是在被动地应对上。

七年半的谈判让拉美地区的不足更为凸显。“乌拉圭回合”之后，贸易谈判所涉及的内容已不再只是食糖、汽车和纺织品了，而是如世界贸易组织（WTO）的网站所说，涵盖“从牙刷到游艇，从银行业到电信业，从野生水稻基因到艾滋病治疗的方方面面”。

据麦铎拉回忆，这些谈判“首次将贸易议程扩充到了我们现在所熟知的‘境内议题’（behind-the-border subjects），包括国际投资、竞争政策、贸易服务、电信产业、金融服务、出口激励、知识产权、特殊和差别待遇、劳工政策和环境保护，等等”。在这一扩充的语系中，发展中国家往往无所适从，它们不能充分地参与到谈判中，进而只能退居边缘地位。麦铎拉说：此时，国内政策和国际政策之间的区别已非常模糊，发展中国家急需具备“非常专业和纯熟的分析能力，来应对贸易谈判”。

1991 年，阿根廷、巴西、巴拉圭和乌拉圭建立了一个区域性的贸易组织，即南方共同市场。世界银行对这个组织的表现和有效性发出了诘难，并刊登在了《金融时报》上。对此，拉美国家并未作出什么言之成理的回应，反倒是在华盛顿工作的一名美洲开发银行官员进行了严缜的批驳。这个事实被呈现在1997年阿根廷布宜诺斯艾利斯的一场集体讨论会上，让麦铎拉和其他与会者颇受震撼，他们再次认识到：在日新月异的国际贸易政策对话中，拉美国家依然准备不足。

资深外贸专家路易斯·阿布噶塔斯（Luis Abugattas）说："在工业化国家，数以百计的智囊团可以为决策者撰写大量的政策报告，帮助他们在谈判中做出正确的决断。但是在我的祖国秘鲁，还没有一个大学或者智囊团在从事这方面的工作。"他认为，当前的拉美局势有如一场"在谈判桌上以国家的未来押注的赌博"。

除此之外，拉美国家还存在一些其他问题，例如缺乏专业技术知识（特别是在小国家中），决策和研究"脱节"，同一个政府内的不同机构协调性差。对此，拉美国家必须着手做一些改变。布宜诺斯艾利斯会议正是这样一个行动，它在学界掀起了一场前所未有的动员，发动研究者们以积极主动的态度和崭新的方式来搜集信息，影响拉丁美洲的贸易政策制定和国际贸易话语格局。

研究者来到了谈判桌

在这样的背景下，拉丁美洲贸易网络（Latin America Trade Network，以下简称贸易网络）诞生了。1997年12月，相关项目建议书起草完毕。翌年3月，IDRC拨付了132万加元给拉丁美洲社会科学学院（英文缩写为FLACSO）成立了拉丁美洲贸易网络。以前只有发达国家智囊团出入的谈判会议厅，终于有了拉美研究者的身影，他们也能用自己的真知灼见来影响政策制定了。

在贸易网络最近的一个案例研究中，研究人员探索了项目对公共政策的影响效果和方式，其经济咨询师马卡达尔提到，贸易网络的目标是：

①针对国际贸易体系中的新趋势，支持拉丁美洲和加勒比海地区的国家构建相应的议程，并制定应对政策。

②运用拉丁美洲和加勒比海地区的已有研究能力，使之介入国际贸易谈判，并培养这方面的人才。

③加强各个参与机构的合作关系，以保持网络的可持续性。

在马卡达尔的访谈过程中，许多受访者都认为，“以区域的方式来进行贸易谈判”可作为贸易网络所追求的目标之一。除了研究本身，他们认为贸易网络所扮演的协调角色也非常重要。因为贸易网络运用各个国家和地区组织的专业知识来穿针引线，弥合了政府、学界和私人部门之间的鸿沟，让人们求同存异。

为了实现上述目标，贸易网络开展了三种类型的研究，包括：

①针对一些重大问题的研究，包括组建贸易联盟的前提条件，如何与千变万化的各种联盟展开交涉。

②从拉丁美洲和加勒比海地区国家的角度出发，探索一些新兴问题，包括乌拉圭回合中新增的各种议题。

③按照 Macadar 的说法，第三种研究则属于“国别案例研究，其主要目标是根据阿根廷、巴西、智利、哥伦比亚、墨西哥、秘鲁、乌拉圭和委内瑞拉这些国家的国际贸易关系，为它们制定最适合也最可行的应变战略”。

为了完成这些使命，1998 年春，由 12 个研究人员组建的网络正式成立。如今，加入这个网络的研究人员已经多达 35 名，他们分别来自超过 30 个的学术机构。大多数研究人员都是经验丰富的专业学者，享有一定的国际声誉，贸易网络的主管戴安娜·图西便是其中一员。此外，也不乏一些年轻的研究者，他们大多是毕业于拉丁美洲社会科学学院的硕士和博士研究生。除了他们，一些拉美国家的政府官员以及大批国际学术机构、非政府组织和政府间组织的工作人员也在网络之中。

完善拉丁美洲贸易网络的品牌

贸易网络的目标是简单而务实的，它旨在为政府和私人部门的决策者提供相关的政策研究，例如图西与贸易网络副主任米高·凌耶尔（Miguel Lengyel）针对出口补贴政策开展的一项研究，考虑到出口补贴长期以来对于拉美国家主要产业的重要意义以及其他国家因为补贴引发不公平竞争而提起的抗诉，这项研究很有价值。

“乌拉圭回合”谈判对补贴进行了清晰的定义，并明确列出了国际允许的出口鼓励措施，“因此，各个国家在制定出口鼓励政策时变得束手束脚的了”，凌耶尔在报告中这样写道。这两名经验丰富的研究员查阅了大量资料，终于找到了既能符合“乌拉圭回合”各类协定又能满足其他双边和多边协议义务的政策回旋空间。他们发现，政府可以通过对能源成本进行间接税退税，支持研究、发展和培训项目来激励本国的出口。这些措施都在国际合约的规定以内。

贸易网络的工作方式还有一个特色，即重视从他人的研究中吸取经验，跟进国际贸易领域里的其他研究，而不急于求新。马卡达尔曾用“贸易网络品牌”来形容这种特色。他说，贸易网络有一种独特的看待问题的方式，“我们会梳理既有文献，从中挑选出好的研究方法，并根据一定规则将之排序，最后再将其应用到我们对贸易谈判的研究中”。研究的要素既包括技术的、法律的，同时还包括司法和经济方面的。这种独特的工作方式将“各种专业知识运用到了具体的领域中”。

此外，贸易网络还将创新性灵活地融入了自己的内核。一方面，项目建议书里最初由 IDRC 制定的目标依旧不变；另一方面，人们也对其重点进行了调整，以适应不断变化的国际多边议程。农业作为重要问题提上议事日程，后面是竞争政策、多边贸易规则的国际化、保障问题、反倾销和服务问题。

另外，贸易网络原本非常重视为个别政府的谈判需求提供相应的政策建议。但正如马卡达尔所发现的那样，“当局者对情况的了解程度远远低于项目建议书中的假定水平”。由于既有研究很少用西班牙语书写，而且忽视了拉美国家的实际情况，因此贸易网络项目转而重视起教育来，希望借此来加强对新形势的适应，帮助决策者在多个谈判场上表现得更好。

贸易网络的灵活性同时还体现在了受众的选择上。在以前，其研究成果主要是呈交给部级和副部级官员，如今项目关注的群体开始转向中层官员。贸易网络认识到，中层官员掌控信息，能够用微妙的方式影响政策制定，也是保障政策连续性的中坚力量。

梦想已经实现？

在梦想的激励下，现任 IDRC“项目和伙伴关系部”的副主任麦铎拉以及许多拉美同事都会聚到了贸易网络。当被问及梦想是否能够实现时，麦铎拉答道：“能力建设是一个缓慢的过程，我们不奢望一夜之间就做到；但是，如果要客观评价贸易网络今天的成果，我还是非常欣慰的。”麦铎拉举例说，在 IDRC 的资助下，贸易网络已经帮助拉美、南亚和南部非洲等地成立了类似的网络。

另外，IDRC 的评估小组对贸易网络的绩效作了全面的研究，也给出了正面的评价。麦铎拉的案例研究便是其中一例，它重在评估项目的政策影响力，结果发现，该项目从以下三个方面（尤其是在前两个方面）对政策体系形成了影响。

（1）扩展了政策能力。无论是从数量还是质量来看，贸易网络都已在这方面取得了成功。为了满足国际贸易谈判和政策制定的特殊需求，贸易网络采用了创新的方式，开展了有针对性的研究活动，并注重对谈判代表的教育和信息传播，最终强化了他们的能力。除此之外，贸易网络吸引了一大批学者加入社会科学研究的领域，而且他们其中的很多人日后或许还会成为决策者，这从另外一个角度也证明了贸易网络的政策影响力。

（2）拓宽了政策视野。贸易网络运用“启迪式”的研究、信息传播和培训，协助决策者、谈判代表、中层官员和私营部门代表进行有效的国际贸易政策分析和决策判断。诸如阿根廷、巴拉圭和秘鲁这些拉美国家的政府都从贸易网络寻得了帮助。譬如，巴西的鞋类出口对阿根廷本国的制鞋行业形成了一定竞争，面对国内的抱怨，阿根廷的贸易部长接受了贸易网络副主任的建议，并邀请他直接参与讨论，最终平息了这起争端。

为了应对贸易谈判，安第斯共同体、泛美农业合作研究所和巴西全国工业联合会这类区域组织也对贸易网络的帮助表达了需求。在联合国贸发会议“贸易外交项目”的支持下，贸易网络还曾为世界银行学院出力，帮它定制区域的贸易政策课程。通过贸易网络，联合国贸发会议与世界贸易组织加强了双方的区域性合作；同样，联合国拉丁美洲和加勒比地区经济委员会（ECLAC）也与贸易网络保持着工作上的往来。贸易网络所组织的研讨会把来自各个国家各种政府机构和私人部门的谈判代表会聚到了一起。在这种非竞争的氛围下相逢，对于他们中的许多人来说，这或许还是首次。

（3）影响了政策体系。在当前这个阶段，要说贸易网络对项目或政策进行了“根本性的调整”或许还为时尚早，然而，有些例子已经可以印证这个事实了。例如，在确定放开服务的谈判口径时，贸易网络拓宽了决策者的政策空间，使得各国政府逐渐转变了对谈判的态度，意识到了政策选择多样化的重要性，而不再像以前那样僵化地坚持一个立场了。此外，在阿根廷政府着手制定反倾销、反补贴政策之际，贸易网络的研究为立法提供了较为充分的背景分析，从而赢得了较高的赞许。为了让拉美国家在即将举行的农业问题国际谈判会上打一场胜仗，贸易网络还专门组织了一个农业研讨会来“武装”决策者的头脑，阿根廷农业部作了一系列的研究并印制成了小册子，分发到了每个决策者的手中。

经验和教训
1. 要使研究对政策产生影响，则必须注意研究问题的时效性。 2. 必须综合地考虑政治和制度因素（例如，贸易网络的案例研究中，有些人既是研究者，同时也是谈判代表、决策者）。 3. 网络的联系架构和研究成果的传播方式可能会影响项目的效果。 4. 项目目标必须清晰，但同时也得根据形势变化灵活调整。例如，贸易网络以前的研究成果都是以书本的形式印发的，但后来，为了保证受众迅速获得实时信息，就改用简报的形式来传播研究成果了。 5. 从贸易网络的经验来看，政策研究必须满足实际的政策制定需求，这是让研究获得成功的决定性要素。 6. 运用大众传媒来宣传研究成果不仅有助于提高政策影响力，而且还能增强政策的透明度。 7. 最好不要尝试去构建一个普适的政策模式，因为即使是在同一个地区，不同国家也会有各种解决问题的路径。

基本数据	
时间	1998～2002 年
目标	针对国际贸易中新出现的问题，进行以政策为导向的研究，包括： 1. 针对国际体系中的新趋势，支持拉丁美洲和加勒比海地区的国家构建相应的议程，并制定应对政策。 2. 运用拉丁美洲和加勒比海地区的已有研究能力，使之介入国际贸易谈判。 3. 加强各个参与机构的合作关系，保证网络的长期可持续性。
研究产出	涉及以下主题的工作报告和政策简报都将作为研究产出： 1. 一些重大问题，包括组建贸易联盟的前提条件，如何处理多边主义和区域一体化的关系，等等。 2. 在拉丁美洲和加勒比海地区的国家看来值得研究的新兴问题，包括国际投资、竞争政策、金融服务、电信产业、知识产权、争端解决等。 3. 国别案例研究（根据国际贸易关系，为发展中国家制定最适合也最可行的应变战略）。 4. 网站，通信和学术会议。 5. 培训课程。 6. 有官员参与的会议。 7. 咨询服务。

第十章

资源管理

共享土地，打造未来：黎巴嫩的社会共识和机构复兴对土地资源可持续利用战略的制定起了关键作用

下面这段材料源于戴维·布鲁克斯（David Brooks）的案例研究。

在贫困的黎巴嫩阿萨尔（Arsaal）地区，“黎巴嫩贫瘠土地的可持续改进”项目成功地帮助当地社区克服了社会冲突的问题；对于那些遭到过度使用的资源，项目勾画了一个新的进程，以推动资源的可持续利用。令人意想不到的是，在这个过程中，项目还使瘫痪的当地政府恢复了活力，让黎巴嫩的研究人员和国际援助机构接受了一种研究环境的新方法。

阿萨尔处于半干旱的高原地区，面积共计 3.6 万公顷，位居黎巴嫩东北部，紧邻叙利亚。其人口稀少，历史久远。

早在 350 年前，历史上就有关于阿萨尔市（周围农村也与此

同名）的记录了。位于阿萨尔城墓地内的遗迹也已伫立百年。近年来，尽管城里修了不少石头房子，但大多数情况下阿萨尔依然会留给人们一个“帐篷城”的印象。该地区的许多居民仍然把放牧当做主要生计来源，山羊和绵羊的数量几乎是人口的两倍。1952年，一个被当地人称作“樱桃先生”的人给当地引入了第一棵樱桃树苗。最开始，人们对此并不看好，认为在炎热的阿萨尔，樱桃种植很难成气候。但没想到的是，半个多世纪以来，果园却取得了蓬勃的发展。黎巴嫩其他地方滥伐成癖之时，阿萨尔作为全国最为干旱的地区之一，其绿化面积却日益增多。阿萨尔市如今有2万棵果树，以樱桃和杏树居多，是当地60%人口的主要收入来源。

果园发展给当地人民带来经济增长的同时，也带来了负面影响：加剧了社会冲突，增强了环境的不确定性。例如，果农将一些最好的土地“围封”起来，破坏和限制了牧民的游牧生活方式；在以前最干旱的时期，牧民还可以通过种植来渡过难关，如今，这部分用于种植的土地也被果农占据。对于果农和牧民之间的矛盾，当地机构也无力调和。因为这两个群体来自不同的家庭和社会阶层，情况复杂；此外，这么多年来，种植果树让农民在投入较少的情况下获得了大量收益，而牧民辛苦劳作一年收成依然不如农民，收入差距的拉大无疑加深了二者的社会分化。

不断逼近的生态问题

果业的发展还引起了人们对土壤退化的关注。一个阿萨尔的教师感叹道：“人们不知道如何正确地看管他们的土地，以前大家都是牧民。现在，土壤肥力越来越弱，给牧民使用的公地大大减少了。”（Hamadeh et al.，2006）

而新冲突的出现让问题再次升级。在黎巴嫩内战期间，阿萨尔几乎就没有了正常运作的市政府，一些外地人乘机前来开采岩石，既不用办理政府许可材料，也无须担心社区的监督。他们通常只是将土地强抢而去，不再让当地人使用。如今，这些采石场的灰尘厚厚地覆积在周边的果树上让果树无法呼吸，来来往往的卡车也成了交通事故的主要肇事者。

需要周全的解决方案

就阿萨尔的情况来看，环境、经济和社会问题环环相扣，要解决这个复杂的大问题，就必须和当地社区建立长久的紧密联系，开展涉面广泛的多学科研究。“黎巴嫩贫瘠土地的可持续改进”项目就是在这样的背景下展开的。该项目由 IDRC 资助，分前后两个阶段，有着复杂的使命。其目标之一，就是帮助社区寻找和实践更加可持续的土地使用和管理方式。但是，在此之前，它必须扶植起一些机构，让当地社区可以借此厘清彼此的分歧，并设立一些共同的目标。

《仙人掌花》的几位作者也以研究者的身份参与到了项目中来，他们提到：阿萨尔同时面临多个挑战，这就需要我们利用多种工具来解决。“我们的工具，”他们写道，“包括参与式地理信息系统（由本地社区的参与和先进的卫星影像共同组成）、不同形式的机构联系媒介（如当地资源使用者参与组建的联系网络、合作社和交流平台）以及发展研究的新范式（例如可持续生计的研究和嵌入式研究）。”

IDRC 支持的研究人员主要来自贝鲁特美国大学（AUB），他们中的许多人在当地社区生活了较长时间，与阿萨尔农村发展协会（ARDA，一个当地的非政府组织）保持着密切的合作。在政府机构空缺的这段时间里，阿萨尔农村发展协会就如同代理市政府一样。后来，通过创建公民参与决策过程的方式，该协会还帮助地方议会重新恢复运作。

譬如，阿萨尔农村发展协会和贝鲁特美国大学的研究者参考"阿拉伯议会"（Arab *majlis*）的模式，设计了一个由当地资源使用者组成的网络，希望借助这种面对面的对话机制来解决争端。研究者在传统模式的基础上，还加入了一些现代的手法，例如摄像机的使用。研究人员认为，录制视频可以使信息交流更加公正和充分：较之在正式的会议厅里说话，人们在视频中可以更加直接地表达他们的不满；而观看视频的人，则有更多的时间去考虑别人的观点。

除此之外，现代技术和参与式方法的双剑合璧还应用到了项目的其他工作中。例如，地理信息系统模型与卫星照片绘制的土壤类型和径流模式，帮助社区成员制订了水库兴建计划。社区的资源管理方式之所以能向可持续性转变，这个计划的功劳可不小。

社区获得的实际利益

水利专家布鲁克斯对 IDRC 的阿萨尔项目进行了评估。在提到项目在社区层面的影响时，布鲁克斯坚定地说："不管从哪条标准来看，阿萨尔项目两个阶段的工作都是成功的。"社区成员深度参与到研究项目中，常常获得了实实在在的好处。例如，阿萨尔农村发展协会和贝鲁特美国大学的工作人员帮助创立了几个专业合作社，一个妇女食品加工厂和地毯编织厂至今仍在运营。农民和牧民有了新的信息来源，减少了病虫害、水资源稀缺以及路况不佳带给他们的高额损失。总的来说，社区成员利用了一些可用的资源。例如，500 多名农民参与了与项目相关的农业研讨会。

除了上述这些立竿见影的效果以外，该项目还在其他方面取得了成功。在黎巴嫩的其他地区，阿萨尔经验已成为了一个讨论的焦点，有些地方甚至还推广了阿萨尔项目模式。例如，在阿萨尔模式的基础上，人们创建了四个牧民合作社。从更大的范围来看，联合国开发计划署甚至还将阿萨尔项目作为“可持续发展的最佳实践”案例之一；同时，德国技术合作公司（GTZ，德国的一个援助组织）的一名官员也在防治沙漠化的工作中应用了阿萨尔方法，他称赞这个项目为阿萨尔带来了“巨大的智力投资”。

意料之外的政策影响效果

在项目执行之初，项目工作者并未把“影响决策者和政策制定过程”当成一个明确的目标。不过，布鲁克斯认为，这个项目其实运用很多方式，也在很多层面达到了影响公共政策的效果。他将这种影响划分为三个层次：一是“向上”影响国家机构；二是“横向”影响研究人员和研究机构；三是“向下”影响地方机构和居民。如果要比较三者的影响程度，那么排在首位的就是横向的影响，其次是向下的影响，最后才是向上的影响。

之所以对国家机构的影响相对较小，一个主要的原因就是：阿萨尔地区人烟稀少，历史上的当权者几乎都没把这个地区放在眼里。再加上人们生活贫困、通往该地区的交通不便，阿萨尔更是遭到了长期的边缘化。

布鲁克斯评论道：“我不止一次地听到人们用‘孤立’这样的词来形容阿萨尔地区。值得注意的是，人们仅需一个上午的车程就能到达首都贝鲁特，但那种孤立的感觉是真实存在的。”

自 2004 年项目结束以来，这种情况就没有太大改变。布鲁克斯写道：“不管是阿萨尔项目的研究过程还是研究结果，农业部似乎都油盐不进。”例如，阿萨尔地区的一些重大问题始终都被搁在农业部工作优先序的末端，尤其是畜牧业和土地管理问题。但我们也应看到一些积极的现象：“项目工作者在阿萨尔组织的研讨会中，已经有了推广人员的身影；从该地区走出来的国会议员也将这些议题逐个带到高层以促进行动。”

虽然说项目对整个国家政策的影响不大，但在环境政策的制定中，它还是发挥了非常重大的作用。市政府已经充分肯定了阿萨尔项目，并接受了它的项目目标。这一点非常重要，因为市级政府机构可以制定和颁布有关环境方面的法律法规，只是受限于资源缺乏而难以完成自己的使命。实际上，目前在任的一些市政官员曾经还供职于一些非政府组织，当时便与阿萨尔项目有所接触。布鲁克斯还指出：脱胎于阿萨尔项目的地方社区组织已经与政治过程建立起了联系，特别是跟市级政府机构的联系。

改变研究议程

阿萨尔项目最大的影响主要体现在研究者和决策者的互动方面。如今，阿萨尔项目似乎已经让黎巴嫩的研究者和援助机构采用新的方式来研究与资源利用相关的问题。

例如，阿萨尔项目对贝鲁特美国大学产生了很大的影响，让这个在阿拉伯世界雄踞前列的研究机构恢复了对实地工作的重视。在此之前，该校的大部分工作主要是在实验室或大学农场里进行的。现在，贝鲁特美国大学的研究者更倾向于和社区保持密切联系，不让理论和发展实践脱节。此外，阿萨尔经验还促使该大学于 2001 年成立了由多学科组成的“环境与可持续发展小组”（ESDU）。该部门目前在黎巴嫩的两个地区实施研究、教育和培训以及推广项目。“环境与可持续发展组”有志于成为可持续发展领域的地区中心。

黎巴嫩农业研究所（LARI）是一个官方机构，布鲁克斯说，其中的某些官员也表示“阿萨尔项目对于他们自己如何看待自己的角色以及如何组织研究有着巨大的影响力”。其中最突出的变化就是：农业研究所在自己开展的研究项目中，采用了更具参与性的方式。国际机构也不例外，包括“干旱地区国际农业研究中心”和德国技术公司在内的国际机构均借鉴了阿萨尔模式的主要经验。

在机构层面产生的这些变化显得似乎有点迅速和激动人心，但与之形成鲜明对比的是，阿萨尔本地的变化则要来得缓慢得多。一些新的地方组织发现，社区层面的能力得到了提升，而且这在某种程度上还引起了国家层面的注意。

“尽管被许多人视作偏远和不重要的地区，但地图上阿萨尔是真实存在的，”布鲁克斯总结道，“对阿萨尔的边缘化不会很快结束，但至少，项目让它变得不那么边缘了，这是衡量项目政策影响力的一个重要指标。”

经验和教训
1. 在冲突存在的局势下，项目工作者一定要与当地社区、地方非政府组织和议会保持紧密的合作。 2. 要解决复杂的问题，关键是要采用多学科的研究方式。 3. 并用现代方法和传统方法，可以为项目带来很多益处。 4. 政治稳定和具体的经济收益往往是相辅相成的目标。

基本数据	
时间	1995～2004 年
目标	第一阶段：评估当地主要农作系统的可持续性；研究建立资源使用者网络促进社区可持续发展的可行性。 第二阶段：对第一阶段的成果进行评估。将性别问题看做资源可持续管理的关键要素，增加性别分析的分量。
研究产出	1. 2001 年，阿萨尔项目支持贝鲁特美国大学组建了由多学科组成的“环境和可持续发展组”。 2. 绘制了阿萨尔地区有关土地使用、土壤退化和土地生产力的地图；完成了一篇专业文章，14 篇硕士论文；编辑了几本小册子、视频；在报纸上发表了文章；研发了一个针对干旱地区农村发展的研究工具；出版了一本图书：*Research for Development in the Dry Arab Region: The Cactus Flower*, Shadi Hamadeh, Mona Haider, and Rami Zurayk, published by Southbound/IDRC(2006)。

改变秘鲁采矿业的面貌：矿工和社区的喜忧参半

下面这段材料源于费尔南多·卡里加（Fernando Loayza Careaga）的两个案例研究。

自古以来，采矿就是一个肮脏而危险的产业，跨国矿业公司在发展中国家开设分部以后，情况尤甚。由于这些发展中国家迫切需要采矿业带来的外币，它们往往不会严格要求矿业公司执行相关的环境和卫生条例。秘鲁便是如此，该国以采矿作为主要产业。秘鲁的两个研究项目揭示了这些困难。其中一个项目表明，有效运用研究成果是可以影响商业和政府政策的。

秘鲁南部的伊洛位于太平洋沿岸，紧邻奎霍内（Cuajone）和托克帕拉（Toquepala）这两个南美最大的矿场。如今，这两个矿场由美国控制的南秘鲁铜业公司（SPCC）经营，在过去的50年里对周边地区造成了极其恶劣的影响。

该公司污染了整个地区的空气、淡水和沿海地区，却无视附近市政官员和农民的抗议，依然逍遥法外。未经处理的尾矿直接排入海洋，危及附近伊特湾里的生物，海洋污染绵延至海岸线的11公里之外，深达60米。

成千上万吨炉渣倾倒在沙滩上，每年都以40～60米的速度延伸入海。冶炼厂排出的二氧化硫气体引发了当地居民的健康问题，殃及内陆农民的庄稼，并破坏了周围20多平方公里的沿海天然草场，致使该地区变成一片沙漠。

更糟糕的是，矿场还在上游大量抽取安第斯山脉的高品质水资源，影响了下游家庭用水和农业用水的水量与水质。地质研究表明，该公司的这一举动与当地河流流量减少、盐分增加有直接的关系。

动员起来，促进改变

20 世纪 80 年代，一个名为“LABOR”的当地非政府组织决定引入国际社会的压力，来平衡社区与矿业公司之间的权力关系，从而为整个事情带来转机。身为一名律师和 LABOR 的组织者，多莉丝·迪亚兹（Doris Balvín Díaz）说：“在秘鲁这样的发展中国家，不公平现象总是存在的，所以社会和环境冲突时有发生。由于能给国家带来经济效益，投资者往往会获得政府的支持，凌驾于当地社区之上。”

通过第二国际水法庭（IWT Ⅱ），LABOR 找到了施展拳脚的机会。第二国际水法庭有 100 多个欧洲环保组织做后盾，尽管没有法律权威，但它仍能借助成功的国际宣传为人调解纠纷。在地方当局的支持下，LABOR 向该法庭呈交了诉状，继而又求助于 IDRC，希望通过更细致的研究来支撑其诉求。

实际上，IDRC 对这个研究项目的预期是相当低的，它并不指望研究结果能够在多大程度上影响政策。卡里加（Fernando Loayza Careaga）对这个项目进行评估之后，说道：“总体感觉是，IDRC 期望通过好的研究来协助 LABOR 更充分地向水源法庭表达利益诉求，然后制造舆论压力，迫使铜矿公司改善对环境的行为方式。”然而，LABOR 和其支持者的雄心却不止这么一点儿。迪亚兹认为，研究带来的一些有意义的发现，或许会让国家政府注意到地方民众的不满，从而改变对矿业公司的放任态度。

20 世纪 80 年代中期以来，LABOR 就与伊洛市政府保持着密切合作。到 20 世纪 90 年代初，它已成为地方政府在环境方面的主要顾问。前后两任市长都对 LABOR 的工作给予了大力支持。此外，“多部门环境工作常委会”（MPCE）也为 LABOR 的诉讼提供了不少帮助。这个常委会由国家政府部门、市政府以及工会和民间社会团体的代表组成，恰好由伊洛市市长埃内斯托·贝塞拉（Ernesto Herrera Becerra）主持工作大局。在水源法庭作出裁决后，也正是由这个常委会来监督矿业公司，让其遵照相关的环境建议来进行整改的。委员会希望看到矿业公司的具体行动，但最后没能如愿。

一场胜利

伊洛灌溉委员会的埃德蒙多·托雷里奥（Edmundo Torrelio）表示，山谷里的农民也应该参与到稀缺水资源的管理中。这些农民持久的抗议最终得到了秘鲁总监察办公室的重视，并作出了一个重大的决定——监察长同意在法庭上为农民作证。

这一举动立马引起了国家媒体对项目的关注。距第二国际水法庭的听证会还有三天，一份名为《昂达》（*Onda*）的报纸报道：“总监察长鲁兹·萨恩兹（Luz Aurea Sáenz）博士昨日表示，在过去的 30 年中，我国一些不良因素对南秘鲁铜业公司大开方便之门。宽松的法律和不称职的公务员让这个公司恣意妄为，滥用了水资源，无意于解决任何问题。”此外，《共和国报》也援引了萨恩兹博士的话，指出：对于秘鲁人民来说，第二国际水法庭的裁决仅仅是一个道德意义上的胜利，当年晚些时候将在巴西举行的联合国发展与环境会议上，这个胜利将被告知全球。

在国际发展中心资助的研究支持之下，LABOR 于开庭前就将本地和区域势力组合成强大的联盟，准备好了对铜矿公司的指控。1992 年 2 月举行的听证会上，LABOR 又提交了一些新的证据作补充，其中就包括萨恩兹博士和贝塞拉市长的视频与现场证词。

但迪亚兹和她的同事们发现，仅仅有当地的支持并取得法庭上的胜利还是不够的。为了推动具体行动的实施，他们还需要争取国家一级的政治支持。事实也正遂人愿，在法庭宣判决议后不久，50个国会议员站了出来表示支持这一决议。这一结果与康斯坦丁尼德兹（Constantiñidez）和胡里奥（Julio）二人历时数月的大力游说是分不开的。他们在20世纪80年代都曾担任过伊洛的市长，如今也都是国会议员。

陪审团的调查结果显示，南秘鲁铜业公司滥用优质淡水资源，在有毒矿渣的处置和大量二氧化硫气体的排放上存在明显的疏忽。陪审团指控该公司利用环保法律法规的执法漏洞，以当地社区为代价获得了利润的增长。

具体成果

尽管陪审团的调查结果与LABOR及其联盟的期望相符，但有点虎头蛇尾。在法庭召开听证会前仅仅两个月，南秘鲁铜业公司为了尽可能减轻法庭的处罚，与秘鲁国家政府签署了一项协议，承诺投资2亿美元用于支持环保项目，并追加了1亿美元的新技术和新设备投入。

自那时开始，铜矿公司修建了抗震设防的尾矿坝，使尾矿不再排入伊特湾。于是，海湾恢复了生机，火烈鸟、鱼和虾返回家园了。靠近伊洛市岸边的堆渣场也被清除干净。

对于早前农作物遭到损坏的农民，该公司发放了补偿金，并专门建立了一个用于农业贷款和技术援助的基金。在水资源方面，铜矿公司提高了水的循环利用程度，不再从伊洛谷打井钻眼了。同时还启动了一个总共三个阶段的项目，原定于2004年底实现减少92%的二氧化硫排放量，但后来政府批准将该项目延期两年再验收。

除此之外，政府的公共政策也发生了一些变化。最为突出的是，秘鲁政府针对采矿活动制定了新的环境监管方案。至于这一变化有多少是由 LABOR 的运动带来的，答案因人而异。至少在 LABOR 的员工以及伊洛市的现任和前任市长看来，LABOR 在新方案的成形过程中发挥了决定性的作用。

另一方面，在路易斯·桑切斯（Luis Alberto Sanchez）等能源和矿业部的官员眼里，私有化改革以及来自多边金融机构的压力才是这次改革的主因。不过桑切斯依然承认，采矿业对生态环境的破坏也在其中扮演了重要的角色。

专栏 10.1 高海拔采矿——一种危险的职业?

塞罗—帕斯科高于海平面 4300 米，是世界上最大的和最高的矿城。在 1990 年，塞罗—帕斯科共有 7.1 万人口，其中的 1/3 都是矿工或者矿工家属。圣费利佩医疗中心的阿尔贝托·阿雷圭（Alberto Arregui）医生称，这些居民的寿命要比低海拔的人短得多。

其罪魁祸首就是慢性高山病（CMS），得了这种病症的人会渐渐不适宜高海拔地区的环境。应矿工工会的要求，卡耶塔诺—埃雷迪亚大学（Peruana Cayetano Heredia）的研究者对此作了仔细探查。其初步研究表明，多种因素共同导致了慢性高山病在塞罗—帕斯科矿工中的高发率。例如，许多矿工有着抽烟、酗酒和咀嚼古柯叶的坏习惯。但相比起来，更为重要的致病原因是：轮班工作制度以及高海拔矿区恶劣的工作条件。

当时，秘鲁政府与国际劳工组织都未将慢性高山病看做一种职业病。为了增加对该病症的了解，1989 年，加拿大 IDRC 资助了一个研究项目，以对此前的研究结果进行更深入的探讨。可惜的是，这个项目并没有针对决策者和其他社会机构制定正式的研究成果宣传战略。

经过18个月的探索，研究人员发现，矿工的确是慢性高山病的高发人群，造成这个现象的原因是“以采矿钻井为主的高耗体力活动，特别是矿工”。研究成果得到了矿工工会的认可，被印制在了这个组织的一个小册子里，广泛散发到了秘鲁的其他高海拔矿区。另外，一本颇受赞许的书——《高海拔生活之痛》也引用了这个研究成果。尽管有些成就令人欣喜，但在阿雷圭博士和研究员马塞尔·瓦卡赛尔（Marcel Valcarcel，1990）看来，这远远低于项目的预期。因为项目没有让政府、采矿业与社区组织协作起来，为共同的目标努力。

这主要是以下三方面原因造成的：其一，活动在塞罗—帕斯科地区的“光辉道路游击队”对项目工作者构成了威胁，迫使科研团队尽可能保持低调。其二，无论是卫生部的官员还是来自采矿业的代表，都对项目结果表示出了质疑，认为它违背了“传统的假设”——在高海拔地区出生的人应该“很好地适应高山环境条件”。其三，还有人觉得最初的研究结果就是有偏颇的，因为矿工“被诱导了，所以才觉得自己身体不适”。

因此，卡里加在对项目进行评估之后认为：尽管这个研究项目有一些积极的成果，但它并未推进秘鲁在职业健康和采矿安全方面的政策进程。2002年，卡里加在国家职业卫生研究所、能源和矿业部以及部分行业协会中找了一些访谈对象来问询研究项目的影响，结果却发现没人知道这个项目。尽管矿工工会的个别官员对此略知一二，但他们都有其他的关注重点。

这项研究进行之时，秘鲁已如其他一些拉美国家一样，实施了重大的经济改革，包括劳动力市场改革和国有企业的私有化等。这导致在采矿业工作的合同工人数迅速增加，矿工工会的地位进一步下降。研究员瓦卡赛尔总结道：工会的式微，使其几乎丧失了影响政策的能力。

政策影响评估

结束了对两个项目的调查之后，卡里加从以下几个问题入手，对项目作出了总结：（1）每个项目对政策产生了什么样的影响？（2）什么样的因素促进或阻碍了项目对政策产生影响？（3）在项目影响政策的过程中，IDRC 发挥了什么样的作用？具体结论包括以下几个方面。

① LABOR 起诉矿业公司的首要目的是影响与环境相关的企业经营政策，改变秘鲁政府的放任态度。LABOR 正确地将法庭听证会与国内外媒体报道看做一种工具，给整个事件带来了转机。而在有关高海拔采矿的研究案例中，政府官员坚信慢性高山病不是一种职业病，对此，没有任何组织站出来，运用研究结果来跟政府据理力争，所以项目也就这样不了了之了。

②对 LABOR 的支持之所以能成功地影响政策，需要归因于两个因素：一是从一开始，项目方就设定了一项宣传战略，要把研究成果传播到各个主要的国家和国际利益相关法手中；二是项目工作者拥有较好的能力，来获取社区对这个问题的支持。另一方面，虽然高海拔采矿的研究项目出版了其研究结果，但后续行动不足；社区和矿工工会都未积极地参与到对话中来探讨高山病的成因。

③从这两个案例的结果来看，如果 IDRC 事先有一个评估项目的框架，可能会让项目取得更大的政策影响力。譬如，我们可以将 LABOR 的研究成果传播到 IDRC 支持的其他研究机构那里，这样一来，研究项目就会对秘鲁的环境管理制度产生更深远的影响，其影响力甚至还能扩展至同一地区的其他以采矿为主导产业的国家。

经验和教训

1. 好的研究不能自发产生政策影响的效果，如果将其嵌入到一个旨在影响政策的大战略中，项目的有效性会显著提高。
2. 为当地社区提供技术和专门的信息，可以为之赋权，打破它们与世隔绝的状态，使其能更好地影响政策。
3. 从项目的设计、实施，再到项目结果的宣传，所有的这些步骤都必须认真规划和分析，要尽量拉近决策者和研究者的距离。
4. 有些细微之处的改变可以带来“牵一发而动全身”的效果。例如，项目方给 LABOR 赞助了一台传真机，使他们与国内外的积极组织都取得了联系。

基本数据	
1. 铜矿项目	
时间	1990～1993 年
目标	评估秘鲁南部的采矿活动，查看它对水资源的影响，并在 1992 年 2 月之前将结果呈交给第二国际水法庭。
研究产出	1. 一份呈交给第二国际水法庭的报告，帮助陪审团获得了对矿业公司不利的证据。 2. 从严格意义上来说，这应该不算是研究成果，但矿业公司确实改变了其经营制度和实践，开始实施一些环保项目，以缓解环境退化。
2. 高海拔采矿项目	
时间	1990～1993 年
目标	加深对高海拔地区采矿业慢性高山病发病规律的认识，影响国家政策。
研究产出	根据以上两个项目，撰写并出版了一本书，得到了公众的认可。

防治人才外流：中东非国家需要更为持续和相关的研究来实现农业的发展

下面这段材料源于克里斯·阿克罗奥古图（Chris Ackello-Ogutu）的案例研究。

在东非和中非国家，如何制定好的农业政策以刺激经济增长，是决策者最主要的任务之一。毫无疑问，为了完成这个任务，他们需要高质量的研究来做保障。然而，由于沟通不畅、研究者频繁离职，有些时候，即便有了好的研究结果，也不一定能送抵官员的手中以解其燃眉之急。

在中东非，许多国家都将发展的期望寄托在了农业主产区，它们加强了农业生产，希望通过这样的努力来减少国内贫困，并且创造更多的外汇来满足国家需要。在近些年来，尽管这一地区的几个国家都制订了雄心勃勃的工业化计划，“然而，对于该地区的大多数经济体来说，农业依然是最为主导的部门”。肯尼亚资源管理和政策研究所（REMPAI）的研究员阿克罗奥古图解释道：农业能够确保粮食安全、减贫和社会稳定，而这恰恰是经济增长所仰赖的条件，所以农业发挥着非常核心的作用。

他还警告说：“如果在制定国家经济发展战略时忽视了农业，或是没有把农业纳入连贯的政策导向中，那么，这不仅会削弱农业体系，而且会对经济增长产生负面影响。”

研究的重要作用

这一情况给中东非的研究团体压上了重担。它们拥有一些工具和潜在的知识来影响决策者（尤其是农业部门的决策者），帮助他们拨开重重迷雾，最终制定出旨在改善农民生计的可行政策。考虑到中东非地区农业领域面临的多重挑战，这项任务可谓尤为艰巨。

（1）在市场方面，由于近期的贸易改革并未加强农民与外部市场的连接，因此，农民所面临的风险实际上是增加了。在中东非地区，农作物往往种类稀少且价格低廉，收成几乎与雨水挂钩，农民在历史上一直受到价格波动和雨水不足的影响。如今，国内市场的自由化使得他们又更加依赖中间商，常常被对方占便宜。同时，意在为当地打开通往东部和南部非洲市场之门的贸易新制度在实施上屡屡受阻，但发达国家的深深庭院依然紧锁。

（2）农业生产率仍然很低。其中一个原因就是创新水平较低。农民迫切地需要新的技术（种子、化肥等）以及新的方法来突破一些制约性因素（如水资源的短缺）。此外，农民还需要新的制度模式（合作社，市场营销和推广服务等）和农业金融模式来改进当前的实践，突破商业银行和公共贷款机构的限制。

（3）改善铁路、公路、仓储设施、电力以及电信等基础设施，并加强这些基础设施的可持续性，将有助于生产力的提高。有些地方，资源退化极其严重，令人无法维持生计。例如，在肯尼亚，传统的土地分割方式使得许多家庭获得的土地数量非常少，几乎不可能进行农业生产了，这时候就需要新的资源分配机制来进行干涉。

（4）内乱和政府失灵导致了生产力下降与贸易机会流失，使得难民四散逃生，而大笔的援助资金只能权且用作救灾，无助国家的长远发展。

研究资源的浪费

基于上述这些压力，中、东非各级政策制定者都急切需要好的研究，来带领他们走出技术、经济、生态和社会的迷宫，应对农业部门中出现的各种问题。然而，研究者、决策者和农民之间的纽带却并不牢固。

阿克罗奥古图写道：“令人惋惜的是，大量的技术被束之高阁，农民根本就没有用上；而农业政策分析师给出的许多的建议同样也被置之一边，没法指导实践。”我们应该怎样做才能改变这一格局呢？对此，阿克罗奥古图实施了一个涉及多方面的评估。

其中，他针对IDRC在肯尼亚、乌干达、坦桑尼亚资助的6个小项目展开了研究。这些项目均属于中东非农业政策分析项目（ECAPAPA）。阿克罗奥古图首先将项目的政策成果与各国政府和社区的要求进行比对；接着，他又访谈了“关键人物”，请他们分析项目经验以及这项研究的总体发展趋势，从中剥离出一些影响研究和政策之间关系的重要主题。

阿克罗奥古图将所有的项目分为两类，第一类项目主要是跟特定的农业技术相关，他的评估也正是围绕着技术的可行性来进行的（详见下文）。

科技扶贫的作用：对肯尼亚豆农经济收益的测定

针对产量低下和市场瓶颈问题，项目研究人员指出了许多改进方法，包括为农民提供种子和化肥信息，帮助农民彼此之间达成种子共享的协议，并改善了营销手段。在项目的宣传阶段所有团队成员都已离开项目，因此，该项目的最终报告没有送达政府机构，也没有发挥太大作用。

乌干达家庭农场种植白马铃薯的收益

该项目研究了改良品种的高成本问题。对此，研究者给出了一系列建议，认为政府机构和私营部门之间应该加强合作，生产更多、更好的种子。这些结论公布在了一个由立法者、非政府组织代表、农民、种子生产者协会的成员和研究人员出席的研讨会上，从几个层次对政策形成了影响。例如，一些私人企业同意了加入新的合作项目；基于这个研究成果，政府还选择了马铃薯作为战略出口作物。

玉米—大豆间作技术给农民带来的收益：来自坦桑尼亚北部的一个案例

这个项目的目标之一，是要告诉决策者和其他利益相关者采用不同的间作方式可能会带来某些收益。项目方组织了两个研讨会，向农民、非政府组织代表和其他人（不包括决策者）传递了这个信息。阿克罗奥古图发现，包括项目团队的领队在内，没有任何一个研究人员愿意对项目报告负责，因此项目结果的讨论难以开展。尽管合作者表示建议的农业技术得到了采纳，但是农民对这一说法不以为然。

应对冲突

另外的三个项目则是跟自然资源管理相关，详见下文。

在自然资源管理和使用中最大限度地减少冲突：社会资本和地方政策中的作用——以乌干达卡巴莱为例

在乌干达的卡巴莱地区，地方政府进行了新的分权式管理。对此，人们采取了一些行动来支持地方政府，并希望培育其他形式的社会资本以缓解资源使用方面的冲突。该处所说的项目正是上述行动的延伸。项目在接受评估之时其实还未结束，项目的研究人员称：随着项目的开展，一些研究发现已经应用到了实践当中。然而，由于缺乏阶段性的进展报告，评估人员很难对此证实。可以肯定的是，通过分组讨论、访谈、研讨会和会议等形式，项目运用了以社区为基础的参与式方法，为社区成员提供了信息。此外，项目还利用电子邮件、出版物和调研报告进一步传播了研究成果。评估人员指出，与其他项目一样，这个项目也存在一个弱点——尽管其目标是参与政策制定，但它缺乏对政策参与水平和类型的清晰定位。

卡拉莫贾（乌干达）与邻近地区在牧场和水资源使用方面的冲突：使影响和潜在冲突最小化的战略

在阿克罗奥古图的描述中，卡拉莫贾地区“旱灾与饥荒不断，牲畜流行病泛滥，不安全是常态，老百姓困苦不堪”。本地人习惯于养牛，导致过度放牧现象严重；现代化武器的进驻更是加剧了本地冲突。借助于参与式方法，该项目希望制定出使冲突最小化的战略，并提出自然资源管理的最优方案。经过研究发现：中央政府的裁军措施只会加剧冲突，要解决矛盾，必须从地方一级入手，由非政府组织之类的第三方来斡旋；另外，还应设立共同财产制度来进行资源分配。项目工作者原本想组织一些研讨会来传播研究成果。但由于安全局势的恶化，最终都没能如愿。

水资源取用的冲突：以肯尼亚的塔纳河流域为例

在肯尼亚的塔纳河流域，水资源竞争（用于园艺、食品生产和水力发电）是一个主要的问题。为了促使政府形成新的政策，该项目制作了一些政策摘要，概述了这些冲突的性质，询问了使用者对“可交易水权”的看法，并对多元水权制度建立的可能性作了评估。项目尚未完成，一些关键的合作者就已经离开，或在肯尼亚境内接手了其他工作。尽管如此，项目的研究人员称，他们已经制订了计划，准备今后在内罗毕组织研讨会来传播研究成果。

趋势和机遇

回顾了这几个案例之后，一些“关键人物”根据中东非地区的发展趋势，审视了研究和政策制定之间的关系，最后确定了一些影响研究与政策之间关系的重要主题。

首先，他们认为，有些援助组织希望在该地区支持研究项目，如果这些组织直接干预太多，反而会事与愿违。地方政府撤回给研究机构资金的同时，国际组织填补了这个空缺。尽管这拉近了援助组织和当地研究机构的距离，但决策者无疑被排挤了出去，最终造成研究者和决策者之间的脱节。另外，当地政府原本疲于应对减贫、防治艾滋病以及新的全球贸易这些问题，但援助组织的过多插手，可能会左右主要的研究问题，使之偏离了政府的兴趣。

在项目设计阶段就考虑这个情况，尽量拉近研究者和决策者的距离，不仅可以确保研究有政策针对性，而且还有助于消除学界与政府彼此的不信任感。

评估者注意到，尽管性别问题是农业政策领域的一个重要主题，然而在所有的这些已开展项目中，几乎没有一例考虑到了性别因素。这或许跟大环境有关。一般情况下，农业研究项目大多由经济学家来主导，因为没有受过专门的训练，这些经济学家往往对性别问题不敏感；此外，这可能还跟非洲的实际情况有关，由于面对的问题太多，决策者往往无暇顾及性别问题，因而“将其放在了次要位置上”。同样，上述项目还普遍存在“人才流失”的情况，对项目产生了非常大的影响。很多研究者跳槽之后，研究项目的稳定性大受其害。尤其是在项目后期，快要进行项目成果传播之时，大部分的工作者可能都已另谋他职了。

捉襟见肘的研究经费也是影响研究团队稳定性的一个要素。很多项目都只有较少资助，因此，当其他的工作机会出现时，研究者可能会立即辞职。总体而言，评估者感觉到，资金被切割得太细碎，支持了太多的小项目，但这些项目的研究范围都很有限，只能处理特定地域的一些小问题，难以吸引决策者的目光。阿克罗奥古图写道：“所以，这些项目无法从事概括性的研究，捕捉一些‘大的动向’，而这恰恰是决策者需要的。”

要影响政府决策，研究结果还必须及时地呈递给决策者。在这方面，受访者指出，整个“中东非农业政策分析项目”（ECAPAPA）的团队能力还不足，亟待提高；可以实施一些具体的措施，来规定项目开展的标准，并加速完成一些时间敏感性较高的研究。

经验和教训
1. 人才外流往往会阻碍研究成果的传播，所以，必须采取相应的措施来防止这一现象发生。 2. 与其零敲碎打地四处支持小项目，不如化零为整地支持一些大型研究项目。因为大项目能更好地把握宏观局势，而这又恰恰是政府所需要的。 3. 必须加强机构能力，这样有助于更快地研究产出。 4. 让决策者参与到研究项目设计阶段，可以使研究的政策相关性更强。

基本数据	
时间	1997～2002 年
目标	为农业技术创新、减贫和缓解环境退化创造更好的政策环境。
研究产出	1. 只有 3 个项目完成，所以研究产出有限。这几个项目都没有制作有影响的宣传材料。 2. 完成了 3 个项目的结题报告以及另 3 个项目的中期报告。

第十一章

水资源管理

大河奔流：乌克兰第聂伯河流域的治理

下面这段材料基于艾瑞娜·立泽古（Iryna Lyzogub）的一个案例研究。

苏联解体后，乌克兰一度成为了前苏联加盟共和国中环境退化最为严重的国家。乌克兰采取了一些行动以缓解这种情况，但官员和决策者历来不愿共享信息或采取措施，因此大大削弱了行动的效果。在乌克兰开展的第聂伯河流域治理项目时，IDRC 的研究者遇到的最大阻碍就是转变这种态度。耐心和毅力，以及乌克兰一些关键人物对于新思路的接纳，共同为这条历史航道的复兴带来了新的希望。

第聂伯河长约 2300 公里，是欧洲最长的河流之一，一半以上的流域在乌克兰境内。2000 年前，希腊历史学家希罗多德

(Herodotus) 曾这样描述第聂伯河："……这是迄今为止最大和最富饶的河流……除了埃及的尼罗河……第聂伯河的河水清澈、甘甜，是迄今为止最美丽的河流。"但根据《保护第聂伯河》(Shevchuk et al., 2005) 一书作者的描述，现今的第聂伯河已不再是新鲜、纯净的天然水源了。他们写道："现在，工业、农业以及居民向第聂伯河大量排放废水，每年有大约 550 万立方米的废水倾入乌克兰境内的第聂伯河干流，其中包括 420 万立方米的污水，这些污水中又有 280 万立方米是未经处理的。"

算上邻国俄罗斯和白俄罗斯，第聂伯河哺育了 50 座城市的 3300 万人。他们共享着第聂伯的河水，以满足工业、农业、水电和核电等方面的用水需求。这使得如今的第聂伯河已很难呈现出希罗多德笔下宁静的田园风光了。

正是在这样的背景下，IDRC 新成立的中欧和东欧倡议国组织办公室（OCEEI）于 1994 年的夏天启动了乌克兰环境管理发展项目（EMDU)。该项目是 IDRC 与联合国开发计划署（UNDP）以及全球环境基金（GEF）共同合作开展的，并由加拿大国际发展署 (CIDA) 提供资金支持。

一项艰巨的任务

乌克兰环境管理发展项目涉及大范围的环境教育活动、项目培训以及跨境污染问题的环境管理，不管从哪个角度来说，这都是一个艰巨的任务。

该项目总共包括以下六个部分，顺延后的第二阶段于 2001 年结束。

（1）水污染控制：与乌克兰三个机构联合开展水质基线研究。项目活动包括由加拿大专家指导的短期培训以及提供一些关键的实验室设备。

（2）水源毒理学分析：运用六种价廉但有效的检测方法，说明水被毒素污染。

（3）信息系统建设：包括全国的和区域的系统建设，再绘制一个乌克兰国家地图集。

（4）实施一系列示范项目：这些项目的主题包括饮用水处理技术，地下水保护以及海岸线恢复。

（5）推行环境审计以及企业家精神：针对大型和小型企业开展项目。

（6）开展公共宣传：运用不同形式的媒体手段（例如视频和电视节目）来提高公众的环保意识。

这是一个有着宏大愿景的能力建设项目，要使它成功实施，IDRC 团队首先需要解决另一类“环境”问题——即人们的态度。苏联解体后的一段时间内，乌克兰曾陷入严重的经济危机，而政府却不愿进行经济改革和政治改革。在前环境及核安全部的部长瓦希尔·舍夫查克（Vasyl Shevchuk）看来，这就是个“精神危机的时代”。后来，舍夫查克也担任了该项目的乌克兰管理委员会主席。

扩展政策能力

在苏联时期，人人都知道——“严惩首创精神”，这是难以遗忘的教训，尤其是在政策环境动荡不稳的情况下。“人们慵懒、消极、害怕，常常生活在恐惧之中，很难去改变我们这一代”，乌克兰科学研究院水文化学部主任克斯坦丁·切波克（Kostantyn Chebotk）解释道。他还满怀期望的补充道：“也许下一代就大不一样了。”

前苏联的各种规定让人民行事颇为谨慎，除了上述表现以外，还有其他方面阻碍了项目的开展。1937 年颁布的一项法令中指出，城市的供水系统属于保密信息。按照这个法令，向外国人提供此类信息的项目参与者都有可能面临法律诉讼。于是，一些乌克兰研究机构不愿意分享信息，或者坚持有偿提供。由于当地银行系统不健全，项目工作者若想购买这些信息，就必须通过现金支付或是实物交换的形式来进行交易。

当时，乌克兰初获独立，但国内有关政治体制和政治进程的改革才刚刚拉开序幕。毫无疑问，生态和自然资源部自下而上都在进行频繁的调整，部长也数易其人。每一步变化都会出现新的人事变动，相应地也会产生新的是非观。

值得一提的是，虽然有着重重阻隔，这个项目最终还是实现了所有的目标，而且在这过程之中，乌克兰和加拿大科学家之间建立起了长期的联系。它对乌克兰环境政策和立法也产生了积极的影响。乌克兰管理委员会（UMC）为该项目的成功提供了关键的支持，委员会从一开始就引入了来自政府以及研究领域的高层决策者。格莱格瑞·森楚克（Grygory Semchuk）认为这样做很重要。他是乌克兰管理委员会的成员，而且曾经担任国家建设建筑及住房政策委员会第一助理（相当于副部长）。

“委员会的工作不会托付给那些没有权利以及没有影响力的人。这带来了正面效应，同时也有一个心理方面的因素。当讨论一个项目时，我们能毫无顾忌的各抒己见”，森楚克说道，同时他还补充说：严格的纪律和系统的方法也十分重要。

委员会规范化的运作带来了积极的局面。每个人必须参加每月最后一个星期五在舍夫查克办公室召开的例会。如果有谁没能出席就会被辞退，这就是纪律。

许多项目参与者都认为，舍夫查克作为乌克兰管理委员会的主席，对项目的成功贡献很大。

整个乌克兰环境管理发展项目以及其下的几乎所有子项目，从执行之初就把影响政策当成了自己的目标之一。项目实施进程中，决策者的积极投入十分重要，他们的参与潜移默化地影响了相关政策的形成。而且正是因为政府在项目中的参与，才使得政策影响成为可能；而高级研究人员的加入则使得研究者和决策者之间的联系变得容易起来。

影响政策体系

乌克兰旷日持久的经济危机已经严重影响了该国科学家的工作，他们的工资没法照常支付，需要的设备也无法采购。在冬季，乌克兰的多数科学家在只有零上几度的办公室里工作。由于缺乏政府的拨款，这些机构的运作非常惨淡。后来，乌克兰环境管理发展项目的实施给它们注入了新的活力，这不能不说是一个重要的影响。“国际项目特别是 IDRC 的项目，给了我们希望。这些项目让我们不用陷入绝望之中”，切波克说道。

另一位项目的参与者、来自空间研究所的科罗迪亚兹尼（Olexander Kolodiazhny）补充说：“这一计划可以使我们的专业水平达到更高的层次。我们必须更加细致地研究地理信息系统技术和互联网，还学习了遥感技术。”

“该项目还将从未有过合作经历的研究机构汇集到一起”，乌克兰管理委员会成员亚茨克（Anatoly Yatsyk）说道，他同时也是水资源和生态问题科学研究所所长。“每个机构都独立运作，我的工作单位研究的是水资源问题，其他研究机构则专注于别的问题……在 IDRC 的项目中，所有的这些研究机构联合起来，为解决第聂伯河流域问题探索一个综合的方法”，亚茨克说。

乌克兰科研机构的复苏同时也激发了教学和科研。在此期间，研究机构培养了大批研究生，并出版了一系列基于该项目工作的教科书。根据舍夫查克所说，在这个领域里的大学教育、培训和专业人员的再培训一直还在使用着这些教科书。例如，有本关于水文生态的教科书，如今仍然广泛用于俄罗斯、白俄罗斯以及乌克兰的大学课程中，而这正是乌克兰环境管理发展项目的成果之一。

对于更多的普通人，该项目制作了一系列影片来介绍第聂伯河流域面临的问题以及人们为治理该河所从事的工作。其中一些影片已在全国电视台上播出。同时，在舍夫查克博士的倡议下，数以百计的影片拷贝也已分发到乌克兰全国各地的学校和生态中心的青少年手中。

拓宽政策视野

该计划还为一些创新项目提供了资金支持，例如，将饮用水处理产生的沉积物作为原料生产有机矿物肥。管理试点项目的切波克说："许多国家把这些沉积物焚烧掉，或倒入海洋，但乌克兰将沉积物转换成肥料，这种技术应用在全世界都是首例"，他还补充道，"如果没有 IDRC 的资金支持，以及乌克兰环境管理发展项目对于专业的高标准要求，这个项目不可能取得成功"。

最初，由于乌克兰研究机构并没有使用国际公认的标准，这些项目成果很难引起国际科学界的关注。与 IDRC 合作开展项目以后，乌克兰的研究机构认识到了引进国际标准的必要性。了解国际标准，也使得乌克兰研究人员融入了国际科学界。活跃在乌克兰环境管理发展项目中的一些研究人员已经在一些国际科学期刊上发表了他们与工作相关的论文，并在国际会议上介绍了他们的研究成果。

最让人欣慰的是，在研究者的努力下，国家以该项目的成果为基础，制定了两部国家法案：一是《第聂伯河流域生态修复国家计划》，二是《饮用水改善法案》。这两项法案近期都获得了乌克兰最高议会的通过。亚茨克说："这是我们最大的政治成就。"

此外，乌克兰政府为了支持"国家计划"，还制定了大量细则，这其中也有乌克兰环境管理发展项目的功劳。例如，地表水质的估算标准就是由项目制定的。"国家计划"以增强环保意识为目标开展了一些工作，也增进了乌克兰科研机构与政府部门之间的密切合作。

在总结中，该项目的基辅区域主任迈伦·拉霍拉（Myron Lahola）评论说：

> 我确切了解到的是，IDRC给我们留下了遗产：让我们知道加拿大人不仅友好，善于外交，而且也很容易一起工作……他们办事总要经历达成共识的过程。我听到的这些不仅是来自乌克兰，也来自其他援助组织。在全球范围内，人们可以发展的最重要的事情之一就是国家之间的信任和友谊。

专栏11.1 加拿大人来了！加拿大人来了！

缺乏沟通可能会给项目带来不必要的麻烦。在乌克兰环境管理发展项目的早期阶段，人们就吃了这方面的亏。由于缺乏了解，当地人通常把加拿大人想成寡廉鲜耻的侵略者。在一个河堤加固项目的实施过程中，冲突爆发了。要知道，真正的苏联行事风格根本就没有公众参与这个概念，那个项目的经理只是带来了笨重的机器，然后安排他的团队成员在绵延5公里的河滨工作，他甚至都没将此事告知地方当局。不知怎的，谣言蜂起，民间到处传言："加拿大人购买了我们的土地……他们很快就要修建筑物，而我们再也不能去河边了。"愤怒的当地人拿起干草叉来捍卫自己的土地，内阁也收到了官方的投诉，由此产生的混乱延误了该项目近一年时间。这个案例给我们提供了宝贵的经验教训，让我们更深刻地理解了公众宣传的重要性。

基本数据	
时间	1994～2002年
目标	第一阶段：协助乌克兰相关机构，增强它们管理第聂伯河水系以及水资源利用的能力。 第二阶段：深化乌克兰机构和工业的环境改革，提高科学家、决策者以及广大民众的环保意识。
研究产出	1. 建立了国家环境管理信息系统，该系统与沿第聂伯河的19个省级办事处联网。 2. 建立了区域管理信息系统。 3. 收集和出版了一大批有关乌克兰环境立法的文字材料，向非政府组织、公众以及教育机构公开。 4. 完成了基线水质调查。 5. 进行了饮用水水质的卫生风险评估。 6. 针对水质和其他与水资源相关的问题，进行了多次调查和审计。 7. 培训了90人。 8. 改变了沿第聂伯河流域的工厂排放系统。 9. 出版了一本书：*Preserving the Dnipro River: Harmony, History, and Rehabilitation*, V. Y. Shevchuk, G. O. Bilyavsky, V. M. Navrotsly, and O. O. Mazurkevich. Mosaic Press/IDRC(2005)

最大程度利用稀缺资源：废水回收和中东的都市农业

下面这段材料主要基于埃曼·苏兰尼（Eman Surani）进行的案例研究。

人口增长、快速的城市化以及水资源的短缺加剧了中东和北非的粮食危机。为了解决这一系列棘手的问题，当地政府鼓励发展城市农业和使用再生水来进行灌溉。在约旦和其他一些国家，都市农场利用淋浴、盥洗和厨房用过的“灰水”来灌溉。这项由IDRC支持的创新已对公共政策产生了广泛影响。

虽然“都市农业”伴随着城市的出现就已存在，但直到最近几年，都市农业对于粮食安全的重要性才得以凸显。

事实上，都市农业正在蓬勃发展。据联合国开发计划署估计，全球约有8亿城市农民。他们中的大多数都是穷人或中产阶级，通过种植和养殖来养家糊口并赚取一些额外的收入。在这个过程中，他们把废物循环再造，使用再生水（reuse water），并在闲置的土地上耕作。

中东和北非是地球上最干旱的地区之一。该区域能供每个人使用的水量正在逐步下降，其主要原因就是人口的急速增长。预计水资源库存量将下降到年人均725立方米，远远低于严重缺水的基准指标——年人均1000立方米。

在这种可怕的状况下，快速的城市化无疑是火上浇油。随着越来越多的人转移到城市，饮用和生活用水的需求增加，而农业灌溉用水只能一再受到压制。因此，该地区的粮食危机和缺水问题频频发作，约旦饱受其害。

约旦是一个大约有520万人口的小国。该国的经济多年来持续下降，约有7%的人口收入低于每天1美元的国际贫困线。联合国开发计划署的报告称："约旦的高人口增长和前所未有的城市化率威胁到了近期的经济增长。目前，该国的人口增长率是2.7%，而人口居住在市区的比例已经占73%，预计到2015年将达到80%。"

经济落后和人口激增威胁到了约旦贫困人口的生活，在城镇中，面临粮食和用水安全问题的贫困人群大批涌现。据世界银行，过去的20年人口的高速增长已使约旦的人均水供应量低于年人均198立方米。毫无疑问，如此严重的缺水情况势必危害人体健康，阻碍约旦的发展。

在这样的压力下，约旦从根本上扭转了对水资源管理的态度。在过去，人们把水看做免费的公共财产；但现在，所有人都意识到了它的经济价值。水资源保护、废水处理以及废水再利用已成为约旦的当务之急，相关主题的研究同样也得到了高度重视。

IDRC 的都市农业项目自成立以来，就一直在支持相关的研究和发展实践，以确保粮食安全、增加穷人收入、维护公众健康，营造一个干净的城市环境。作为该计划的一部分，1998～2003 年，IDRC 发起了一系列研究项目，专门针对都市农业中灰水的使用情况开展了调查。这些研究对约旦和中东其他地区的水资源管理政策产生了重要影响。

做了什么：都市农业和灰水项目

项目最初的研究，主要是数据收集工作。围绕着都市农业的性质和范围，研究人员整理出了首份有关该主题的可靠信息。研究人员集中在首都安曼，梳理了一系列问题，以便为政策调整建言献策。

在所有的调查结果中，研究人员发现了一个有趣的现象：安曼六分之一的家庭都从事着都市农业，在分工中性别平等体现得非常充分，两性的工作量基本上都是等分的（但是，不像男性，大多数女性是没有报酬的）。另外，40% 的家庭已在使用未经处理的灰水。值得注意的是，研究发现，约旦没有关于都市农业的具体政策或法规。事实上，政府还没有意识到都市农业在保障粮食安全方面的作用。

在约旦河西岸（巴勒斯坦）进行的第二个项目主要是技术性的。它试图开发一种小型的滴滤器，以处理灰水供给家庭花园使用。研究人员利用回收的塑料洗发剂容器、塑料饮料瓶，以山谷碎石作过滤介质，做了一个“生活污水处理器”。它不仅原料价廉、容易获取，而且效果也毫不逊色。测试结果显示，其灰水平均再生率高达 56%，实在令人震惊。

此外，值得一提的是，这个项目还考虑到了文化与宗教界人士对再生水的关注，请当地酋长向其部族介绍灰水的优势。

在1997～1999年，澳大利亚援外合作署在约旦南部推行了一个非常成功的试点项目，以测试“永续性农业”或“朴门农艺”。一项由IDRC资助的评估证实了该项目在经济和文化方面产生的广泛影响：它增加了家庭收入，推动了合作，改善了人们对家政学（home economics）和市场营销方面的看法，并使人们形成了对水资源保护和再利用的意识。值得注意的是，参与项目的女性因为赚取了收入，获得了技能，增强了养家糊口的能力而感到更加独立和自豪。

根据前三个项目产生的灵感和经验，2001～2003年，国际发展中心在约旦塔菲拉实施了雄心勃勃的灰水再利用项目。

其直接目标是改进约旦家庭花园里的灰水再利用系统，更进一步的目标就是协助城郊贫民保护干净水源，在实现粮食安全和创造收入的同时保护环境。

该项目所取得的成就影响深远。它增加了灰水回收，并使灰水处理变得更加简单、安全；它鼓励人们生产和销售更便宜的有机肥皂，以最大限度地减少对环境的影响；它通过优化灌溉系统、培育能够更加适应灰水灌溉的新作物来推进永续性栽培实践。特别是，它推动了政策的改变，促使约旦鼓励民众更广泛地使用灰水。

学到了些什么：研究对公共政策的影响

为了了解上述研究项目对政策的影响，2001年，IDRC启动了对这些研究的战略评估。中心聘请了苏兰尼来评价灰水项目的影响，主要调查了它所做的工作，并概述了六个“影响政策”的实例。

修订住房法规，推动全国委员会制定灰水再利用指南

在最初的项目工作中，研究人员惊奇地发现：约旦还没有关于

都市农业的法律法规，这一发现推动了新政策的制定。与之类似，其他一些收集到的信息也对公共政策产生了直接影响。

灰水再利用项目对填补这方面的政策空白作出了长足的努力。举例来说，它催生了一个民用建筑法规的修订提案。根据这项提案，在今后，人们可能无须修改管道就能使用灰水了。此外，它还提议成立一个新的全国委员会来制定《灰水再利用指南》。

决策者成为传播者

作为一种间接的政策影响，一些政府官员虽然没有参与实施研究项目，却成了热心的传播者。例如，约旦统计部负责网站编辑的人员将第一个项目的成果放到了网站首页，加大了对援助机构和研究团队的宣传。

模式的复制

约旦和巴勒斯坦的项目是逐步进行的，一个接着一个，轮到一方，就会带动周边地区做类似的努力。伊斯兰水资源开发与管理网络（INWRDAM）的穆拉德·比诺（Murad Jabay Bino）博士指出："巴勒斯坦和约旦的项目如今扩展到了黎巴嫩，而且叙利亚也已表现出兴趣。"复制努力能够取得成功，是因为项目构架根据每个国家的文化背景不断作出调整。

在约旦，项目模式之所以得到推广，主要是因为伊斯兰水资源开发与管理网络、公认的技术专家以及其他机构之间有着重要的合作伙伴关系：

（1）澳大利亚援外合作署约旦代表处在所有项目中都安装了灰水系统。在一个欧盟资助的计划中，伊斯兰水资源开发与管理网络代表援外合作署，在5个社区安装了53套灰水系统。

（2）伊斯兰水资源开发与管理网络同近东土地改革和农村发展区域中心签署了一项针对灰水应用者开展培训的合作备忘录。

(3) 借助伊斯兰水资源开发与管理网络的专业技术，约旦水务局成立了“水需求管理小组”，以帮助协调该国的水问题。

(4) 同样是借助伊斯兰水资源开发与管理网络的专业技术，政府开始调整相应的法规，使灰水可以用于旅游景点的美化。

海得拉巴宣言

2002 年 11 月，由 IDRC 和其他组织共同主办的重要国际会议在印度海得拉巴市举行。该会以“废水在农业中的使用”为中心议题，取得了两项重要的突破性进展。

一是 IDRC 灰水项目得到了世界卫生组织的肯定，该组织承诺，将结合该项目的报告以及其他材料，来重新审查农业利用废水的指导方针。

二是发布了关于废水在农业中利用的《海得拉巴宣言》。该文件由来自 27 个国际组织和 18 个国家相关机构的研究者共同起草，表达了全世界对于废水安全利用的关注，提出建立一个废水“实践社区”的全球议程。

网络形成

这些项目首次将各国政府、私营部门以及研究界人士聚集在一起。IDRC 的纳赛尔·法卢奎（Naser Faruqui）指出：约旦是一个小国，所以“所有在约旦做研究、工程的人和决策团体之间彼此了解，于是会互相邀请参加研讨会”。

让政府官员与农民开诚布公的会面并讨论共同关心的问题，这的确不同寻常。但在地方层面，决策者、研究者以及受益者之间的网络已经形成。

培育决策者的能力

IDRC 资助的项目针对决策者开展了关于灰水再利用的培训、

教育，而且提高了他们对于灰水再利用的认知程度。

例如，约旦社会发展部从项目中吸取经验，教会了穷人许多新的生计手段，包括农业技术、水管铺设技术、财务和行政管理、沟通以及网络方面的专业知识。

此外，研究人员还广泛地传播项目知识，向政府官员，非政府组织（NGO）和其他学者和研究人员做了相应简述。

为什么有效：影响项目效果的因素

苏兰尼用了相当长的篇幅来分析这些项目为什么会成功地对政策产生影响，同时还指出了项目依然面临的挑战。

事实上，整个项目还有更大的改进空间。在苏兰尼看来，以下几个因素阻碍了项目的政策影响力：（1）项目工作者未将“性别平等”明确写进研究主题，因而没能将此作为影响政策的一个目标；（2）项目评估缺乏资金；（3）约旦政府的某些部门“缺乏良好的学习环境”；（4）没能充分发挥大众媒体的作用；（5）巴勒斯坦当局行政能力欠佳；（6）宗教信仰对于废水再利用的构想无动于衷，至少在项目最初是这样。

尽管存在以上障碍，这些项目仍然产生了显著的政策影响。究其原因，主要有以下几个方面：（1）战略性地运用有限的资源，在一个项目中吸取的经验会立马应用到后续的项目中；（2）IDRC和约旦的合作伙伴之间保持着融洽的个人联系；（3）让研究人员走出“象牙塔”，直面迫在眉睫的现实问题，并提供即时的解答；（4）约旦对水资源危机的担心由来已久，这使他们更愿意配合项目工作，采用科学方法来缓解危机；（5）参与项目实施的个人和组织有着较好的声誉和信誉；（6）项目工作者根据不同受众，采用了不同手段来对研究成果进行广泛宣传。

苏兰尼强调了导致成功的两个突出因素。首先，许多研究表明环境的可持续性同经济发展之间存在关联，也就是说废水回收利用同扶贫存在联系，这种联系十分具有政治吸引力。其次，IDRC 比较青睐长期的战略计划，还注重项目工作的前后连续性。据伊斯兰水资源开发与管理网络的比诺博士介绍，这个项目“有着明确的目标定位……IDRC 很擅长鉴往知来，总会把以前的经验应用到后续的项目中”。

基本数据	
时间	1998 ~ 2005 年
目标	为了保证城市的粮食安全,实施一系列项目来帮助国家和地方政府制定相应的政策,支持都市农业发展。具体的项目内容包括技术研究和能力建设等。
研究产出	1. 有关灰水再利用的政策研究和技术研究。 2. 在拉马拉建立了污水净化厂。 3. 通过评估研究达成以下目标: ——家庭对于灰水装置的需求日益增长; ——召开有关灌溉蓄水量的研讨会; ——召开有关系统管理的水电工培训班; ——建筑法规的修订提案,有关灰水再利用的学位研究; ——修订国家住房法规; ——建立全国委员会,制定《灰水再利用指南》; ——在中东和北非推广灰水处理装置; ——通过《海得拉巴宣言》; ——创建由决策者、研究人员、私营部门和受益者共同构成的网络。

寻找一个临时的灌溉解决办法：关注“苦咸水是否在某些情况下可用于灌溉而又不会破坏土壤”（叙利亚）

下面这段材料主要基于布里因·吉勒斯皮（Bryon Gillespie）进行的案例研究。

叙利亚的农业主导着经济。面对日益严重的水资源危机，叙利亚需要想办法让有限的水资源得到更长远的使用。目前，已经有些农民在使用咸水灌溉了，IDRC所支持的研究人员建议，如果能够建立相应的指导方针，这些农民或许可以继续采用这种灌溉方式。可是，谁最有可能关注研究人员的成果的呢：政府官员、农民、还是地区机构？

在叙利亚以及邻近的中东国家，获取水资源是一个严峻的问题。

世界银行将中东和北非地区归为世界上最干旱的地区之一。按照世界银行的标准，年人均可用水低于1000立方米的情况则为严重缺水，目前，中东和北非地区的可用水资源为年人均1200立方米，仅仅比缺水基准线高了一点。而叙利亚作为中东和北非地区最为干燥的国家之一，其可用水资源估计只有年人均432立方米，这远远低于世界银行划定的水资源短缺分界点。然而，高度依赖农业的叙利亚，依然难以减少水资源的使用；而且，其人口结构以青年人为主，人口数量不断增加，这又会进一步恶化水资源危机。预计到2025年，这个国家的人均可用水资源或许仅剩160立方米。

如今，叙利亚的农民已经体会到了水资源缺乏带来的压力，他们实施了多项应对措施，却不料，从长远来看这项措施反而会使情况变得更糟。例如，开挖新井（其中绝大多数是非法开挖）会导致地下水位的下降，而水泵抽水的速度也快于水源恢复的速度。此外，农民还越来越多地使用苦咸水来灌溉作物，这种做法可能会增加土壤的盐碱化并导致农业生产率下降。

农民的生存策略

在叙利亚沙漠和草原典型的干旱气候之下，其土壤含盐本是件正常的事。土壤中的水分蒸发到大气中，使盐结晶，并留在与空气接触的土壤表面。在过去，这并未造成严重的问题：因为在叙利亚传统的轮作方法中，人们会进行长时间的休耕，于是表层土中的含盐量可以保持在相对较低水平。

然而，近年来农作方式发生的变化扭转了这种情况。集约农业带来了更为频繁的轮作，这增加了土壤水分的蒸发量，从而提高了土壤的含盐度。另外，由于农民越来越多地实施“漫灌”，往田地里注入大量的水，形成小水坑，让水通过土壤渗透下去。这样一来，土壤里和地下水的盐含量便增加了，地下水窖和水井中的盐分越来越多。反过来，如果将这些地下水用于灌溉，又会周而复始地形成恶性循环，成为土壤含盐量升高的罪魁祸首。

对于叙利亚这样一个以农业为主导的国家来说，土壤的盐化趋势着实让人坐立不安。农业部门不仅保证了粮食安全，还是叙利亚未来经济增长计划的核心。然而，土壤含盐量的持续增长必然会导致生产力下降，国家的经济计划也将成为泡影。

而此时，让农民停止使用苦咸水来灌溉是不切实际的。因为对于其中一些人来说，这是他们仅有的水资源了。据估计，超过70%的叙利亚农民都采用大水漫灌，而且即使是自家的井水被盐化以后，他们依然会继续采用这种灌溉方式。

由于这些习惯已经根深蒂固了，因此，IDRC 支持的“苦咸水项目”并不打算对其大做文章，而是将工作重点放在了如何安全使用盐水灌溉的研究上。该团队希望建立一套参数，来指导农民和政府正确使用苦咸水，避免对环境产生恶劣影响或是大大降低土地的生产力。更进一步说，这还是为了农民的生计做长远考虑。按照这样的构想，他们将制定一个“桥梁”战略，对当前的农作方式稍作改良，但在没有更好的办法以前，依然任其继续下去。这个战略关注的不仅是叙利亚，而是整个中东和北非地区的利益，最终希望可以探索出解决水资源危机的根本之道。

水、公共政策与 IDRC

对于 IDRC 来说，支持“苦咸水项目”是一件再自然不过的事情了。因为 IDRC 至少有两个兴趣点与该项目的目标契合。首先，该机构有支持水资源研究的历史，这些研究以小规模、分散的、地方一级的解决方案为重点。IDRC、国际干旱地区农业研究中心（ICARDA）、叙利亚的阿勒颇大学以及加拿大麦吉尔大学都主张小规模的研究，这让它们走到了一起，共同承担了这项研究。此外，叙利亚政府也对高效喷灌和滴灌技术这类小规模的、以需求为导向的用水方式表示出了兴趣。

其次，IDRC 还有一个长期的兴趣，即“研究如何影响政策”。在这方面，叙利亚的政体似乎越发束缚了项目的潜力。其政策制定过程非常不透明，而且难以理解，参与项目的许多外国研究者都对此深有感触。

在最好的情况下，以政策为导向的研究可以引发激烈的公开讨论，让不同的政策方案得以公之于众，这样一来，左右国家议程的官员和政客们就会注意到那些脱颖而出的好方案。

但在叙利亚这样的政治制度下，上述情况则不太可能发生。叙利亚案例的评估者吉勒斯皮说：“颁布什么样的政策完全由高层拍板决定，公众无权过问。”只有执政的阿拉伯复兴社会党才能影响高层官员的决策；由该国六大政党，250 名成员选举产生的立法机关不过是“橡皮图章”而已，只负责表决通过决议；公民社会组织就更难参与政策制定了。

自 1970 年现任政府掌权开始，叙利亚的农业政策就带有明显的苏联式计划经济色彩。2000 年，巴沙尔·阿萨德接任总统以后实行了有限的经济改革，给这种状况带来了转机。官僚机构不再只是行使简单的按需分配，它们还向农民提供了技术咨询和财政激励，例如，让营销机构以优惠价格采购具有重要战略意义的作物。

研究的作用何在?

尽管叙利亚正朝着自由化的方向谨慎前行，其政策的形成在很大程度上仍然与外部建议绝缘。这对项目的影响范围构成了限制。比如，吉勒斯皮注意到，“我没有看到社会研究或是任何其他研究分析了农业政策”。

更广泛地说，在叙利亚，研究的作用与价值何在仍然是一个悬而未决的问题。吉勒斯皮就曾提到，他访问过的几位专家说，“在叙利亚，技术报告常常被束之高阁，即使是由政府研究机构完成的报告，高层官员也不见得会阅读”。而其他一些人也表示，要是跟官员当前思考的问题相关的话，这些研究还是会有效果的。虽然政府官员一般不会邀请研究人员来制定政策，但有些时候，研究人员也可以为政府官员提供技术咨询，告诉他们哪些方法可能最有效，这也是参与政策制定的一种积极表现。

“在决策者想要制定政策，而你恰好找到了能满足他们需求的技术或是建议的时候，研究就会对政策产生影响”，国际干旱地区农业研究中心（ICARDA）的资深水资源专家欧维斯（Theib Oweis）博士说道。

欧维斯还暗示，捐助者有时过分地强调研究对政策制定产生直接影响。他说：“尽管我们知道，政策是产生变化的工具……但也不是什么都需要改的。”

另一点值得注意的是，研究人员必须确保术语使用也要与政府大的政治目标保持一致。例如，IDRC 资助的研究者通常使用的那句“需水量管理”（water demand management）在叙利亚就行不通。

该国政府认为，这种说法太过强调国内消费的责任，而忽视了国际层面水资源取用的问题，因此会损害叙利亚主张水源获取的权力，让叙利亚在跟土耳其、伊拉克及周边其他邻国的水源之争中占下风。

对灌溉实践和政治产生的影响

尽管从表面上看来，叙利亚的政策制定过程相当封闭，但“苦咸水项目”的研究却着实对政策产生了直接的影响。在这个项目支持之下，研究者围绕盐碱水对土壤产生影响的因子做了检测。结果发现，高黏性土壤中盐分累积量是最严重的。在灌溉部官员出席的一次会议上，这些研究结果得以公布。会议之后，政府随即颁布了一项禁止农民使用废水灌溉高黏土田地的法令。

除此之外，该项目的影响力总是游走在正式的决策领域之外。例如，研究人员在报告中指出，在项目资助下完成的一篇硕士论文中提到，跟其他品种的小麦比起来，“sham 6 号”小麦的耐盐性最佳。在此之后，人们发现，开展试验所在地的黑市上，买家对“sham 6 号”小麦的需求有所增长。这表明，该研究有助于改变农民的看法，并对他们的实践产生影响。

但是，吉勒斯皮认为，项目最重要的影响还是在于“扩展了政策能力”和“拓宽了政策视野”。例如，一些叙利亚的青年学者在项目支持下完成了研究课题和学业，现在就职于该国农业及灌溉部。他们将所学的知识以及经验带到现在的工作中，必然会有效扩展所在机构的研究能力。此外，项目还给叙利亚的研究界引入了新的视角。在以前，研究人员往往都待在各自的研究所里孤军奋战，“苦咸水项目”让研究者走出书斋，在农民的田地中开展试验，这在叙利亚可以说是破天荒的。

改变的迹象？

另外，在政策能力扩展方面，项目还有更多的影响。但这些影响并非项目工作的直接结果，而是纯属巧合。要说缘起，主要是因为一位高层的项目参与者成了农业和土地改革部部长。莫纳（Noureddin Mona）博士在他担任部长这个新角色期间，发起了一系列改革，旨在提升研究工作在部委内部的重要性。虽然在职时间很短，但莫纳的努力使得研究者有了机会成为决策者，也让科研工作有可能为政策制定作出更大的贡献。

吉勒斯皮认为“苦咸水项目”产生的最重要影响发生在地区层面。在项目开展以前，人们从来不相信苦咸水的安全使用标准是可以制定的，也不认为这能解决中东地区的水资源危机。如今，人们不仅普遍接受了这个观点，而且还在迪拜设立了国际生物盐化农业中心（ICBA）总部，这个组织的建立最能说明上述问题了。

经验和教训
1. 政治背景可能会限制研究的范围和类型。 2. 即使不改变政策，研究也可以对事实产生影响。比如，农民采用了研究成果。 3. 提高国内的科研能力并改变国际层面的理解，能对政策产生更长远的影响。

基本数据	
时间	1997～2001 年
目标	制定长期的管理策略，在叙利亚干旱地区合理使用苦咸水对大田作物进行补充灌溉。
研究产出	1. 六篇硕士论文。 2. 一篇博士论文。 3. 一篇同行评议的文章（Hagi－Bishow & Bonnell，2000）。

逐渐改变水资源政策：原先被政府忽视的项目成了范式转型的一部分

以下内容主要基于特蕾西·涂普林（Tracy Tuplin）的案例研究。

突尼斯政府着眼于避免临近的水危机时，其全力关注的是增加水源的供给。与之相反，IDRC所支持的项目则更关注需求。尽管项目最后仍未对政策产生多少改变，但它似乎可以对突尼斯未来的水资源政策产生更长远的影响。如今，这个项目给我们的重要启示就在于：要以决策者能够理解的方式来传播技术性的研究成果。

突尼斯有着经济发展的成功史。但是，该国对于有限的水资源过度需求可能会让经济增速大打折扣。

在1960年到1997年间，突尼斯的人均收入增长了5倍多，年均增长率达到5%。从1975年到1995年，国家贫困率从22%降至6.2%。

这样的进步使突尼斯迅速走出了不发达国家之列。由于全国3/4的人口都是中产阶级，如今的突尼斯已经成了一个不折不扣的“新兴经济体”。积极的经济景象和普遍公平的财富分配让突尼斯免遭政治动荡，而这却是一直困扰着中东和北非地区其他许多国家的重大问题。值得一提的是，该国人民是在水资源短缺的情况下取得经济成功的。突尼斯人均水资源占有量只有430立方米，这远低于世界银行规定的水资源稀缺标准——人均1000立方米。

现在，形势危急、不容乐观，因为推动该国经济增长的农业和其他部门在发展中很少考虑到水的利用效率，水资源存量的消耗加重了危机出现的可能性。1990 年，政府专门针对这个问题颁布了一项政策，但其解决办法主要在于开发新的水资源供给，耗资庞大；而对于节约用水，政策却表述得不清不楚，并未将它与政府更大的战略联系起来。

拓宽视域，找到新途径

在突尼斯，IDRC 发现了扩大政策讨论的机会。几乎在突尼斯颁布上述政策的同时，该中心启动了“用水需求管理”研究项目。和政策不一样的是，这个项目主要关注水资源的需求而不是供给。

研究人员相信，这种方法必然会使突尼斯受益。因为该国大部分新的水资源供给渠道都已经被开发了，潜能有限，恐怕很难满足以后的需求。由学术界的新星——突尼斯大学穆罕默德·马托斯（Mohammed Salah Matoussi）教授开辟的新道路或许还能让人们看到更多希望。他研究了经济制度（例如水费）在促进节约用水方面的作用。

IDRC 在支持马托斯教授研究的过程中，发现突尼斯或许能在环境和经济方面取得双赢。IDRC 在对该项目进行分析之后（基于 IDRC 的厄尔和吉勒斯皮进行的一项研究，涂普林写了分析报告）写道：“这个项目的主要目标是结合突尼斯的现实情况，形成一个综合的水资源需求管理战略，使有限的水资源得到更有效地利用，延缓突尼斯在开发水资源供给方面的大量基础设施投入，以免到了水资源极度短缺的时候，只能实施定量配给。”

IDRC 还希望，水资源需求管理战略项目在突尼斯的成功能够对中东和北非地区的其他国家起到示范作用。

试图影响政策

从一开始，该项目就把“直接影响决策者”当做目标之一。涂普林写道，在首次确定项目的特性时，“人们花了大量的时间来反复考虑应该采取什么样的策略来影响这个地区的水资源政策”，大家都认为“这个项目不是要创造出个什么经济发展模式，而是应该有政策意义”。

曾经有一段时间，该项目在突尼斯的政策制定舞台上崭露头角。项目周期才过一半，IDRC 的工作人员就欣喜地发现：政府报告引用了该项目的研究成果，有些官员还对项目关注的收费制度产生了兴趣。一份报告总结道：“这是一个非常成功的项目，它让人们注意到了水资源管理中的需求管理。”然而，项目即将收尾之时，之前的乐观情绪却又褪去了一大半。因为决策者似乎不太关注项目的出版物和学术文章，而这，恰恰又是最主要的项目成果。是什么导致了这戏剧性的转变？项目结束多年后，厄尔和吉勒斯皮对当年的项目研究者以及突尼斯官员进行了访谈，他们的发现或许能为我们提供一些答案。

访谈内容显示，研究人员和政府官员互不买账，前者对后者持有批评的态度，而后者又看不上前者的研究方法。这种互不信任的状态应验了理论家内森·卡普兰（Nathan Caplan）的“两个社群”假说（two communities' hypothesis）。这个假设认为，研究机构和官僚组织在行为、期望以及观念上存在巨大差异，因而相互隔阂。

一位农业部的官员承认，在突尼斯，这种文化鸿沟确实存在。要弥合这种差异，双方都得从自身做起，改进自己的沟通方法，在宣传研究成果方面多加联系。他认为，研究人员需要更精练地呈现他们的研究成果，让忙碌的官员也能阅读；同时还应进行更多应用研究。另一方面，决策者应该将他们需要解答的问题更清楚地表达出来。

对政策的间接影响

研究人员没能成功地同决策者建立起直接联系，这就意味着项目是失败的吗？

答案是否定的，因为项目结束之后还发生了一些事情，我们无法立即盖棺论定。在突尼斯，政府采用了三种相互关联的方法来管理水资源，而项目所倡导的“用水需求管理”正是其中之一。另外，用水需求管理论坛（WDMF）的成功举办，更是将这个议题带到了舞台中心，来自该地区11个国家的代表参加了此次会议。经济分析和经济手段可以促进水资源的节约，这正是“用水需求管理”的基石。虽然在20世纪90年代的突尼斯，马托斯教授最初提出这种观点时，它还鲜为人知，但到了今天，这种方法已被广泛接受。

这一切均表明，从长远来看，突尼斯研究人员的思想还是进入了决策领域。

艾弗特·林奎斯特（Evert Lindquist）评估了项目在直接和间接影响政策方面的效果，并发现项目的确扩展了政策能力，即推动个人和组织产生新知识，使之可以应用到今后的工作中。

马托斯教授首创性地将经济理论引入水资源管理领域。突尼斯的“用水需求管理”项目协助他对原有方法进行了改进，从而实现了对政策能力的扩展。该项目还支持了一些研究生对该主题进行研究。渐渐地，马托斯教授的思想开始在突尼斯甚至是北非地区变得知名起来。涂普林写道：“IDRC对这个项目的支持，使得突尼斯有了第一个能够从计量经济学角度来分析水资源问题的团队。”

林奎斯特也指出，研究拓宽了政策视野，从而可以对政策产生较为长期的影响。换句话说，研究人员传播了一些新的概念，促使决策者以不同方式去设计议题，或者参与到不同类型的讨论中。事实上，“用水需求管理”项目确实做到了这点。正如 IDRC 官员戴维·布鲁克斯在项目后期所注意到的那样，项目对于用水需求的关注使得决策者转变了态度，开始采用那些他们原本认为激进的做法。

项目工作者积极地与关心水资源的一些组织和活动保持了联系。从地区层面来看，马托斯教授在用水需求管理论坛上有着活跃的表现；从国家层面来看，项目研究团队的其他成员还跟突尼斯的“全国水资源开发与分配协会”（SONEDE）有了互动。通过这些联系活动，项目参与者对用水需求量又有了新的认识，他们最初将其假设成一个固定的要素，实际上，随着经济压力的变化，用水需求也会有所变动。

寻求直接的联系

项目对政策产生的这些间接影响是否符合研究者的期望呢？在项目周期内，难道这个项目注定了无法直接对决策者产生影响吗？

项目结束后，厄尔和吉勒斯皮开展的评估工作让我们看到，研究者和决策者之间可以建立起有意义的联系。他们的研究结果表明，这个项目在短期内未能引起决策者重视的原因并不是因为任务有多艰巨，而是因为研究者没有遵循有效的策略。

比如，项目并未在研究成果的推广方面制订明确的计划。文字材料技术性太强，对数学要求太高，工作人员又没有用通俗的文字来表述项目成果，使得普通人难以理解。虽然项目方组织了一些研讨会，但这主要针对的是学者。同样，尽管研究人员的论文发表在了学术刊物上，但其中一些刊物又没有在突尼斯发行。更为不顺的是，由于互联网接入遭到限制，因而，建立项目网站这个计划也不得不搁浅。

如果要追根溯源的话，其实在项目设计之初的一些机制设置就决定了项目的宣传计划必定会失败。整个项目团队以专家为主，缺少专门负责与决策者打交道的工作人员。此外，项目给研究人员的报酬过低，在没有其他激励的情况下，发表学术论文便成为他们的头等大事，哪还顾得上把论文用通俗的语言“翻译”出来给决策者看？

涂普林写道，自从“用水需求管理”项目在突尼斯启动以来，项目标准就发生了变化。现在，IDRC 和其合作伙伴更加注重项目的宣传工作以及政策影响力。她建议：“今天，IDRC 应该寻找‘政策企业家’（policy entrepreneurs）或是能够倡导变革并熟悉政府内外环境的人。”

总之，项目不会自行地发挥政策影响力，公共政策的制定者也不会主动找上门来。这只能靠研究项目的设计者在最开始就要想好，作出相应的计划和预算。涂普林写道：“不管研究做得多好，如果仅仅把研究成果摆在那里，是难以吸引决策者去关注相应问题的。”

经验和教训

1. 影响政策有长期和短期之分。有些研究项目没能对决策者产生直接和即时的影响，但并不代表它们就不会产生较为长远的影响。例如，研究可以扩展决策者的能力，让他们更好地运用新方法来解决实际问题；还可以拓宽研究者的视野，以使他们能够运用新的知识来研究问题。
2. 研究团队应该专门安排一些工作人员，让他们把研究成果用决策者能够理解的方式转述出来。
3. 研究成果的传播不会自行发生，要实现传播的效果，就应当对此早有计划，并留足预算。
4. 项目应该给予研究人员足够的激励，让他们把工作重心放在影响政策之上。要让研究者对自己有准确的定位，知道自己有责任辅助决策者制定健全的公共政策，这对项目非常重要。

基本数据	
时间	1992~2000年
目标	设计一个综合的水资源需求管理战略，让突尼斯不必为了开发水资源供给而大量建设基础设施，以免该国在水资源极度短缺之时，只能实施水资源定量配给。
研究产出	1. 五篇关于资源分配和权力下放的论文。 2. 四篇关于生活用水需求量估计的论文。 3. 建立了一个数学模型，帮助人们确定干旱地区最佳的种植方式。 4. 建立了一个综合的水环境管理模型，(并结合支付意愿)撰写了一篇与之相关的论文。

第十二章

医疗卫生和教育改革

影响危地马拉的教育政策：群策群力，增加土著居民和女性的教育机会

本节内容基于比范尼多·阿古艾塔（Bienvenido Argueta）所进行的案例调查。

危地马拉之所以能够重新崛起，其中一个重要原因就在于政府的教育投入不断增加。然而，这些增加的投入并未平等地分布到每个人身上。在这个过程中，如何保障土著居民和妇女的权益，是一些社会组织非常关心的问题。在IDRC的支持下，这些组织针对“体制性歧视”开展了研究，形成了建议书并予以出版，呼吁更加公平地分配教育资源。

1996年，为了换取长久的和平，危地马拉政府和游击队签署了《危地马拉和平协定》，结束了长达36年的国内武装冲突。根

据该协定的条款，游击队同意解散武装部队，同时政府承诺修改宪法和选举制度，重新安置被夺走土地的人民，承认土著居民的权利及其他相关事宜。此外，政府还承诺增加公共教育领域的预算。

对于危地马拉来说，教育的意义非比寻常。该国 40% 的人口都是 15 岁以下的儿童，且人口总数以每年 2% 的速度持续增加；一直以来，土著地区严重缺乏教育方面的公共支出，致使这些社区的文盲率和辍学率连年高居全国榜首。在危地马拉历史上，人民的文化差异首次反映在教育制度之中。和平委员会（Peace Commission）和公平委员会（Parity Commission）均认为：对国家教育体系的转型来说，增加教育经费十分必要。

1999 年危地马拉进行了大选，而教育问题成了党派竞争的一个重要交锋点。在当时，各类公民社会组织联合发起了“全国教育大运动”（Grand National Campaign for Education），并且在全国范围内发布了一份请愿书，要求政府增加教育预算。该请愿书共收集到约 15 万个签名。在多方努力下，政府增加了教育预算，但增加的额度却仅为要求的一半。从结果来看，请愿书对于全国预算的影响比较微弱，但在群众中的影响较大，让教育政策得到了社会各界的关注。凭着在教育方面的独特政见，危地马拉共和阵线（FRG）获得了大部分选民的支持，击败了此前的执政党——全国先锋党（PAN）。

二十年规划

新一届政府在制定《2000～2004 年教育规划》时，考虑到了人民对教育问题的关注，在规划中甚至明确提出要将教育部的预算增加到 GDP 的 3%。这项政策被教育改革协商委员会（CCRE，以下简称教改委，其成员包括政府官员、大学教师、中小学教师、教会人员、土著居民代表、私人部门代表等）采纳，同时教改委还负责起草了危地马拉未来20年的教育规划。

教改委的成员包括来自政府、院校、教堂、土著社区以及私人部门的代表。其中，有两个组织在全国教育大运动中发挥了重要作用，一个是危地马拉玛雅组织协调办公室（the Coordination Office of Mayan Organizations in Guatemala，COPMAGUA，下文简称协调办），另一个是国家教育改革常务委员会（the Standing National Commission on Education Reform ，CNPRE，下文简称教改常委会）。这两个组织也都隶属于教改委执行委员会。它们一致认为，教育资金的分配应该考虑土著居民的需求。于是，这两个组织联手组建了一个“协调办—教改常委会”团队，向IDRC寻求支持，期望从土著居民的视角入手，“体察危地马拉的玛雅人历来遭受排斥、贫困和歧视的问题”，最终形成一份建议书，让政府的教育经费分配更加公平。

该项目包含三个主要目标：

（1）从土著居民的角度分析教育预算的计划和执行。为此，项目需要出具一份报告，列出现有教育预算结构中的缺陷，并指出教育经费应该重点投入的人群和区域。

（2）基于土著居民的视角形成一份建议书，结合教育改革和国家教育规划的背景，影响教育预算的规划和执行。

（3）通过两个途径来影响政策：第一，针对协调办和教改常委会的相关代表，让他们能够写出质量更高的政策建议书；第二，推动土著居民参与有关教育改革的讨论。

更宽泛的视野

起初，项目的主要目标在于消除教育体制中的种族歧视现象。但随着项目的执行，性别公平也成了关注点之一，从而拓宽了项目视野。人们随后又对项目的概念和设计都进行了重新修订。

危地马拉学校体系中的种族歧视非常明显，在各种不同的教育指标中都能体现出来。例如，危地马拉总人口的文盲率是31.3%，但在其中，非土著人口的文盲率仅为21.4%，而土著人口的文盲率高达42.5%，几乎是前者的两倍。从学业失败的统计数字上看，学业失败率最高的地区恰恰是土著人口比重最高的地区。这个问题在农村更为突出。

通过这些教育统计数据，研究者还发现了另一个不公平的现象。1993～1998年，男孩的总入学率是93%，但是女孩仅为82%。同一阶段的学生中，男女比例为27∶23。这一现象引起了研究者对性别平等的重视，促使他们把性别视角纳入自己的研究。然而，有些人却对此持有异议，尤其是土著居民。在他们看来，种族歧视要比性别问题严重得多，所以应该把更多的精力放在与前者有关的政策和行动中。

另一方面，政府和一些私人部门的研究机构则认为，这两个问题都是次要的，人们首先应该审查一下危地马拉传统的预算分类，并探索出一个更具全局性的减贫策略。他们指出，若是刻意向某个群体倾斜，肯定就会牺牲其他人口的利益。

障碍重重

针对这个由IDRC支持的项目，比范尼多·阿古艾塔（Bienvenido Argueta）博士做了政策影响评估。他指出，项目一开始启动，研究者就面临着一系列障碍。首先，他们难以获得可靠的信息来源。如他所说：“数据库、教育统计资料和预算数字中并没有考虑种族和性别问题。”其次，研究者开展研究的时间还非常有限。建立同盟、动员重要的群体、恰当地向展示政策建议都需要花费一定的时间。再次，在教育财政体系里，要找到一个真正的决策者也是一件难事。阿古艾塔博士提到，“这些年来危地马拉的政府高层人员不断变动，而且权力从行政部门转移到了立法机关”，使得国家政策多有变化。比如，在 18 个月内教育部规划司就调换了四位司长；教育部的预算草案不但受到财政部的详细审查和削减，而且又被国会财政委员会全面审核了一番。

尽管存在诸多困难，项目组最终还是完成并出版了一份《危地马拉教育财政报告》。报告对教育预算的规划和执行进行了分析，并从性别和种族两个角度深入剖析了教育投资。与此同时，项目组还编撰了一份《关注种族和性别平等的危地马拉教育财政建议书》。在一个有教育部和教改委相关人员出席的公开活动上，项目组发放了这份报告和建议书。

宣传策略不佳

阿古艾塔博士提到：“协调办—教改常委会”团队自己也意识到了，在出版物推广方面，他们采取的策略不太好；而且他们也没有制订完备的计划来跟危地马拉各种本土组织展开广泛的合作。相对而言，教改委和全国教育运动中的联盟组织就成功多了，教师协会与危地马拉圣卡洛斯大学经常就建议书进行商讨。之所以会出现这种差别，主要是因为项目团队一方面缺乏经验，另一方面还受到了财力和技术的限制。同时，研究小组也没有宣传和推广研究成果的责任意识。

在阿古艾塔博士看来，项目团队并没有针对妇女团体采取特定的宣传策略，也没有去寻找一些关心性别和种族问题的志同道合之人、建立广泛的统一战线，这更加凸显了其推广和宣传策略的不足。他说："宣传策略中并未对女性团体致以特别的关注，倒是对男性团体关爱有加。"更严重的是，"该项目没有探索出一条合适的路来让国会、总统规划设计办公室以及财政部的官员获知研究结果"。

项目团队所做的，主要是通过教育部的技术人员来影响政策。同时，另一些人受到项目的影响，也更加意识到种族歧视和性别问题的重要性，认为修改教育预算刻不容缓，他们通过社会组织向政府施压，推动政策变革，其中不乏协调办和教改常委会的成员。

阿古艾塔博士经过评估后认为，项目执行期间最主要的变化发生在技术层面，尤其是协调办和教改常委会这两个机构的组织建设有所加强。"研究和相关的建议工作仅仅开展了一年，所以，对政策、经济和社会的影响很难在短期内明显见效……尽管如此，社会中的弱势群体也开始积极参与公共政策的讨论，这是危地马拉民主的一大进步。"

经验和教训

以下分析主要基于艾弗特·林奎斯特的"政策影响类型学"(typology of policy influence)，请参见他的论文《识别政策影响：用战略性评估框架审视 IDRC 支持的项目》。

扩展政策能力

为了让政府接受反歧视的政策，在报告和建议书的筹备过程中，协调办、教改常委会以及由这两者组成的研究团队能力都有了非常显著的提高和强化。如今，他们已能生成新的信息、创造新的知识了。他们还会往议程里引入一些新的概念和问题，激发相关群体展开讨论。阿古艾塔博士认为，从这个角度来看，他们已经具备了一定的研究能力，足以对其他研究机构产生影响；同时还能针对相关的公共政策，为政府提供行动建议。参与项目的 IDRC 官员也提到，他们学到了一些基本经验，尤其是在与本土的草根组织合作方面。

拓宽政策视野

研究者指出，人们已经逐渐理解了教育部门财政项目和定性规划的逻辑。只有确立了目标，进行有效的财政规划，教育部门的定性分析才能很好地进行。反过来，要进行目标设定和有效的财政规划，新的概念和新的方法又必不可少。除此之外，在教育资金分配方面，还需要有一个良好的氛围，让公民社会中不同行动者进行充分的沟通和谈判。研究小组同时还提到，尽管引入性别的视角来分析教育资源的分配问题很难，但这依然是很有意义的。

影响政策体系

以往的经验表明，要让一项政策获得合法性，那么它必须符合全民的利益，而不仅仅是迎合某一个部门或者党派的需求。研究者需要多种技能，才能使政策真正产生影响力。反过来，他们在这个过程中也能收获很多，譬如，面对复杂的定性材料和定量数据，他们学会了用简洁的方式将其表述出来；除此之外，为了确定预算制定和执行过程中“谁来做、做什么、怎么做”的问题，他们还学会了对各种议题进行优先排序；为了最终影响政策，他们还加强了绘制“权力图”的能力，尽管这些技能仍需改进。

基本数据	
时间	2000～2002 年
目标	在危地马拉实施教育体制改革和国家教育规划(2000～2020 年)的背景下,围绕着教育部门如何计划和执行预算这个问题,从本土视角出发形成一份建议书,从而影响危地马拉的教育政策。
研究产出	进行背景研究,完成了一份有关危地马拉教育投入的研究报告。

基础医疗卫生干预项目“照亮”了坦桑尼亚的健康之路：研究和发展相结合是关键

本节内容基于特里·斯穆泰罗（Terry Smutylo）和斯蒂芬妮·尼尔逊（Stephanie Neilson）所进行的一项案例研究。

坦桑尼亚基础医疗卫生干预项目（TEHIP）是一个研究和发展相结合的项目，坦桑尼亚卫生部门和 IDRC 都参与其中。该项目设立的初衷是在地方层面试用一些新的方法来实施规划、政策优先设置以及资源分配。该项目产生了巨大的影响，其结果表明，将研究结果运用到政策制定中，能够让医疗卫生支出更加符合现状、有的放矢，最终大大改善当地的健康状况。

坦桑尼亚是世界上最贫穷的国家之一，其国民的人均年收入仅有 370 加元。与撒哈拉以南非洲的其他国家一样，坦桑尼亚的卫生状况不容乐观，一系列指标显示，该国人民的健康状况仍在恶化。疟疾、肺结核、营养不良、贫血和艾滋病等疾病肆虐全国，到处笼罩着死亡的阴霾，人民苦不堪言，国家的医疗卫生体系也几近瘫痪。和其他国家类似，在坦桑尼亚，健康危机与贫困问题相生相成。资源的匮乏进一步加深了该国的脆弱性，削弱了政府提供医疗卫生服务的能力。在疾病的拖累下，国民获得收入的能力也随之降低。这种双重负担在非洲大陆并不鲜见，但正因如此，在坦桑尼亚实施医疗卫生示范项目才显得更有意义。世界银行发布的《1993 年世界发展报告》提到，针对那些诱发死亡和残疾的主要病因，如果我们实施一些效用较高的医疗卫生干预活动，那么即使投入较少的资金也会取得良好的效果。报告还估计：如果发展中国家的人均医疗卫生支出增加到 17 加元（大约 12 美元）①，且资金运用得当，那么疾病发生率将会减少 25%。受此启发，“基础医疗卫生干预项目”（EHIP）诞生了。该项目试图寻找更好的方式来分配医疗资源，拯救患者生命，同时也振兴几近崩溃的医疗卫生事业。

此时的坦桑尼亚正在进行一场卫生系统的分权改革，准备将医疗卫生的规划职能从中央下放到地区。为了验证《1993 年世界发展报告》的假设，坦桑尼亚提出申请并最终如愿以偿。于是，该项目更名为“坦桑尼亚基础医疗卫生干预项目”（TEHIP，以下简称“卫生干预项目”），由坦桑尼亚共和国和 IDRC 共同主管，坦桑尼亚卫生部负责，并联合了当地研究者、国际顾问、地区医疗卫生规划者、临床医生以及整个社区居民等多个相关主体的力量。

社区行动

卫生干预项目主要分布在两个地区：鲁菲吉地区（Rufiji）和

① 相对于加拿大每年人均卫生保健支出 3900 加元来说，这个额度依然非常微小。

莫罗戈罗地区（Morogoro）。最初，卫生干预项目主要是协助开展研究工作，开发一系列的工具和策略来帮助“地区医疗卫生管理小组”（DHMT）分配资金和设计一揽子医疗卫生干预计划，进而直接减少当地的“疾病负担”（burden of disease）。为了获得数据支持，卫生干预项目支持当地建立了“地区定点监测系统”（District Sentinel Surveillance，DSS），由人口调查员定期收集该地住户的信息，以提供最新的人口统计数据。

卫生干预项目还开发了一系列计算机化的规划工具，用来帮助地区医疗卫生管理小组更好地理解地区定点监测系统收集的数据，并将其应用到医疗卫生规划中去。比如，通过“疾病负担图表工具”，人们可以将复杂的数据转化为较容易看懂的图形、表格或图表，清晰地表达当地疾病负担情况。值得注意的是，这些工具所强调的并不是某类疾病带来的负担，而是各种基础卫生干预措施解决的相应负担。

“地区医疗卫生账目工具”用图表的方式展示了总体规划包括哪些单项花费，这些花费是否遵守部门规定，资助来源于哪里，支出比例如何等信息。有了这些工具，人们就不必像以前那样，盲目地把项目资金投入到那些不太严重的疾病上了。相反，地区医疗卫生管理小组可以调整自己的预算，以确保资金支出的比例和疾病的严重程度相匹配。因此，政府可以在疟疾防治方面投入新的资金，因为疟疾和其他一些儿童疾病是当地人口死亡率偏高的主要原因。

除了开发这些规划工具，项目还追加了小额的资金援助给地区医疗卫生管理小组，让其改善相应地区医疗卫生体系最薄弱的环节。这种支持策略带来了地方医疗卫生体制的革新，比如，人们创造了综合管理梯队（Integrated Management Cascade），将医疗卫生体系分为不同层级和地方群组。这种“分层的”组织框架更便于对医疗卫生系统进行监督，也让人们能够便捷地获得药品、化验、急诊以及其他更好的服务。此外，项目团队还运用这些资金，让社区配套投入人力和一些原材料，改建了部分地区的卫生设施。

研究的角色

这些行动表明，卫生干预项目有机地把研究和发展整合了起来，根据研究获取的信息，人们可以对医疗系统进行精准而及时的改进。从这一点来看，卫生干预项目和IDRC支持的其他项目比起来，就颇有独到之处。毕竟，少有项目能够像它这样既不缺资金，又有政府的支持，能够将研究成果直接应用于发展。卫生干预项目把研究和发展清晰地连接起来，使它从其他典型的研究项目中脱颖而出，获得了医务工作者很大的认可。一般情况下，这些医务工作者可不会买研究者的账。因为他们工作极其繁忙，在他们看来，那些远道而来的研究者或许会分散他们的注意力，浪费他们宝贵的时间。

为了让几近瘫痪的医疗系统早日恢复运转，项目成员进行着不懈的努力。他们都知道，自己工作的意义并不仅仅是为了在《柳叶刀》上发表几篇文章。项目经理格雷厄姆·里德（Graham Reid）说道："项目是在一个动态的系统中运作的，我们必须跟不同的人一起工作，试图去影响一个正处在改革阶段的医疗体系。"

IDRC评估部门的斯蒂芬妮·尼尔逊曾对坦桑尼亚医疗卫生系统的各类工作者进行了访谈。她认为，正是因为研究的实践导向，才使得人们在制定项目目标和具体实施时，非常看重参与者的"归属感"。这些参与者既有来自政府部门和区域的规划者，还包括村庄的卫生工作者以及社区内的个人。尼尔逊谈道："项目并不是通过抽象的理论研究和人们连接起来的，项目工作者不是到当地去求证了什么东西，旋即转身就走。相反，他们脚踏实地，试图做出一些对当地人真正有价值和有意义的事情。”

她提到：“伴随着卫生干预项目的实施，坦桑尼亚卫生部门的工作人员也学会了运用一些规划工具——特别是那些能帮助他们识别疾病负担，进行资源分配的工具。”

> 这些工具提升了人们的技能，让他们能更好地完成自己的工作。在社区里，人们切实感受到了卫生干预项目带来的好处，医疗卫生设施得以改善。整个项目给了人们资源、技能和工具来维护他们的医疗设施。而且，项目方一直在社区宣传，让大家知道项目的目标在于真正地改善医疗卫生系统。

实际上，在这个项目过程中，由于研究与发展结合得非常紧密，以至于我们很难清晰地辨别出究竟是哪个部分完成了，另一部分又是何时开始的。另外，项目团队的组织架构也极具综合性，研究者和发展专家能够充分了解对方的工作，彼此相互依赖。他们之间形成了一个连续的“反馈环”——研究者能够为发展工作源源不断地提供信息，帮助后者确定当前使用的工具和策略是否发挥了作用，该如何改进，以及在下一步的工作中需要实施什么样的新措施。而发展工作的现实需求则为研究指明了方向，让研究者努力去开发新的工具，制定新的策略，并将其付诸实践。在卫生干预项目中，研究主要是针对以下三个方面展开的：

（1）医疗系统——规划是如何实施的，医疗卫生系统是如何运作的。

（2）医疗服务需求行为——社区成员是如何、什么时候以及为什么会寻求医疗卫生服务，他们有哪些经历，等等。

（3）医疗效果——医疗卫生水平和存在的疾病负担。

同样，项目活动也会围绕着这三个方面展开。随着工作的推进，研究者们必须进行持续地评估，不断思考：新的发展是否改变了规划者的工作方式？他们是否提高了医疗卫生系统的服务水平？他们是否改善了医疗效果，降低了死亡率？未来我们又该何去何从？

多层次的影响

为了查看卫生干预项目是否影响了坦桑尼亚的公共政策，斯穆泰罗和尼尔逊查阅了很多有关政策影响类型的文献。他们的评估主要是从以下三个问题入手：卫生干预项目是否有助于拓展坦桑尼亚的政策能力（比如，卫生部门的官员是否提高了运用研究成果的能力），是否拓宽了研究和政策问题的讨论范围，是否对政府颁布的政策产生了影响。

尼尔逊认为，这些问题都很重要，但实际上卫生干预项目产生的最重要的影响在于：它拓宽了讨论范围，扭转了人们对研究的看法，让他们在制定政策的过程中能够正视研究的价值。尼尔逊提到："很多人在各种不同的场合下告诉我们，基于数据和事实来规划的理念已经深入人心，影响到了卫生部门的运作。不仅如此，这个理念还传播到了诸如教育部门之类的其他领域。"

加百利·犹潘达（Gabriel Upunda）博士是坦桑尼亚的首席医务官员，他也承认，在整个决策结构中，人们看问题的角度以及实践方式都出现了一些转变。他说："我们已经学会了运用数据和资料来做决策。"

幸运的是，如今我们的国家医疗研究所也认同了这一观点。这就意味着，不论我们做什么决策，都必须有数据和事实作依据。我可以走到政治家面前告诉他们："你需要我们这些科学的信息来做决策。"

决策者之所以愿意使用研究成果来制定政策，原因之一就在于项目示范区此前实施了"循证规划"，而该地区的医疗卫生情况恰恰得到了极大的改善。在这种工作方式引入4年之后，项目方给当地追加的资金投入仅为每年人均1美元，但是莫罗戈罗地区的儿童死亡率却降低了43%，鲁菲吉地区的儿童死亡率更是下降了46%。在同一时期，鲁菲吉地区的20～50岁的成人死亡率下降了18%。这些结果强有力地说明了研究的作用，因为，正是研究提供的信息，才让医疗卫生支出更加有的放矢，最终大大提高了当地医疗水平。这一显著的示范效应使整个坦桑尼亚的医疗卫生体系形成了新的"规划文化"。

政策能力与研究成果

评估小组同时还发现，卫生干预项目显著地增强了工作人员的能力，让他们能够更好地运用研究和政策成果/内容来完成工作。例如，得益于项目提供的规划工具，卫生系统的许多规划者现在也能自如地运用研究来制定政策了。这些工具能够将复杂的数据以一种简单的方式表达出来，如此一来，地区医疗卫生管理小组就可以在他们的日常工作中使用这些信息了（比如，通过图表将死亡率数字转化为"可由干预解决的疾病负担比例"）。这些工具发挥了关键的作用，将研究和规划实践联系了起来。地方管理小组的一名成员曾说："在卫生干预项目启动之前，我们从来没有使用过（住户监测系统提供的）信息。”另一位受访者告诉评估人员：“尽管在此之前政府部门也会提起这些信息，但是他们既不会用，也不会展示，现在他们都学会了。”

除此之外，卫生干预项目还促使坦桑尼亚于近期开展了医疗卫生政策改革。例如，该项目的研究结果显示，疟疾是该国致死率较高的一种疾病。这让地方和国家卫生部门都将疟疾防治工作提上了日程，发起了全国性的疟疾防治运动，鼓励民众使用特殊处理过的蚊帐，以及更加有效的抗疟疾药物。另外，项目产生的持久影响还体现在了卫生部门制定的一些战略中。例如，卫生部门保留了综合管理梯队，并仿照卫生干预项目，启动了一个“一揽子”资助计划。如今，卫生部从国际援助的资金中拨了一部分用于这个计划，并投入到其他地区的卫生事业中去。

拓展未来的影响

尽管有着上述积极影响，但有人依然对项目忧心忡忡。评估结果显示，人们最为忧虑的就是——害怕这个项目也会跟其他项目一样陷入“项目困境”，即项目一结束，其影响也就停止了。他们还担心卫生部没有足够的动力去促进那些工具和策略在全国范围内广泛使用。不过，项目工作人员已经针对这个问题制定了一套新的策略，通过卫生部具体运作的区域培训中心，他们可以培训更多的人去掌握这些工具。随后，这些人将会被派遣到其他区域，以拓宽工具的应用范围。

很明显，卫生干预项目开创了许多方式，成功地将研究和政策信息结合了起来。但是，要评价这个项目真正产生了多大影响，还是得看项目开展的方式和它的创新（例如，那些可能适用于其他国家的规划工具）到底改善了多少地方的卫生状况，看它能否超越示范地区，为坦桑尼亚的其他地区甚至面临类似问题的其他国家带来福音。

基本数据	
时间	1996～2004 年
目标	在坦桑尼亚的两个地区试用“循证规划”的方法，查看其可行性并评估其影响。
研究产出	1. 开发出了 10 种工具，可以对死亡率和疾病信息进行收集、整理和数据展示。 2. 分析了相应的数据，以支持政策制定。 3. 针对卫生体系的治理和组织设计，开展了相关研究。

第十三章

网络与创新

耐心带来收益：亚洲渔业社会科学研究网络的经验

本节内容来自罗伯特·珀麦瑞（Robert Pomeroy）的案例研究。

有时候，一项研究需要经过长期的努力，才能取得好的效果。在东南亚，IDRC 很有耐心地与渔业部门进行了长期合作，帮助其提高了社会科学研究的能力。这项策略的成功之处在于：它培训了一代能够对政策制定产生持久影响的科学家。

早在 20 世纪 80 年代初，东南亚的渔业部门就存在许多严重的问题。在这一地区，渔业和水产养殖业历史悠久，为人们提供了既廉价又非常受欢迎的动物蛋白产品。然而，虽然政府提供了贷款、补贴或是其他一些支持，渔民自己也有了机动化的船只、优质的引擎设备和更先进的水产养殖技术，但是大部分小规模生产者仍然处于绝对贫困状态。

即使是在渔业丰收的年份，渔民的收入依然很低。其原因就在于：（1）渔业资源的公共属性意味着个人捕鱼没有任何限制（如果我不捕鱼，别人也会去捕鱼），这就不可避免地带来过度捕捞问题。（2）高速捕鱼船的面世也打破了传统的渔场管理方式。（3）燃料和其他投入成本在急剧增加。（4）农村地区的就业渠道较为狭窄，而人口却增长迅速，使得越来越多的人跻身于渔业这个本就已经竞争激烈的行业。（5）小规模经营者缺乏足够的市场基础设施，而国家对这方面的支持又比较少。

在水产养殖方面，投入的技术越先进、资金越多，其生产率可能就越高，因此，仅凭少数几个渔场，一些大型水产养殖企业就能赚得盆满钵满，跟那些数量众多但赢利微薄的小企业形成强大的竞争。大型企业更具专业技术优势，因此水产养殖业的增长主要都是来自为数不多的大型渔场。

如上所述，渔业生产部门内部本身就存在不少问题，但更严峻的是，渔民和水产养殖者还得相互竞争有限的空间资源（比如红树林泽地和浅海泻湖）、食品消费预算以及来自政府和私人部门的投资。

对社会科学研究的需求

过度捕捞和沿海资源退化的问题已经引起了地方政府的注意。无论是从粮食安全、农村发展和外汇收入的角度来看，还是从就业、旅游和环境方面来看，渔业和沿海资源管理都成了一个无法逃避的问题。因而，政府将这一重要问题纳入议事日程。

在20世纪80年代早期，人们已开始意识到：要真正解决渔业部门的问题，就必须从社会、经济、政治和制度等方面展开综合的思考。但遗憾的是，该地区的社会科学家绝少参与渔业方面的研究，尤其是经济学家，几乎对这个问题不感兴趣。因此，无论是政府渔业部门、研究中心或是大学，都没有设立与之相关的经济研究和政策研究项目，当时所进行的研究依然以生物学视角为主。

同时，政策制定者对社会科学信息的需求却日趋见长。由于缺乏本土的社会科学研究，他们只能向海外的教育、咨询和研究机构求助。由此可见，东南亚地区亟待培育自己的社科研究能力，来应对渔业方面的问题。

1983年，受益于IDRC和其他机构的资助，在菲律宾国际水生资源管理中心（ICLARM）的精心协调下，亚洲渔业社会科学研究网络（AFSSRN，下文简称渔业研究网络）正式成立。该网络通过一系列正式和非正式的培训、奖学金计划、研究活动、信息交流会、研讨会和工作人员交流等活动，帮助东南亚地区开展了社会科学研究能力建设。

IDRC提供的资金支持一直持续到1996年，在这期间，网络建设共经历了四个阶段。随着成员的不断增加，其工作重心也由最初的研究能力建设，转为影响政策。同时，其所有的活动都由菲律宾国际水生资源管理中心来周密协调。

2001年，IDRC针对其所支持项目的政策影响力启动了长期评估，希望改善某些项目和规划的设计，让它们更好地影响公共政策，从而贴合IDRC的整个战略计划。

这项评估工作的一部分内容是开展一系列内容丰富的案例研究。IDRC邀请罗伯特·珀麦瑞博士评估了渔业研究网络的政策影响力。珀麦瑞采用的工作方法主要是对网络成员和合作者进行访谈。

网络发展的历史

珀麦瑞概述了渔业研究网络的发展，及其使命的逐步转变过程。

最初的能力建设阶段：1983～1986 年

马来西亚、泰国和菲律宾的大学是渔业研究网络的创办方。最初，网络比较偏重于经济学，旨在帮助东南亚的渔业和水产养殖机构加强社会科学研究能力。其具体目标包括以下三点：

（1）提供资金和技术支持，培训研究者，设计大型的研究项目，帮助机构提高研究能力。

（2）让网络的附属机构在相关领域开设一些研究生和本科生课程，比如渔业管理和水产养殖经济学等，通过这些渔业经济领域的培训，让受培训者具备更持久的研究能力。

（3）鼓励这些组织跟政策制定机构建立更加紧密的专业性联系和稳定的工作联系。

扩展和巩固阶段：1985～1988 年

在这一时期，来自印度尼西亚、泰国和菲律宾的六个新机构加入了进来。尽管研究网络上一阶段的部分活动依然在继续（资助研究项目、开办研讨会和课程、促进研究者与政策制定者之间的联系），但是，由于很多网络成员国的渔业资源均处于过度消耗的状态，各国都急于了解渔政管理给村庄和农户带来的经济影响与社会影响，进而寻找可行的政策解决办法。在这样的背景下，社会科学研究的重要性不言而喻。因此，这一阶段渔业研究网络的工作重心已经逐渐转移到了政策问题上，其研究项目大多涉及的是水产养殖经济、市场营销和小规模渔业管理领域，以期用足够的信息来支撑渔业政策的制定。

然而结果并不乐观，由于网络成员在应用研究和社会科学研究方面的水平有限，还无法纯熟地进行政策分析，因此，实际上只有很少人做了类似的分析。

反思阶段：1988～1994 年

到这一时期，渔业研究网络已经囊括了来自印度尼西亚、马来西亚、泰国和菲律宾的 14 支队伍，共有 80 名研究者参与其中。其总体目标是：在水生生态系统管理领域，将社会科学的科研能力提升到与“硬科学”并驾齐驱的水平。

另外，这一阶段还启动了一项全国性的网络构建项目，将渔业研究网络的成员和其他全国性的渔业组织联系起来。为了切实影响国家的发展政策和管理战略，研究网络更加强调研究成果的可用性，同时也更加注重发表自己的成果。鉴于该地区非常缺乏和渔业相关的研究，1990 年，在渔业研究网络与加拿大西蒙弗雷泽大学的共同努力下，IDRC 资助成立了一个新的研究和培训项目。

回顾渔业研究网络在这一时期的发展，我们可以得出以下结论：该网络已经成功地联合了经济学家和其他社会科学家，共同推动了渔业和水产养殖领域的社会科学研究和培训工作。

同时，研究网络还提高了成员的研究技能，支持了他们的研究工作，帮助他们与该地区的其他研究者建立了联系，为该地区培养了更多训练有素的研究者。总之，它对渔业政策和渔政管理的实际影响并非立竿见影，但随着其成员能力的提高，这些问题终会得以解决。

强调政策影响的阶段：1995～1996 年

在这个时期，渔业研究网络将其成员范围拓展到了越南。

研究网络的大部分工作都与之前类似，但是与政策相关的社会科学研究成了这个阶段的重点。网络成员已经掌握了必备的基本研究技能，因此可以更多地关注政策制定了。

随着工作重心的转移，网络成员逐渐意识到，只有学习更多的其他技能，他们才能驾驭对发展政策和项目管理的研究。因此，建立网络、教育和培训工作被放在了更优先的位置。

在原先的目标之外，渔业研究网络还取得了一些额外成果。自1983年以来，其出版的研究报告就超过50篇。之后，研究网络又将这些报告整理成系列出版物，在东南亚地区广泛发行，并呈递给了政策制定者。

1997年以后

在IDRC的资助结束之后，网络成员们普遍担心渔业研究网络的活动也要停止。然而，在菲律宾国际水生资源管理中心的支持下，渔业研究网络正式成为亚洲渔业学会（Asian Fisheries Society）的一员。

直到今天，这个网络还在持续运作。在定期举办的区域会议上，其成员依然可以相互碰面。而且，菲律宾国际水生资源管理中心在自己的季刊《NAGA》上，还专门为渔业研究网络开辟了一块新闻专栏。

影响公共政策

渔业研究网络成立之初，其目标仅仅在于提升东南亚的研究水平，以探索该地区渔业资源管理中的社会科学问题。然而，到项目的最后阶段，该网络明确提出了影响公共政策这一目标。从结果来看，无论是网络的构建、培训和教育，还是支持研究和信息传播，这些活动最终都对政策产生了影响。

在渔业研究网络的作用下，该地区的人才队伍得以壮大，研究者学会了以问题为导向来开展相应的分析，使当地的政策能力得到了明显的扩展。换言之，研究网络改善了政策制定的制度性框架（institutional framework）。

此外，这个项目还为政策议程引入了新的理念，促成了研究者与政策制定者之间的对话，从而拓宽了政策视野。换句话说，研究网络改善了政策制定的知识框架（intellectual framework）。

而这些影响是在以下各个阶段实现的。

（1）在网络建立之前，该地区社会科学家的能力较为薄弱，基本无法开展有关渔业管理的政策分析。研究网络首先为他们提供了一些培训和教育机会，为其补充社会科学研究的基础知识，使其成员接触到了新的概念和方法，并帮助他们提升了专业技能。

（2）研究网络支持了一些研究项目，让成员获得了更多的实践机会去应用那些新的概念和方法。同时，该网络为研究项目提供的小额资金也产生了重要的政策影响效果。

（3）随着网络成员越来越自信，其研究水平也有所提升，他们提出的许多政策建议得到了公共部门和私人部门的采纳。

（4）一些网络成员因为这段工作经历改善了自己的职业生涯。很多早期加入网络的人如今已是大学和政府机构的高级官员了，他们现在能更直接地影响政策。他们都认为自己的晋升在一定程度上要归功于参与项目。

（5）在构建网络的过程中，研究者与政策制定者建立了很好的合作关系。这对相应国家的政策产生了重大影响。

（6）网络成员的很多研究成果都发表在了相关领域的重要期刊上，为该地区乃至全世界的渔业管理都作出了贡献，可能会引导一些新政策的出台。

（7）网络成员通过这个项目掌握了必备的研究技能，提高了科学认知水平，事业取得了进步，自信心获得了增长，并与政策决策者建立了合作关系。这令他们能够进行更好的政策分析，进而影响政策。

（8）随着知名度的提高，渔业研究网络的成果已经应用到了其他地区；网络成员登上了亚洲甚至世界的舞台，开始以咨询专家的身份为相关项目和政策提供建议。

珀麦瑞博士的评估得出了两个重要结论。第一，以渔业研究网络为典型，IDRC 在亚洲地区的能力建设网络已经产生了广泛而又持久的影响，很多人的生活因为这些项目得到了改善。第二，这些网络之所以会成功，原因之一就在于 IDRC 对他们的工作进行了耐心的指导，直至实现所有项目目标，虽然这有时候会花费相当长的时间。

> 在渔业研究网络成立之前，泰国很少有对渔业问题进行研究的经济学家，在渔政经济方面的信息也相当匮乏。尽管我们拥有生物方面的知识和信息，但这还不足以帮助我们制定出好的政策。而现在，有了渔业研究网络，我们就能制定出更为明智的政策了（Prayot Supavivat，泰国渔业部门）。
>
> 起先，我仅仅是为了研究而研究，政策制定者并不是我的受众。而现在，由于我自己成了政策制定者，我也就知道研究对我们工作的重要性了，同时，我也明白了渔业研究网络为什么要培训我们，鼓励大家去接受那些与政策相关的研究了。无论是在政府机关工作还是在学术界工作，希望我们的研究者能多做一些有实践意义的研究，帮助我们更好地取舍政策备选方案（Victor Nikijuluw，印度尼西亚海洋事务与渔业部）。

基本数据	
时间	1983～1996年
目标	提高渔业事务的管理能力，间接影响政策和管理机制。培养更多关注渔业的社会研究者，提升相关机构的研究水平。
研究产出	在项目整个过程中，共完成50余篇报告，同时专门出版了一系列出版物。

发扬传统知识：非政府组织在邦、国家和国际层面的政策影响（印度）

本节内容主要基于琳恩·波顿（Leanne Burton）的案例研究。

在印度，可持续技术和制度研究与创新学会（The Society for Research and Initiatives for Sustainable Technologies and Institutions，SRISTI，在本章中简称“研究会”）记载并传播了一万多个有关农业的草根创新和传统实践案例。通过让农民分享彼此的知识，研究会增进了农民对省力技术和其他创新活动的认识。同时，该组织向政客和官员引介了新的理念，鼓励了网络建设，并为研究者提供了培训，进而在邦政府、国家政府以及国际层面实现了政策影响。

面对人口快速增长、粮食短缺和贫困肆虐的现实，很多发展中国家在20世纪60年代都走上了“绿色革命”之路，通过引进高产作物品种，增加灌溉次数、大量使用化肥和杀虫剂等方式进行农业生产。在印度，“绿色革命”导致了农田扩张，双季种植制度的出现、集约灌溉和杂交种子的普遍推广。这种农业生产方式摒弃了原有的传统作物品种、草本杀虫配方和有机耕作方式。

这些变化一方面帮助印度生产出了充足的粮食来解决人民的温饱问题，另一方面也带来了其他问题。新的农业政策主要是对那些大型的商业生产者有利，因为这些生产者有足够的资金去购买化肥，更容易获得信贷补助和良好的灌溉条件，也有能力“捂仓惜售”——等到最合适的价位才出售农产品。但这些新政策完全忽视了那些依然采用传统农作方式的小农。

1989 年，一个名为“小蜜蜂网络”（Honey Bee）的非正式组织诞生，这个网络由学者、农民、科学家和一些知名人士组成。他们穿梭于基层的创新者之间，用当地的语言记录和传播本土知识，以确保这些技术创新者都能获益。他们就像忙碌的小蜜蜂一样，在花丛中采集和传播花粉，有百益而无一害。

在印度农村，很多农民都有着丰富的传统知识，但没有足够的资源来发展自身。小蜜蜂网络则希望借助本土的知识来改善农村居民的社会经济状况。在这个组织看来，正式和非正式的科学可以相互补充——传统知识能拓展科学的前沿，反过来，前沿科学也能提高或者加强基层的创造力。因此，对于农民的知识技术创新，人们不仅应该给予充分的肯定，在条件允许的情况下还应给予他们一定回报。

在 20 世纪 90 年代初期，小蜜蜂网络一直在巩固和规范自己的工作。在这样的背景下，1993 年，可持续技术和制度研究与创新学会（SRISTI）应运而生。

IDRC 与研究会的伙伴关系

强化草根阶层的能力和创新

在印度管理学院阿默达巴德分校（Indian Institute of

Management Ahmedabad）的资助下，IDRC 为研究会第一阶段（1993～1996 年）的工作提供了核心支持，使得这个新的非政府组织从一个仅有某些志愿性质的网络机构，发展成为一个更加结构化且组织成员较为固定的常设机构。在第一阶段，研究会的工作主要在于加强草根创新者的能力，其目标包括以下四点：（1）保护知识产权；（2）进行一些实验，让农民的创新知识增值；（3）培育农民的创业能力，让他们从这些知识中获利；（4）丰富应对自然的文化和制度基础。

在第一阶段末期，由于有着创新性的领导风格，研究会已经被大众所熟知。超过 1000 个团体加入了这个组织，其中还包含很多农民成员。届时，研究会已经用六种不同的印度当地语言记录了超过 5000 种创新实践，并且通过《小蜜蜂通信》（The Honey Bee Newsletter）等媒体工具将其传播开来。

拓展到全国层次

到了第二阶段（1997～2000 年），研究会以前期工作为基础，强调创新的增值，以及对创新者的物质和非物质激励。整个组织的关怀已经超越了“为农民服务”，进而拓展到自然资源管理、农村生产和家庭手工业等领域。同时，研究会还对妇女的知识给予了更多关注。

“在第二阶段末期，研究会又新增了 8000 多个基层创新的案例记录，并且对其中的植物驱虫配方、草药和其他一些创新进行了验证和改良”，琳恩·波顿在对其公共政策影响力进行评估后如是说道，“研究会试行了几种新的奖励补偿制度。有个公司对它的三种草本兽药非常感兴趣，如今已跟它签署了专利共享协议。”

在第二阶段，研究会与古吉拉特邦政府一起成立了“古吉拉特创新增值网络”（GIAN），借以推进草根阶层的创新。同时，它还跟国家政府联合成立了国家创新基金会（NIF），使得活动的层次从地方水平提高到了国家水平。

关注妇女的知识和福祉

到第二阶段末期，IDRC 的一名高级顾问对该项目进行了评估，让我们了解到了项目的局限性和差距。为了弥补此前的不足，研究会调整了自己的工作重心，将当前阶段（2000 年至今）的首要议题设为“妇女、知识和福祉：关注印度妇女的本土知识，让生物多样性资源增值”。

为了减轻妇女的劳动负担，研究会集思广益，发动其成员做了各种创新。结果收效颇丰，为此，研究会继而与自雇妇女协会（SEWA）合作，共同推广了多项省力技术，包括一位当地农民发明的水泵滑轮改进技术。除此之外，在项目的第二阶段，研究会还与其他一些妇女非政府组织合作，共同发起了一项全国性的活动，在古吉拉特地区搜寻女发明家。

在 2002 年提交给 IDRC 的中期报告中，研究会称，他们已经记录了印度古吉拉特地区的上百种传统实践和创新案例；在保健、牲畜养殖、蔬菜种植、药用植物应用以及一些不知名的非农耕食物方面，工作人员还着重记录了妇女的知识；支持人们对妇女掌握的知识进行深入研究；并且组织了村里的妇女大会和其他活动。

评估政策影响

评估工作发现，研究会的活动扩展了政策能力、拓宽了政策视野，影响了政策体系。最终影响到了印度的公共政策。

扩展政策能力

通过研究会的努力，一些关键人物获得了更多的知识，有了更好的创意和更纯熟的思想交流能力，毫无疑问，研究会为社会培养了新型研究人才。

它记录了一万多个基层创新和传统实践案例，经由媒体把这些知识传播给了农民、创新者、学生、儿童以及国内外的其他各色人群。在这个过程中，研究会同时还邀请了政治家、学者、非政府组织等各类行动者参与了进来。

“很难说这些人究竟掌握了多少知识，”波顿评价道，“但事实表明，他们多多少少还是了解到了一些信息。研究会已经提出了一项议程，并且还附有支持这项议程的相关信息，正是这种信息化架构保证了这些信息对于政策制定者的有用性和有效性”。

对于记录在册的知识和技术创新，研究会仍然坚持着试验和推广工作。例如，就如何研究生物多样性方面，研究会制定了一个道德指导准则，同时还建议创新者签署《知情同意书》，以此来保护他们的知识产权。

在研究会的工作策略中，创新性的传播扮演着必不可少的角色。利用《小蜜蜂通信》，该组织将个人经历、幽默小笑话和技术、文化信息合为一体，以人们喜闻乐见的方式把知识传播开来。除此之外，研究会还建立了光盘数据库，并运用当地语言制作了视频资料和宣传海报。针对不识字的村民，研究会还专门开发了一种用图片显示的信息互动电脑平台。“研究会深知讲故事的作用，所以，工作人员经常会亲身奔赴偏远地区，向当地人讲述研究会的工作，从而给他们留下深刻的印象”，波顿说。

研究会还与 SADHBAV 基金会合作建立了 Sadhbav Sristi Sanshodhan 试验室，在培养研究型人才的同时，也增加了当地知识和环保技术的价值。除此之外，研究会内部还成立了草药试验室，进行草药驱虫配方的试验。

由于有着丰富的相关研究和实证资料，研究会成功地扩展了政策能力。印度管理学院阿默达巴德分校的雪莉·钱德（V. Sherry Chand）教授总结道：“研究会记录了草根发明家的创新，又用科学的方法验证了这些知识。这些基础性的工作是影响政策制定者的关键。”

拓宽政策视野

苏德尔善·艾杨格（Sudershan Iyengar）博士是古吉拉特发展研究所的所长和教授，同时也是研究会的理事会成员，他说：

> 研究会同时在各级政府层面开展工作。它知道哪些问题是中央政府需要关注的，哪些问题又是地方政府就可以解决的，对于这两方面的工作，研究会同时推进。它在印度全国的活动向我们证明了——既然一项工作可以在一个邦实施，那么它就有可能推广到全国。

在地方政府层面，研究会与古吉拉特邦政府建立了良好的合作关系。1997 年，研究会举办了一个有关草根创新的国际会议，政府代表受邀参加。随后研究会又与政府官员召开了几次会议，最终注册成立了“古吉拉特创新增值网络”。在它的 12 个理事会成员中，就有数名古吉拉特邦的政府官员。

这个网络在创新者、政府以及商业机构之间穿针引线，帮助当地的企业家筹集资金，取得了不少成果。例如，它与几个全国性企业签订了合作协议；与一些教育机构、研究机构、培训机构和非政府组织达成了合作意向；动员各种资源（资金、技术和行政资源），推进了十余种创新的开发和市场营销。另外，该网络还准备建立至少三个分支组织，以便在全国其他地区推进草根创新。

在国家层面，印度的科技部与研究会和古吉拉特创新增值网络保持着密切联系，为它们的工作提供了不少便利。在研究会的呼吁下，科技部成立了国家创新基金会，将草根创新和传统知识登记造册，帮助改进这些创新、将其推向市场，并且让创新者和一些正式的科技机构建立了联系。研究会极力倡导保护有关生物资源的知识产权，在海内外都发挥了重要的作用。它参与并举办了各种不同的研讨会，积极促成各界人士就《生物多样性公约》等主题展开讨论；它还与印度的相关利益者一起合作，协助国家环境和森林部颁布了一项新的政策，来更好地获取和保护生物资源。在1998年，为了推进落实《与贸易有关的知识产权协议》（Trade – Related Aspects of Intellectual Property Rights），研究会还跟世界知识产权组织（World Intellectual Property Organization）以及一些农民一起主办了有关知识产权保护的会议。

2000年以后，研究会调整了自己的工作重心，在后来开展的项目中非常强调性别的视角。这一转变对其合作者也产生了重要影响，自雇妇女协会便是其中一个典型的例子。“我与农村妇女一起工作了很长时间，但我到现在才意识到妇女处事的不同之处，以及其原因，”来自于自雇妇女协会的娜娜瓦提（Reema Nanavaty）说，“以前，我们组织仅仅关注妇女能不能获得资源，现在我们也开始考虑妇女如何以不同的方式去利用这些资源以及背后的原因。这才是更加重要的分析”。

除此之外，研究会还牵线搭桥，在正式和非正式科技团体之间建立了联系网络，从而拓宽了政策视野。如今，国家创新基金会已经与印度农业研究委员会（Indian Council of Agricultural Research）、印度科技研究委员会（Indian Council of Scientific Research）签订了谅解备忘录。而一些草根的创新者也已加入了印度科学大会（Indian Science Congress）。

影响政策体系

研究会、古吉拉特创新增值网络以及国家创新基金会均对印度的政策产生了影响。但是，它们的成功最主要还是来源于研究会主席阿尼尔·古普塔（Anil Gupta）的影响力，而不是某些游说。古普塔教授同时参与了研究会和国家创新基金会的工作，让它们两者始终保持着紧密联系。例如，受国家创新基金会邀请，古普塔教授曾经参与了一个预算准备会议，在会上就如何支持创新者发表了自己的看法；到了2002年，科技部长就采用古普塔为其准备的发言稿做了有关预算的讲话，其中便提到要为草根创新者建立一个创业基金。

雪莉·钱德认为，研究会的政策影响还体现在思想层面。国家和邦政府的一些重要官员都承认自己受到了研究会的影响，并表示愿意支持它的工作。在邦级层次上，古吉拉特邦农业局采纳了研究会提出的创新者奖励办法。在国家层次上，除了上文提到的对预算产生的影响，古普塔教授还协助起草了印度的生物多样性法案。在全球层次上，研究会还协助国际半干旱热带作物研究所（ICRISAT）进行了一些有关草本杀虫剂的研究。

结　　论

波顿说："研究会的经历向我们表明了，政策影响能够帮助一个组织实现自己的目的。在最初，该组织的目标是保护本土知识并赋予其价值回报，但是随着工作的推进，它逐渐意识到，唯有在政策支持下，人们才能在这方面获得广泛而又持久的效果。"

在波顿看来，研究会已经在两个重要的方面对政策产生了影响。其一，通过独立与合作的实践活动，研究会已经提高了自身的研究水平、分析能力以及与其他行动者交流的能力。其二，研究会引入了新的理念、促进了网络建设，还培训了研究者，让他们能够更好地胜任当前工作；通过这些途径，政策领域得以拓宽。

"邦政府和国家政府都为研究会的政策研究工作提供了空间，

这在印度并不寻常"，波顿说，"由此可见，即使研究会没有在政策层面产生广泛的影响，它也已转变了政府官员的部分思想。而这或许仅仅是一个开始，在今后，政府可能还会更积极地回应研究会的工作"。

基本数据	
时间	1993 ~ 2002 年
目标	通过以下三种方式保护自然资源：记录起源于乡土知识的基层创新，保护知识产权，认可并传播这些创新成果。
研究产出	1. 建立资料库，记录了超过 13000 条基层创新案例，并使用六种当地语言进行传播。 2. 建立了一个网络，其成员包括 1000 多个基层组织，通过简报和其他传播方式来相互支持。 3. 针对三种草本兽药配方，研究会与私人企业签署了专利共享协议。 4. 对几种草本药物配方进行了验证。

第十四章

促进发展的信息通信技术

带给塞内加尔人民的礼物：参与式方法推动研究产生公共政策影响

本节内容基于卡马森·西恩（Khamathe Sene）和拉马塔·斯欧尼（Ramata Thioune）的案例研究。

塞内加尔有个小镇名叫寇塞尔巴（Kouthiaba），每逢周日赶集，牧民们就会早早地赶着羊儿成群结队地来到集市，一边向买主推销，一边忙于和他人交换有关放牧、牲畜疾病和其他方面的重要信息。而现在，一些牧羊人已经会使用新的通信技术来各取所需了。在广袤的非洲大陆上，这样的场面可谓破天荒。而IDRC之所以会支持这样的项目，主要是为了向人们（尤其是政策制定者）展示——这些现代化的工具确实能够改善牧民的生活状况和工作条件。

IDRC自发成立了一个“阿卡西亚”项目（Acacia），致力于推动非洲的社区发展和信息社会建设。其中的一个试点项目就是在塞内加尔的牧区开展的。

如今，在项目的影响下，有的牧民已经开始使用手机和全球定位系统来追踪他们的牲畜了。在三个项目试验区，牧民还学会了使用与卫星相连的 GPS 设备来查看和导出地形图。

一些牧民有了手机，在加快彼此信息交流的同时，也构筑了一个“预警系统”来帮助其应对迫近的灾难。另外，通过相关培训，有些人还学会了如何在互联网上获取信息。2003 年 7 月，人们建立了一个名为“网络牧羊人”的网站。它以地图的形式，清晰地显示出了哪些牧场已经被占用了，哪些牧场还有绿草；同时还能根据具体的环境和资源保有量，为牧民建议可放牧的牲畜数量，帮助他们规避风险。此外，网站还为牧民提供了其他信息，教他们如何治疗动物疾病。

阿卡西亚项目让非洲人民首次运用信息通信技术来追踪牲畜的迁移，其主要目的是为了向人们（尤其是政策制定者）展示——这些现代化的工具确实能够改善牧民的生活状况和工作条件。

风险与影响

在 20 世纪 90 年代，IDRC 是唯一一个资助非洲国家推广信息与通信技术的国际机构。多年以来，经由阿卡西亚项目，IDRC 已经倾注了 4000 余万加元，用于研究、示范和评估一些核心的相关技术。具体则包括如何将信息通信技术用于减贫，如何制定政策来弥合数字鸿沟以及如何发展当地的文化和知识，等等（详见 www.idrc.ca/acacia）。

IDRC 在支持很多项目时，往往都期望项目中的研究工作能够对地区和国家层面的公共政策产生影响。2001 年，IDRC 评估部门实施了一项战略性的评估，以观察这些研究是否影响以及如何影响公共政策和决策制定。阿卡西亚项目作为重点项目被选中，评估人员对其在塞内加尔、莫桑比克、南非和乌干达的实践进行了案例研究。其中，塞内加尔的案例研究是由卡马森·西恩和拉马塔·斯欧尼二人完成的。

塞内加尔的经验

阿卡西亚项目于1997年在塞内加尔起步。但早在1985年，该国就已经成立了国家电信公司，充分表明了政府对通信部门的重视和支持。

然而，直到1996年，政府才出台首个有关通信事业发展的政策。在1997年公布的第九个经济和社会发展计划中，政府陈述了一项战略，表示要增强信息获取途径，推动整个社会发展通信事业。计划宣称“信息和通信技术不应只是精英阶层的奢侈品，它是实现发展的必要条件”。

但是，政府提出的这个战略仅仅是对未来的美好憧憬。西恩和斯欧尼在研究中指出，当时官方并未制定出一个实实在在的国家策略来引进和运用信息通信技术，以解决国家的经济和社会发展问题。

研究表明，自1997年起，由于塞内加尔的国内外环境都发生了巨大改变，人们渐渐意识到了信息通信技术在发展中的重要性，越来越多的人开始试图把它引入主要的发展部门。当时的通信部部长便是其中之一。他是一名不折不扣的电脑专家，1999年他在阿卡西亚项目的帮助下，运用信息通信技术创建了国会网络。此外，塞内加尔总统也曾建议降低电话服务的成本，之后，总统的信息通信技术顾问就宣称，移动电话市场将会向独立的运营商开放。2000年，该国总理宣布，政府将使用信息通信技术与公民进行更密切的交流，同时政府还将加快行政信息和通信系统的构建。

同年，政府又出台了一项新的国家政策，旨在普及信息通信技术。2002 年，电信监管署成立，它是一个独立的监管机构，主要负责维护公平和健康的竞争环境，造福消费者、电信运营商以及塞内加尔的经济发展，加快通信事业的发展。该国的一些电信基础设施现在已位居非洲前列了。

如今，塞内加尔已经建立了一个中央网络，通过数字传输通路将全国 30 个省都连接了起来，所有的农村行政中心也都通了电话。这个数字传输网络于 1998 年开始运行，企业有权访问数据库，也能连接到外国的网络上。现在全国共有 14 个网络服务供应商，其中的 12 个位于达喀尔（塞内加尔首都）。

西恩和斯欧尼的研究指出，信息通信技术在“非洲发展新伙伴关系计划”（NEPAD）中被提上重要议程，而这正反映出在“计划”中负责推动通信技术发展的塞国政府的发展愿景。但是，两位研究者提醒：

> 对于信息通信技术在发展中的作用，尽管政府已经有了较为一致的看法，也给予了相对宽松的政策环境。例如，教育部门已经开始把这些技术整合到教育体系中来，而且在“教育和培训十年规划”中，给通信技术赋予了很高的地位。但是，该国还没有一个综合而又清晰的信息通信技术发展政策，政府侧重的仍然是“走部门路线”，让各个部门分别制定自己的技术发展政策。再者，这些部门政策的执行也都大多陷入停滞。

阿卡西亚项目在塞内加尔的作用

爱罗恩·卡马拉（Alioune Camara）是 IDRC 驻达喀尔的项目

官员。在他的积极倡议之下，1996 年，IDRC 开始筹备“塞内加尔阿卡西亚战略”（SAS）的制定。当时，各类全国性和地区性机构都参与了进来，它们代表着政府、公民社会、研究者和发展行动者等各种不同的利益群体。1997 年，IDRC 批准了这一倡议。“塞内加尔阿卡西亚战略”就此成立，其目标是倡导建立一个独立框架，在信息通信领域实现协同行动，为政府制定相应的政策提供坚实的基础。

研究指出：“在塞内加尔，阿卡西亚项目致力于帮助政府制定一个全国性的战略，来采用和整合信息通信技术，从而推动发展进程。”由于塞内加尔的决策体制是分权式的，对于如何引进这类技术，该国并没有统一的规划，因此，阿卡西亚项目必须结合这样的背景来开展相应的活动。

从一开始，整个项目就围绕着政策来做文章，人们讨论了塞内加尔的规章制度、激励机制、可及性问题以及私人部门的作用。

> 从整个项目的性质来看，阿卡西亚项目采用的是一种参与式的、双管齐下的策略。首先，阿卡西亚致力于通过支持引入规范性机制和一个独立性框架，来协调信息通信领域的活动进而影响政策。另一方面，作为一个研究项目，阿卡西亚还提出了科学的建议，让政策制定者把信息通信技术更充分地整合进国家的经济和社会结构当中。

研究还指出，阿卡西亚“旗下”有着一系列试验性的子项目，有的子项目甚至是在某些非常关键的领域里展开的，例如教育、医疗卫生、治理、国家资源管理、就业以及创业等。它们为阿卡西亚项目打造了牢固的基石。下面，我们将重点介绍两个子项目：一是“青年网络空间实验”，二是支持性别平等和地方分权的项目。

青年网络空间实验

塞内加尔的教育体系对环境问题和生殖健康问题关注较少，在意识到这个问题之后，一个国内的非政府组织“GEEP”就在一些学校里创立了“家庭生活教育俱乐部”。这些俱乐部分散在全国各地，而主要的障碍就是通信不便。

西恩和斯欧尼在报告中称，从一开始，阿卡西亚项目就希望给学校引入信息通信技术，转变教育体系对创新的态度，并最终影响教育政策。项目负责人说：“如今，参与项目的教师们都意识到了——信息通信技术足以掀起一场信息革命，而知识也不再局限于课本。”

评估结果显示，国家教育部的官员在接触项目以后，开始越发关注“技术入校”的问题。教育部承认，这一项目开辟了一种新的方式，将信息通信技术融合到了教师的日常工作中。越来越多的证据表明，由于信息通信技术的引进，学校的教学质量和学生的成绩都得到了提高。

对此，西恩和斯欧尼是这样解释的：“项目之所以能取得这些成果，并对国家教育政策产生极大的影响，主要是因为以下三点：(1) 项目团队本身就根植于学校系统，对此非常熟悉；(2) 项目团队乐于接纳创新；(3) 项目在实施过程中积极构建了多元的伙伴关系。”

支持性别平等和地方分权

这个项目同样运用了信息通信技术，给妇女提供了一些便捷的途径给政府当局施压，迫使其修改《家庭法》，用“父母共同责任”（joint parental responsibility）这一提法取代了原有的“父母权威”（parental authority）概念，进而推动了性别平等。评估报告提到，这一项目还在塞内加尔全国激发了一场有关性别问题的大讨论。最后，一项新的法律草案出炉，如果得到政府的采用，这将扭转国内性别不平等的局面。

另外，在塞内加尔行政体制走向分权化的过程中，地方政府承担了越来越多的责任。教育、医疗卫生和治理等领域的决策权都已经转移到了地方政府。在这样的背景下，项目运用了信息通信技术来影响地方官员，让他们时刻注意到此类技术所能发挥的作用。

例如，在权力转移的过程中存在很多障碍，其中最大的障碍就是语言不通。该国正式的法律和规章制度都是以官方语言（法语）记载的，然而大多数地方官员根本就没有受过正规教育，甚至连自己的母语都不认识。针对这一情况，项目团队制定了相应的目标，总结了有关分权的主要法律法规，将其翻译为本土语言，并且将其放到网络上。

研究发现

研究显示，由于运用了参与式方法，阿卡西亚项目已经对塞内加尔的公共政策产生了直接或间接的各种影响。就直接影响来看，项目团队帮助该国制定了一套新的信息通信技术发展政策。和先前的状况相比，新的政策更具综合性和组织性。在项目实施期间，国家电信监管署的成立便是一个最好的例证。通过这类影响，阿卡西亚项目积极促进了塞内加尔的社会公平，让信息通信技术变得更加普及。

另一方面，就间接影响来看，阿卡西亚项目加强了决策者和其他相关人群的能力；利用信息通信技术促进了不同人群以及机构之间的合作，为我们提供了丰富而又真实的经验；此外，它还促进了人们的相互交流和学习。

阿卡西亚的某些子项目也取得了一定成功，推动政府出台了一些部门政策和相关规划。例如，“青年网络空间”项目就帮助教育部制定了一项规划，将信息通信技术引入学校。另外，有些项目运用信息通信技术提升了公众意识，最终让塞内加尔政府修改了《家庭法》，进而推动了性别平等。还有些项目通过信息通信技术传播了有关分权的政策信息，从而巩固了分权化进程，强化了地方政府的效力。在医疗卫生领域，同样是受到阿卡西亚项目的启发，塞内加尔政府如今已经开始支持一些远程医疗项目了。

评估报告指出，阿卡西亚项目深化了人们对信息通信技术的认识，让他们意识到了这类技术对发展的促进作用。“很多参与者都将这些技术应用于人类发展服务上，并通过合作加强了彼此的能力，推动了社会经济发展……和政治发展（人们可以参与城市和农村选举了）”，报告补充道，信息通信技术让这些组织能够便捷地交流国际经验，从而拓宽了组织成员的视野；另外，在国外机构和个人的支持下，国内的一些项目也更容易获得成功。

通过让塞内加尔的研究者参与研究，阿卡西亚项目还强化了他们的研究能力，让他们能够更好地分析相关问题。在当前，尽管性别平等并不是这个项目最关切的内容，但是“塞内加尔阿卡西亚战略”支持了一些专门针对妇女的项目和研究，试图把性别视角融入到阿卡西亚项目中去。

然而，评估报告也表明，如果围绕着“塞内加尔阿卡西亚战略”来成立一个独立的国家机构，可能会吸引更多的捐赠者，同时也会对政策形成更大的影响。

基本数据	
时间	1997~2002年
目标	通过实施一系列示范性项目、管理和研究项目，来帮助塞内加尔政府制定有关信息通信技术的国家策略和协调框架。
研究产出	1. 开展了一项电信业务研究，并将研究成果提交塞内加尔政府。 2. 代表地方和国家的相关部门制定信息通信技术的发展政策和战略；并举办相应的论坛。 3. 使政府、私人部门和公众都参与到项目中来（之所以将这个作为产出，是因为阿卡西亚项目有着强烈的行动导向；而且，这个项目有一个非常独特的部分——“评估和学习系统”，负责开展项目中最主要的研究）。

莫桑比克进入信息化时代：新技术成为社区发展的工具

本节案例来自曾达·奥福尔（Zenda Ofir）。

10年前，莫桑比克还处在全球信息社会的边缘。但是到了今天，如果你向曼合卡镇（Manhiça）的任何一人询问电信中心在哪里，他们都能清晰地告诉你：沿着主干道前行，经过杂货店，沿着小巷子继续前行，福音教堂的隔壁就是电信中心了。

莫桑比克的电信中心数量一直在增加。在电信中心，人们可以打电话、用电脑、复印资料或是接受培训。甚至是市场的商贩也知道了何为“在线”。利用获取到的信息，妇女能够更好地就业，以及保持家人的健康。最近，一个项目社区还用本地话和葡萄牙语来给一个介绍疟疾知识的光盘配音。

在20世纪90年代，IDRC是首批资助非洲国家推广信息与通信技术的国际机构之一。它在莫桑比克开展了各种高风险的项目。

例如，通过一些试点项目，它支持了某些关键的人物和事件，进而影响重要的决策者，增加他们对信息通信技术的认识；此外，它还出资推动莫桑比克制定有关信息通信技术的发展政策。

莫桑比克之所以会关注信息通信技术，主要是与以下这五个因素有关：（1）经过几十年的战争之后，国家处于稳定状态；（2）政府非常重视国家发展；（3）无论是在非洲地区还是全球，信息通信技术的革新都非常有影响力，而莫桑比克就置身于这样的环境当中；（4）政府深刻认识到，需要搭建一个整体的国家发展框架，来避免不均衡的发展；（5）一些拥护者孜孜不倦地推动公众加深对信息通信技术的认识。这些因素合在一起，共同为莫桑比克的信息通信技术发展打开了“政策之窗”。

莫桑比克对信息通信技术的关注始于1995年。当时，一些援助机构对这类技术产生了兴趣，准备以此为突破点来推动非洲的发展。同年，在IDRC的协助下，第一届非洲地区研讨会在埃塞俄比亚召开，会议的主题就是“以远程信息技术谋发展”。来自非洲39个国家的专家齐聚一堂，其中还包括一些莫桑比克的知名专家。温那西欧·马辛格（Venàncio Massingue）博士就是其一。他时任科学技术委员会的主席和爱德·华多蒙德拉纳大学（the University Eduardo Mondlane）信息技术中心的主任，现在担任大学副校长。他在莫桑比克大力倡导了信息通信技术的使用（见专栏14.1）。

勇越雷池

1996年，在南非举办的“信息社会与发展大会”一年之后，IDRC的阿卡西亚项目渐具雏形，其目的是帮助撒哈拉以南的非洲社区应用信息通信技术。受益于IDRC的支持，马辛格博士看到了项目的潜力，继而在莫桑比克组织了一场有关信息技术与发展的国际研讨会。曾达·奥福尔在评估了莫桑比克阿卡西亚项目后这样说："IDRC 的一些官员其实已经对莫桑比克产生了兴趣，希望把这个国家也纳入阿卡西亚项目的版图，而马辛格一手举办的会议则开启了他们与莫桑比克主要领导人的磋商进程。这场讨论让莫桑比克成为了阿卡西亚项目实施的重点国家之一。"

在当时，要想在莫桑比克开展类似的项目具有极高的风险，通信技术领域犹如雷池，几乎无人敢涉足。而阿卡西亚项目却迈出了勇敢的步子，成为这个领域的先行者。"阿卡西亚项目选择了恰当的时机，"奥福尔博士说，"它及时地参与进来，让 IDRC 对莫桑比克的这一领域产生了巨大的影响。"

在当年的讨论会上，马辛格博士邀请了莫桑比克内阁的大多数成员，其中一个重要议题就是"如何制定一个国家层面的信息发展政策"。会后，总理就要求他参与拟定一项政策。"我当时建议政府成立一个由总理或总统领导的特别小组，"马辛格回忆说，"总理接受了这个建议并开始负责这项工作。"

开辟新天地

1997 年，IDRC 批准成立了阿卡西亚项目。在当时的非洲，这类由援助者支持的信息通信技术发展项目并不多，而阿卡西亚项目便是其中之一。它开辟了一片新的天地，加深了人们对信息通信技术的理解，让他们知道了这类技术对社区（特别是贫困社区和地理条件不好的社区）发展的作用。奥福尔博士在评估报告中提到，在那个时期，项目并无先例可循，只能摸着石头过河，从自己的实践中不断汲取经验教训。

参与阿卡西亚项目的国家主要有莫桑比克、塞内加尔、南非和乌干达。为了便于项目更好地开展，研究团队首先要分析人们对信息通信技术的负担能力、技术本身的可持续性以及易用性。与之相关地，他们还得考虑相应国家的政策环境是否健康，它们出台的信息通信技术政策是否妥当。奥福尔说："在那时的非洲，很多人都不看好信息通信技术发展的潜力，援助机构和政府不愿意在这一领域倾注太多心血，就连私人部门的投资也是寥寥无几……在这样的环境下，IDRC 是唯一一个甘冒风险来实施示范项目和政策项目的国际机构。"

在莫桑比克，由于缺乏必要的协调合作，政府很难在整个国家层面上推动通信技术的发展，人民也无法从中受益。昂贵的进口设备和网络接入、农村地区落后的电信基础设施，都让政府无从下手。在政府看来，要解决这些问题恐怕又会导致发展的不均衡。所以，莫桑比克此时非常需要一个完整的政策框架。在阿卡西亚项目实施的先期阶段，有四个主要的子项目：一是组建莫桑比克的阿卡西亚咨询委员会和秘书处；二是制定信息通信技术的发展政策；三是建立两个电信中心试点；四是将信息通信技术引入中学教育和师资培训机构。

在莫桑比克借助信息通信技术促进发展的过程中，爱德华多·蒙德拉纳大学发挥了很好的带头作用。它组织了一些研讨会，坚持不懈地说服政府单位、学术机构以及私人部门等各个相关利益群体参与到项目中来。

推动项目进程

阿卡西亚项目在莫桑比克的第一项计划就是筹建项目咨询委员会和秘书处。马辛格回忆道："我们需要一个参考点（reference point）来推进整个项目过程。"

为了向众人展示信息通信技术的价值，阿卡西亚项目在莫桑比克启动了两个试点项目，而其中之一的主要任务就是建立电信中心。“我们想让某些人亲眼看到技术的妙处”，马辛格说，“比如，让他们去一个偏远的地方，看看当地人是如何使用技术的。这样他们才会明白，眼前的一切绝不是政治家和学者的幻想！”他补充道：“莫桑比克的农村社区确实通信不便，人们要获取想要的信息非常不容易。我们在当地建设电信中心，恰恰可以弥补这一不足。而且，电信中心还能给当地人提供更多的受教育机会。”

没人知道电信中心应该是什么样子，所以一些研究者在 IDRC 的支持下，开展了一个可行性研究，并确定了两个项目试点。评估者发现，到目前为止，最受当地人欢迎的就是影印服务和公共电话服务了，而电子邮件和互联网服务却很少有人使用。因为在当地，上一次网的价格跟打一通长途电话差不多，人们觉得不划算。但是，计算机培训却是最受欢迎的服务，人们甚至愿意为此支付一定的费用。

奥福尔在评估报告中写道：“电信中心的数量越来越多，而且其他一些类似的服务也开始在各个社区蔓延开来……有了这些基础，一个新的机会也就出现了。阿卡西亚项目可以支持网络构建，让这些机构相互学习，以进一步完善自己的服务。”

由于莫桑比克 42% 的人口都是 15 岁以下的年轻人，因此，结合这样的人口结构，阿卡西亚项目针对年轻人开展了第二个试点项目，搭建了莫桑比克的学校网络，旨在把信息通信技术引入学校和其他教育机构。教育部的代表也加入了这个项目团队。奥福尔说，这个项目的效果刚刚有所显现之时，许多社区的居民就强烈呼吁推广项目了。

2000 年，莫桑比克颁布了一项全国性的信息通信技术发展政策，这在非洲尚属首次。2002 年，政府又制定了该政策的实施战略，从而为发展合作伙伴提供了概念框架和机会。随后，莫桑比克和另外两个国家被联合国开发计划署和马克尔基金会（Markle Foundation）选为第一批参与“全球数字机会行动”（Global Digital Opportunities Initiative）的国家。至此，马辛格的工作形成了一个完整的循环：研究指导政策，政策又塑造发展。奥福尔评价道：

> ……马辛格曾被公认为信息通信技术领域内的一个具有远见卓识的人，他对莫桑比克该领域的发展做出了巨大的贡献……他的积极倡导引发了政府最高层面的兴趣。政府之所以愿意把通信技术视作国家发展的重点，马辛格和政府之间的紧密联系起到了关键的作用。

研究发现

为了查看项目的政策影响力，IDRC 的评估部门对莫桑比克、塞内加尔、南非和乌干达各自的阿卡西亚项目进行了评估。结果显示，政策影响最显著的国家就是莫桑比克。至于其原因，总报告的解释是，莫桑比克和其他国家之间存在着非常大的差异。其一，莫桑比克的政策团体数量有限，圈子比较小，所以研究项目的管理者十分清楚应该去影响谁；其二，该国的阿卡西亚咨询委员会和秘书处非常有影响力；其三，信息通信技术支持者的圈子也很狭小；其四，有政府的大力支持。

其中一些因素起到了非常关键的作用。例如，在项目启动之初，莫桑比克政府运用中央规划的方法，以发展为重点，并对利于发展的新观念持开放的态度。另外，莫桑比克一些支持信息通信技术的小型团体与主要的决策者保持着良好的联系，方便了思想和信息的传递。再者，在技术的推广过程中，莫桑比克总统和总理都表现出了浓厚的兴趣。

除此之外，还有一些其他的因素：（1）很多支持信息通信技术发展的人积极而又富有远见，他们在阿卡西亚项目中贡献了自己的力量，尤其是在项目的初始阶段给予项目极大的帮助；（2）一些早期的示范项目取得了成功，让政府和农村社区看到了信息通信技术的前景，从而激发了他们对这些技术的渴望；（3）政策制定者和研究者配合良好，前者希望有一些研究建议来指导实践，而后者恰恰进行了一些及时的研究，期望影响政策进程；（4）非洲国家普遍缺乏一个专门的机构来管理信息通信知识，并将其应用于发展；（5）政府愿意接受公众的咨询，并对其保持承诺。评估报告指出：

> 在非洲，一些富有远见的机构意识到了通信技术对发展的重要性，进而在实践中推动了通信技术的普及。IDRC 正是它们其中之一。在当时的非洲和其他欠发达地区，人们并不了解信息通信技术。而 IDRC 却迎难而上，推动了这些技术在社区层次的应用。作为出资方，这一举动无疑大大增加了风险性。没有确定的产出，也没有前路可循，项目团队只能摸索前行。从这个意义上来看，项目初期开展的可行性研究、国别背景研究以及试点项目都为阿卡西亚项目打下了坚实的基础，让它能够依据各国的情况制定出综合而又多管齐下的战略。依照这样的方法，各国的阿卡西亚项目齐头并进，极具政策影响之潜力。

专栏 14.1　通信技术支持者的主要经验（莫桑比克）

温那西欧·马辛格博士将学术界和政治界联系了起来。运用这两个领域的相关知识，他帮助莫桑比克迈入了“信息化时代”。

马辛格生于莫桑比克偏远农村的“小圆屋”内。从小到大，他总会抓住每一个机会来学习和改善生活。在积攒了足够的钱以后，马辛格走进了技校开始学习电力。后来，他又在爱德华多·蒙德拉纳大学的工程系继续深造。在荷兰的代尔夫特大学（Delft University）学习期间，马辛格接触到了计算机，自此，他的兴趣就发生了巨大的转变，并开始思索如何运用信息通信技术来形塑国家的发展。

1992年，马辛格做了一项尝试，把因特网引入了莫桑比克，并在爱德华多·蒙德拉纳大学成立了计算机维护中心，后来这个机构演变成了该大学的信息中心。为了把莫桑比克带入信息化时代，马辛格依然在躬体力行。1997年，马辛格被擢升为爱德华多·蒙德拉纳大学的副校长，尽管如此，他还是没有减少在通信技术领域的活动，仍然积极地活跃于这个舞台之上。

谈到莫桑比克的发展经历，马辛格归纳出了几条重要经验。

其中最主要的一条经验就是：对做事方式保持批判性。其二，必须识别、创造各个层次的支持者，并为其作出自己的贡献。其三，多听听别人对相关主题的讨论和评价。“有些时候捐助者有他们优先考虑的事情和他们做事的方式，”他指出，“新的理念往往会对我们自身形成干扰，但重要的是，我们得学会去适应这些它们，因为有时候一些极小的想法也会变成很大的理念。”

其四，需要创造出大量批判性的知识。他说：“我们必须要有能够做研究、完成技术工作以及懂得正确运用技术的人才。”

其五，项目实施一定要有研究的辅佐才行。“因为研究可以给我们带来知识，而知识则能够影响政策，”他补充道，“如果这些政策得到很好的落实，那么我们期望的发展也就不远了。因此，我们所有的项目里都会包括一个研究性的子项目。”

基本数据	
时间	1997~2003年
目标	1. 支持莫桑比克加强与全球经济的联系。 2. 在农村地区普及信息通信技术。 3. 在相应的区域内共同学习与信息通信技术有关的政策。
研究产出	将试点项目作为一种行动研究；为了草拟相应的国家政策文件，进行了短期研究并投入了一定资金。值得一提的是，这些研究都是围绕着项目展开的，并不是严格意义上的学术研究。

评估报告指出，透过示范项目提供的监测数据，我们可以通过系统性的分析来得出一些经验教训。此外，研究项目还对信息通信政策的制定产生了直接影响。例如，评估报告提到："虽然这些研究提出的问题不是最新的，但是，它们反映了现实中一些可能会影响政策的因素（如设备接入的高成本等），因此，这些研究依然具有强大的影响力。"对于研究项目和示范项目的成败，工作小组进行了详细的记录。他们发现，这些经验教训可以作为一个起点，便于以后在农村地区和教育领域推广通信技术。"另外，阿卡西亚项目对政策进程还产生了影响。在制定信息通信政策的过程中，项目团队安排了一些咨询活动，这引起了高等教育和科技部部长的注意。部长相信，使用这样的方法一定能够加快电信部门的改革进程。"

信息技术来到彩虹之国：为南非发展助力

本节内容基于曾达·奥福尔的案例调查。

思威·尼克伯（Sizwe Ngcobo）是一个16岁的南非男孩，说祖鲁语，当他第一次接触电脑时，他还是一个在智障学校就读的、需要特殊照顾的学生。然而，仅仅在一年之后，他就与其他学生一道设计了一个网站，其艺术贡献甚至得到了国际上的认可。此外，在IDRC和南非教学网举办的一个年度网络竞赛中，尼克伯还获得了银奖。

南非教学网隶属于非洲教学网。后者开展的项目已经延伸到了20多个国家。通过其阿卡西亚项目，IDRC给这个组织提供了主要的资金支持。

2001年，IDRC的评估部门开展了一项广泛的调研工作，试图回顾该机构支持过的一些研究项目，看看它们是否影响以及如何影响了公共政策。曾达·奥福尔博士则承担了对南非阿卡西亚项目的评估。由于有着各种各样的民族和地貌，南非常常被人们称之为“彩虹之国”。奥福尔说：“‘彩虹’原本代表着一种希望，然而，历史上的一些冲突仍旧影响着南非的现在以及未来。要实现种族和谐，依然难如登天。对于刚刚获得的自由，很多人需要不断学习才能适应新的生活。转型带来的剧痛，让这个国家疲于应对失业、贫困、犯罪、艾滋病等各种顽疾，因此，人权保护仍然是这个社会的主要关切点。”

南非是世界上收入差距最大的国家之一，其13%的国民生活在“第一世界”，而53%的人们却生活在“第三世界”。在“第三世界”，仅有25%的人能用上电和自来水，50%的人接受了小学教育，超过1/3的儿童长期处于营养不良的状态。另外，南非还有20%以上的人口感染了艾滋病病毒。

尽管如此，南非的经济仍然位居非洲各国前列。无论是从规模还是质量来看，其基础设施都大大优于非洲其他国家。而且，南非有着高度发达的电信、公路、铁路、航空和电网系统，为现代金融和工业部门的发展奠定了基础。

民主化转型

20世纪90年代中期，南非刚好处于鼎新革故的过渡阶段，其原有的种族隔离式独裁统治正逐渐瓦解，而民主制度则颇具雏形。在这个过程中，南非搭建起了新的管理制度和政策框架。奥福尔认为，新的政策环境必须体现出一套新的价值观，即决策过程透明、开放，对于那些饱受旧社会欺凌和忽视的大多数南非人民，新政府必须重视他们的发展。她还补充道：

> 在信息和通信技术领域，则更应如此。因为新政府非常重视公共部门决策环境的改善，为了更好地推行《重建和发展规划》，它必须借助有效的通信系统，来协助规划的筹备、执行、监测和评估……新政府既得顾及广大穷人的迫切需求，同时还得屹立于国际舞台之上，与那些现代化的经济体奋力竞争。要在这二者之间取得一个平衡，何其难也。

而恰恰是这个特殊的转型时期，给信息通信技术的政策革新带来了契机。

IDRC 在南非的历史

其实早在这个过渡期以前，IDRC 就资助了一些流落邻国的南非籍社会活动家，并与很多崭露头角的领袖共事，从而建立起了一种相互信任关系。在 1988 年至 1994 年间，种族隔离制度即将寿终正寝之时，IDRC 转变了策略，开始出资支持了一些项目。20 世纪 90 年代，它积极地推进了南非的民主化转型。

奥福尔博士指出，在转型时期，作为第一批（1992 年）在南非设立办公室的国际机构之一，同时也是首批关注信息通信技术应在发展中作用的机构之一，IDRC 首先需要考虑的问题就是如何与新政府合作，来进行信息部门的改革和加强政策研究能力的建设以及关注先前那些受到不公正对待的人民。

非洲人国民大会（African National Congress，下文简称“非国大”）是当今南非的执政党。早在这个政党的流放时期，它非常重视信息通信技术，希望运用这些技术来推动南非的国家发展。1994 年，在南非的首届民主选举中，非国大在选举宣言中陈述了它的这一主张。

当年大选之后，IDRC 就转变了在南非的投资策略。其新战略主要聚焦于四个方面，其中之一就是普及信息和通信技术。项目效果十分明显：IDRC 推进了数个政策的改革，最后，政府都出台了相应的绿皮书或白皮书来宣布这些政策，而且其中的一些还通过了南非国会的审核，成了新的法律。

在南非完成两项任务之后，IDRC 决定在该国实施一个“国家信息和通信项目”（National Information and Communication Programme，NICP，下文简称“通信项目”），帮助新政府“构建通信事业体系，开发新概念、设计与实施有关通信发展的项目和政策，借此推动该国的发展”。它支持了一系列不同的创新和活动，这些创新和活动共同推动了国家信息和通信计划的构建。

根据奥福尔博士的论述，IDRC 的初衷主要支持政策进程，而不是影响具体的政策内容。所以，成立通信项目就是为了帮助政府打造一个有利的政策环境。奥福尔还说：“该项目在南非的信息通信政策领域里作出了卓越的贡献，是 IDRC 最为成功的项目之一。”

> 项目之所以能影响到政策，主要是跟以下这些活动有关：（1）项目团队根据地方所需，在 IDRC 里找了一些博学而又受人尊敬的重要专家和工作人员来实施项目；（2）支持了一些研究，从而提出了政策问题，影响了政策过程；（3）支持、协助并参与了政策的形成过程；（4）支持并协助举办了一些会议及论坛，让政策制定者以及各个利益群体面对面地共商政治议题。

南非的阿卡西亚项目

成立阿卡西亚项目的想法最初源于南非举办的“信息社会与

发展大会”。这个项目在南非的主要活动是向社区赋权，以便加强社区的政治对话能力和解决社区问题的能力，缓解社区的紧张状态，普及一些基础性的服务（如教育和医疗卫生），并帮助人们增加收入。

1997 年以后，IDRC 大多数与信息通信技术相关的活动都是通过阿卡西亚项目而展开的。其中最主要的活动就是：建立多功能的电信中心来培育社区市场；通过拓展电信中心的服务范围，来解决具体的发展问题。另外，IDRC 在政策、教育和性别领域也开展了一些活动。

1999 年，项目成立了南非阿卡西亚咨询委员会（the South African Acacia Advisory Committee，SAAAC）及其秘书处，用以确定南非阿卡西亚项目的发展方向，并及时对此作出调整。在具体的工作中，咨询委员会传播了阿卡西亚的经验教训，并在全国范围内协调有关通信技术的发展活动。然而，它所关注的并不是一种总揽全局的构建信息社会的政策；相反，它将重点着力于审视政策及与之相关的政策实施活动。

奥福尔认为，南非的通信技术发展过程嵌在一个复杂的环境中。她观察到：“这个国家有着强势的私人部门、劳工组织和公民社会，政府要再三斟酌、在这些主体中寻求一个平衡，才能提出一些议程来。”她说：

> 所以，就这个领域而言，如果哪一方力量想主导政策的制定，那可比以前难多了。在私人部门和非政府组织部门，越来越多的平台和联盟组织纷纷出现，对政策过程施加了很多压力。一般来说，相关政府部门才是这个过程的驱动者，但它们（现在）并没有借助外部机构的力量……

她还提到，成立阿卡西亚咨询委员会，就是为了让其代表主要的部门，更多地关注社区利益，为群众提供通信方面的普遍服务。要想影响政策，咨询委员会就必须加强领导，清晰认识自己的角色，并围绕自己的目标去制定一套详细的策略。而且，其成员也必须各尽其能，用丰富的政策知识和良好的表达能力来赢取政策制定者的尊重。然而，“一些重要的知情人士却认为，阿卡西亚咨询委员会恰恰没有做到这些要求”。所以，在与通信技术相关的政策领域，这个机构并未得到人们的重视。

另外，IDRC 为了对阿卡西亚项目以及区域办公室进行评估，不得不缩减了一些项目活动，这同样影响到了咨询委员会的工作。奥福尔发现，咨询委员会自身也有自相矛盾之处：一方面，其本身定位比较高端，希望影响高层的政府官员，并协助其进行规划；但另一方面，委员会的成员却更关注草根层面。“在委员会设立之初，项目团队原本是想借这个机构来代表相关的社会部门；但实际上，委员会里的一些成员并非通信技术（政策）领域的专家。这样一来，人们就会认为——阿卡西亚咨询委员是‘只是一个与援助行动有关联的组织’，而不是能够帮助政府解决问题的智囊团。”

研究发现

奥福尔提到，对于 IDRC 来说，南非的政治转型以及其后的政策变革无疑是一个千载难逢的机会。在这样的有利形势之下，该机构在 20 世纪 90 年代早期应该可以政策产生显著的影响，而在 90 年代后半程，影响效果就要小得多。“一些知情人士认为，除了少数项目以外，IDRC 对南非信息通信领域的贡献大多都是在阿卡西亚项目成立之前作出的。”奥福尔博士如此说道。

在民主政府成立后最为关键的第一年里，IDRC 侧重于一些开创性的项目活动，为政策制定过程奠定了基调。在那一时期，项目成果意义重大，非常令人兴奋。南非的政策制定过程以及政策内容本身都有了较大的改善。IDRC 之所以能有如此好的表现，主要在于它跟南非的民主运动（Democratic Movement）长期保有联系，而且它的主要官员也与南非的政府决策者有着亲密的关系。

在随后的 10 年中，IDRC 积极开展活动，在性别问题以及如何利用通信技术来促进非洲发展这个问题上，几乎主导了相关的讨论。在它的大力倡导之下，部分非洲国家在制定和实施一些政策、项目之时，也具备了性别敏感性。另外，通过阿卡西亚项目，IDRC 还支持了许多妇女项目。在这一时期，该机构设立在南非的区域办公室里，至少有三位女性担任了重要职务。在这个由男性主导的通信技术领域中，她们作出了杰出的贡献，也受到了极大的尊重。

即使是这样，奥福尔依然认为，IDRC 本该发挥更大的作用，让人们认识和理解发展政策与发展项目中的性别视角。然而，阿卡西亚咨询委员会缺乏对性别问题的足够重视，在项目开展过程中也欠缺性别敏感性。

奥福尔还建议，IDRC 应该在南非设立一个研究中心，给予持久的资金支持，让其“长期开展一些比较性的跟踪研究，来评估政策的成败与否，并探索背后的原因”。这样，南非就能拥有一个可持续的政策研究知识库了。

她还指出，IDRC 更看重政策过程而不是具体的政策内容，所以，在具体的工作中，它更倾向于影响人们的看法，让他们对某种政策过程达成共识；而不是通过一个专门的研究来影响特定的政策。但是，在那个关键的政策制定时期，IDRC 以多种方式推广了“共享服务”这一理念，其做法颇受赞誉。“在这些活动的影响下，政府于 1996 年出台了《通信白皮书》，对共享服务于以高度的关注。此后，政府还成立了共享服务署（universal service agency）、全国性的电信中心以及多功能的社区服务中心。”

专栏 14.2 IDRC 对通信政策的影响

在 20 世纪 90 年代的非洲，一些富有远见的机构意识到了通信技术对发展的重要性，进而出资推动了通信技术在非洲国家中的普及。IDRC 正是它们其中之一。1997 年，IDRC 批准阿卡西亚项目成立。在其实施后的五年里，项目促进了通信技术的普及，从而推动了社区发展（尤其贫穷和地理条件不好的社区）。如今，多国政府都意识到了研究对于政策的重要性，也看到了示范项目的好处，准备采用示范项目的开展模式来推进相应的公共政策。多年以来，经由阿卡西亚项目，IDRC 已经倾注了 4000 余万加元，用于研究、示范和评估一些核心的相关技术（详见 www. idrc. ca/acacia）。

2001 年，IDRC 对其支持的一些研究项目进行了评估，查看其是否影响了公共政策，以及影响的具体方式。阿卡西亚项目作为重点项目被选中，评估人员对其在塞内加尔、莫桑比克、南非和乌干达的实践进行了案例研究。阿卡西亚之所以能够影响这四个国家的政策，主要是因为它们的政局比较稳定，政府一心致力于现代化，努力探索新的发展方法。

这些国家都有着动荡不安的历史，现任政府掌权时间都不算太长。也正是因为如此，各国政府才会积极采用各种方法，甚至借助外国的援助来满足人民对发展的需求。无论是主动的觉醒还是受外界的影响，包括部长在内的一些重要官员都意识到了通信技术所呈现出的发展机遇。

在这几个国家中，项目初期都开展了一些可行性研究、国别背景研究以及试点项目，从而为阿卡西亚项目打下了坚实的基础，让它能够依据各国的情况制定出综合而又多管齐下的战略。依照这样的方法，各国的阿卡西亚项目比肩而事，开创了巨大的政策影响潜能。

基本数据	
时间：	1995～2002年
目标	支持社区运用通信技术来解决问题，促进社区参与；在农村和一些地理条件不好的社区普及通信技术。
研究产出	由于南非的阿卡西亚项目是一项行动研究，所以项目的一些产出本身就包含在了项目过程里，具体包括一些政策创新，比如设立政府通信信息服务工作小组，以及关注电子商务政策过程等。

在南非，政府非常关注种族平等问题，但奥福尔建议：除此之外，政府还应注重性别平等问题，应该在所有政策的商议、制定和落实过程中都保持着性别敏感性。

很多人都参与了通信项目的商议过程。其中包括劳工组织、残疾人组织、妇女组织以及政府和各类委员会的代表。所有的参与者几乎都是男性。由于整个国家的政策重心在于推进种族平等，因此，新的《通信领域白皮书》通篇强调的都是这一主题。不管怎样，虽然它没有明确提出要追求性别平等，但至少它的主题是跟平等相关的，尤其是共享服务署（universal service agency）的建立，最能体现这个政策的诉求。

弥合数字鸿沟：信息通信技术扎根乌干达

本节内容基于曾达·奥福尔所进行的案例研究。

在过去的10年里，乌干达努力弥合着国内的数字鸿沟，但是在它前进的道路上依然存在各种问题。例如，其中一个问题就是：如何让妇女对电脑使用产生兴趣，尤其是那些阅读能力不足的妇女。在乌干达的纳卡塞凯，IDRC成立的电信中心收集了附近一些妇女的信息。据此，国际妇女论坛中心（International Women's Tribune Centre，IWTC）设计了一个简单的小程序来应对这个问题。借助该程序，妇女们就可以摆脱键盘的束缚，完全用当地语言与计算机交流了。另外，IDRC发起的阿卡西亚项目还支持国际妇女论坛中心开发了一个图形语音界面的光盘，称作“农村妇女创收金点子”。借助于这个软件，人们只需移动鼠标在电脑屏幕上点击图片和文字，就可以听到卢干达语（当地语言）播放的信息了。

1997年，IDRC批准阿卡西亚项目成立。在其实施后的五年里，项目促进了通信技术的普及，从而推动了社区发展（尤其贫穷和地理条件不好的社区）。如今，多国政府都意识到了研究对于政策的重要性，也看到了示范项目的好处，准备采用示范项目的开展模式来推进相应的公共政策。多年以来，经由阿卡西亚项目，IDRC已经倾注了4000余万加元，用于研究、示范和评估一些核心的相关技术（详见www.idrc.ca/acacia）。

2001年，IDRC对其支持的一些研究项目进行了评估，查看其是否影响了公共政策以及影响的具体方式。阿卡西亚项目作为重点项目被选中，评估人员对其在塞内加尔、莫桑比克、南非和乌干达的实践进行了案例研究。而曾达·奥福尔博士则承担了对乌干达阿卡西亚项目的评估。在她看来，这四个国家的政策之所以会受到阿卡西亚的影响，主要是因为它们的政局比较稳定，政府一心致力于现代化，努力探索着新的发展方法。与其他三个国家相比，由于“乌干达拥有大量的政策利益相关者”，因此IDRC在乌干达的努力更像是“一场更持久、更缓慢也更曲折的接力赛”。

乌干达的背景

乌干达是世界上最贫穷的国家之一。全国有2200万人口，绝大多数生活在农村；而且55%的人口都生活在贫困线以下。1986年，乌干达结束了20多年的动乱，建立了统一的政治体制。自此，政府和人民才开始致力于国家的发展和现代化建设。在这期间，很多政府要员都接触到了信息社会的概念，同时，从海外归国的专家也带回来了一些有关信息通信技术的知识，加深了官员们的认知。

为了发展通信事业，政府对实施了自由化改革，鼓励援助机构参与这一领域。而国内的私人部门也跃跃欲试，希望借助通信技术来发展商业。在一些政府单位、学术机构、私人部门和非政府领域中，涌现出了相当多的机构与个人，为通信技术的发展摇旗呐喊，从某种程度上增进了人们对它的认识。另外，媒体宣传也在其中发挥了重要的作用。

1994年，越来越多的群体开始呼吁政府出台一项全国性的政策，从而为通信事业的发展开创一个有利的环境。1996年，乌干达政府针对电信部门实施了大规模的改革。在改革过程中，政府重组了原有的国有垄断企业，创建了一个独立的监管机构，还推行了私有化，允许多个运营商参与竞争。一年之后，《通信法案》得以通过，其目标就在于增加电话的普及程度，改善电信基础设施并开放电信市场，让一些新的服务商能够进驻这个领域。此外，《通信法案》还设立了“农村电信发展基金”，用以在全国范围内推广电信服务。

在20世纪90年代中期，乌干达政府派代表出席了有关通信领域的各类会议。1997年，在多伦多举办的首届“全球知识大会”

上，乌干达总统穆塞韦尼（Yoweri Museveni）针对通信技术作出了一项政治承诺。为了更好地应用通信技术和传统知识体系来促进国家发展，总统还向国际社会发出了邀请。一年后，乌干达派出了最大的代表团参与了“连通非洲会议”。

到 1998 年，多国政府和国际机构都响应了穆塞韦尼总统的邀请，宣布将支持乌干达通信技术的发展。它们对该国一些项目和研究提供了资金，与当地组织建立了伙伴关系；同时也很受政府的待见，能够接触到最高层的政策制定者。因此，它们有着巨大的潜能来影响乌干达的政策制定体系。

手机革命

手机彻底改变了乌干达的通信业。第一个移动网络于 1995 年初开始运行，在随后的 6 年中，移动用户的数量从 3500 人增加到了 27.6 万人。“在这个国家，移动通信填补了通信服务的真空，”奥福尔博士说，“这样一来，无论在何时何地，人们都能以合适的价格来进行通话了。这对经济产生了深远的影响。它提高了生产效率，方便了商人、农民、公务员以及其他人群。通过这件事，人们更加强烈地意识到了通信技术对自身发展的重要意义。”

在国内，电脑销售商家和互联网服务供应商的数量也增长迅速。到 2000 年，乌干达已经有了 9 家互联网服务供应商，但大多数只在首都坎帕拉开展业务。其他地区的人们依然很难获得相关的技术服务；若要上网，他们就只能去网吧、私人家中以及阿卡西亚项目管理的电信中心。

同时，为了推进通信技术的发展，尽快将其应用于商业领域，乌干达的私人部门还向政府施加了很大压力。例如，在乌干达投资局（Uganda Investment Authority）看来，国家经济要起步，就必须优先发展通信技术。它向政府提议，国家应该制定全国性的通信发展政策，并创建一个专门的执行机构。

在乌干达，很多领域的机构与个人都积极拥护通信技术的发展。奥福尔提到，总统先生就是第一个拥护者。此外，通信部部长约翰·纳萨西拉（John Nasasira）也是一个富有远见的领导人，他很早就开始活动于这个领域。在 IDRC 的评估过程中，好几名受访者都提到了纳萨西拉，对他给予了高度评价。除了这些个人以外，还有一些机构也作出了不少贡献，特别是近些年来，乌干达国家科技委员会以及马凯雷雷大学（Makerere University）的计算机科学院都积极地活跃于这个舞台。

奥福尔称："就通信事业的发展来说，尽管乌干达国内的学术机构和私人部门起了最主要的推动作用。但某些国内外的发展机构也同样功不可没——它们刺激了公众对信息社会的认识，让他们更加深入地意识到了新技术的潜力。"例如，IDRC 很早就支持了一些研究，也召集相关利益群体开办了一些研讨会，建立了电信中心。这些行动的确吸引了乌干达政府的兴趣，也因此得到了众人的肯定。

乌干达的阿卡西亚项目

乌干达的阿卡西亚项目启动于 1997 年。当时制订的行动计划覆盖了四个领域，即政策、基础设施与技术、人力资源以及地方知识，"旨在增强决策者、政策设计者和意见领袖的敏感性，让他们支持通信技术的应用从而推进农村发展"。在这个计划的指导下，项目团队成立了一个督导委员会（后改名为"国家阿卡西亚咨询委员会"）和国家秘书处，在接下来的五年里还开展了很多子项目。

奥福尔指出，要影响政策制定者，其中一个重要的方法就是让他们参观试点项目。在乌干达，IDRC开展的一些试点项目都颇具示范效应。例如，它在纳卡塞凯（Nakaseke）成立了第一个电信中心，如今，这个电信中心已经完全融入了社区，受到老百姓的极大欢迎。最近，在阿卡西亚项目的支持下，电信中心还依托当地知识和语言扩展了业务范围，推动了女性的发展，也促进了农业、教育、卫生和小企业的发展。例如，项目团队在纳卡塞凯发起了“农村妇女创收金点子”项目，让妇女能够更好地利用电信中心了。

就技术援助而言，IDRC的主要援助方式是：招募通信技术领域的国际专家来开展相应的政策研究。在乌干达，其研究方向大致可分为两支，一是专门搜集信息的背景研究和政策主题研究，例如，项目团队针对电信中心做了基线调研，还做了一些研究来把握乌干达的通信发展状况，影响《农村通信发展政策》的政策过程。二是以监测和评估的方式，在已有的电信项目里做行动研究。通过知情人访谈和项目报告回顾，奥福尔发现，电信中心之所以能影响乌干达的政策过程，主要是因为它提出了关键的政策问题，引起了决策者的重视，让他们明白了多功能电信中心对农村发展的作用。

研究发现

奥福尔指出，IDRC选择了绝佳的时机，刚好在“政策窗口”敞开的时候进入了乌干达的通信发展领域。为了影响政策，该机构实施了一些试点项目，还参与到了一些相关的事件和过程中来。这些实践帮它树立起了信誉，在乌干达人眼里成为了一个受拥戴的、真诚的组织。在项目早期，IDRC成立了电信中心，为人们提供了丰富的信息，使之可以从中获得一些有关发展的想法和经验。例如，了解了外部世界以后，他们或许会在管理、所有权以及可持续的发展机制方面提出更多的需求。同时，IDRC 还让政府和公众注意到了通信技术普及性的问题，特别是农村地区的技术可及性。

奥福尔总结道，在通信发展领域，阿卡西亚项目分别支持了两个政策的制定和实施，使得 IDRC 在“这一领域直接产生了显著的政策影响”。此外，由于项目团队既支持了社区层面的子项目，又支持了与政策实施有关的项目，这种综合性使得阿卡西亚有了更多的机会来影响政策。

观念扎根

奥福尔博士解释说，随着政府、私人部门以及发展机构对通信技术的认识逐渐深化、支持不断增加，越来越多的其他组织也进入到了与之相关的政策领域。至于应该怎样来改善政策，政府也有了明确的关注点。

通过对两个重要政策的资助，阿卡西亚项目继续在乌干达发挥着显著的支持作用。它帮助妇女理解了通信技术对其自身发展的意义；也让人们意识到了地方知识和语言在通信部门中扮演的角色；此外，它还推动了通信技术在农业、教育和医疗卫生领域的应用。奥福尔补充道：“如果有人能够详细记录下这些经验，并对此做系统的研究，那么在将来的政策发展活动中，这些经验还能发挥重要的作用。”

这意味着，尽管 IDRC 在乌干达的这一领域不是一个先行者，它所作出的贡献仅仅是通信发展浪潮中的一部分。然而，人们依然对它的重要性给予了肯定，而且在未来的发展历程中，它的作用仍将持续下去。

美中不足的是，阿卡西亚项目没有清楚地把握合作伙伴的角色。如果阿卡西亚咨询委员会清晰地界定它和国家科技委员会、阿卡西亚秘书处以及 IDRC 的关系，那么，项目的影响力或许会更加突出，“阿卡西亚早期评估和学习系统”对研究的贡献或许也会更大。此外，奥福尔还认为，既有的项目活动并没有多少性别敏感性，这也是项目的一大软肋。

奥福尔总结道：“评估结果显示，这四个国家的阿卡西亚项目最终都实现甚至超出了预期的政策影响效果，为今后的工作影响政策提供了更好的机会和机制。”但是，和其他三个国家不同的是，乌干达的通信政策领域里有着很多利益相关者，而且每个利益相关者都具备一定的能力来施加政策影响。因此，我们仍然很难说清 IDRC 究竟发挥了什么样的作用。众所周知，影响政策的因素多如牛毛、交错如织，没人敢说“某个政策的制定完全是因为某种活动影响的”。在我们的很多案例中，政策决定的背后都有着“许多信息和思想的渗透”。

她补充道：“IDRC 通过各种研究活动……已经作出了巨大的贡献。但在今后的工作中，它应该更多地支持一些系统性的、长期的政策研究，并帮助相应的国家开展这方面的能力建设。”

基本数据	
时间	1999～2002 年
目标	1. 向人们展示通信技术如何帮助社区居民解决他们的难题。 2. 建立一个知识体系来帮助农村居民、贫困人口和落后的社区更好地享受通信服务。 3. 加强农村地区的通信技术获取能力。
研究产出	1. 在项目开始之前，对乌干达阿卡西亚项目研究的意义进行了预研究。 2. 对电信中心的开展情况以及农村可及性的相关问题进行了调研；研究了相关内容的开发。 3. 针对人力资源、政策、基础设施和技术等方面开展了几项研究；促使阿卡西亚秘书处代表国家科技委员会制定了整个国家的通信发展政策草案。

尼泊尔努力迈入信息化时代：联合政府与私人部门，制定国家信息技术政策

本节内容基于琳恩·伯顿（Leanne Burton）的案例调查。

为了推动国家向“知识型社会”转型，尼泊尔政府着手制定了一项信息技术政策，并于2000年正式颁布，广受认可。这一切都安排得妥妥帖帖的，但由于环境和地理条件限制，政策的执行过程十分缓慢。

尼泊尔位于中国和印度这两个经济强国之间，这个小小的内陆国家因位于珠穆朗玛峰脚下而著名，世界最高峰排行榜中，有七座位于该国。该国总人口不到3000万。对于中国和印度这两大邻国而言，尼泊尔从来就不构成任何威胁。而印度早在1998年就已宣布要在10年内成为“一个信息技术强国”的目标。

与世界信息技术的一个领航者毗邻，尼泊尔的确倍感压力，开始向“知识型社会”转型。但它并不是要跟印度决一高下，而是仅仅将信息作为一种工具来促进社会发展。政府希望计算机能够为医疗卫生、教育和农业部门提供更加有效地服务，尤其是在与世隔绝的山区。

考虑到尼泊尔的现实情况，这个目标可谓非常远大。该国是世界上最贫困和最不发达的国家之一；一半以上的人都没有读写能力；人均寿命仅为60岁，40%的年龄都在15岁以下。旅游业历来是尼泊尔重要的外汇来源，农业是该国的经济命脉。但是，在尼泊尔的大部分地区，农业生产仅够维持人民的基本生存。1/3的人口生活在贫困线以下。大多数的农村地区不通电，也没有电话服务。

扩展政策能力

1996 年，国家科技部成立。直到这时，尼泊尔才真正有了负责科学技术的政府部门。与其他国家相比其速度虽然慢了很多，但这标志着尼泊尔已经步入了科技时代。科技部的一份文件上写道："本部门的目标是为科学技术的充分发展创造一个有利的环境，并作出一些必要的安排，以便我国有效地利用技术来推动国家发展。"

在尼泊尔的《1997～2002 年五年计划》里，政府制定了一项更为远大的目标——它要实施一项信息技术政策，"在五年之内使尼泊尔在全球信息技术领域中获得一席之地"。1997 年，政府开始允许网络供应商在本国开展业务，至此，该国终于有了互联网。

1999 年，尼泊尔新选举出来的政府成立了"国家信息技术发展工作委员会"（National Information Technology Development Working Committee），下设一个分支委员会专门负责制定该国第一个信息技术政策。维迪雅（Ramesh Ananda Vaidya）博士既是这个分支委员会的主席，同时也是国家计划委员会（NPC）的成员。为了更好地制定政策和相应的实施战略，维迪雅向 IDRC 发出了求助信号。作为回应，该机构通过"泛亚洲网络项目"（PAN）为其提供了必要的研究和发展经费。

信息技术政策是相对较新的政策领域。尤其是在发展中国家，由于财力不足，它们总是难以赶上技术发展的步伐。IDRC 为尼泊尔的这项工作拨付了 6 万加元，涵盖了研究费用、咨询开支、举办研讨会和出版研究成果的花销。IDRC 的前项目官员沙赫德·阿赫塔尔（Shahid Akhtar）负责监督项目实施，当时他正与"国际山地综合发展中心"（International Centre for Integrated Mountain

Development，ICIMOD）有着合作，该中心的总部就设在尼泊尔首都加德满都。

拓宽政策视野

“为了保证政策的顺利实施，我们采取了参与式的方法，让政府部门、私人部门和公民社会都参与到政策设计的讨论中来。”维迪雅如是说。在尼泊尔，让这么多人参与国家政策的制定，简直就是闻所未闻。但是维迪雅坚持这种做法，他说：“我们相信，通过这样一个过程，这些信息技术领域的利益相关者就会达成共识、目标一致，以后信息技术部门的发展也就会更加成功。”从结果来看，这一策略确实收效明显。最终出台的信息技术政策几乎完全是由尼泊尔本国的专业人士来制定的，而外国专家仅仅在先期的研究里起到了同行评议的作用。这个研究为后来政策的制定打下了坚实的基础，其本身就是尼泊尔本国人民努力的结果。

政策设计历时一年整。其间，项目团队与尼泊尔的 IT 界人士进行了磋商，在国家计划委员会之下成立了“信息技术战略筹划指导委员会”（其中既有政府、私人部门和学术机构的代表，还有两位来自国际山地综合发展中心的成员），并与尼泊尔的学者、IT 专家和政府官员组成工作小组完成了六个战略性的文件。

影响政策体系

“商业办公系统”（Mercantile Office Systems）是尼泊尔规模最大、历史最悠久的软件公司，其首席执行官班达里（Sanjib Raj Bhandari）加入了国家信息技术发展工作委员会，是其中代表私人部门的三个成员之一。在制定《软件的生产和应用》这一战略文件的过程中，班达里发挥了积极作用。他回忆道："政府高层非常鼓励私人部门参与信息技术政策的制定。"班达里认为，现有的某些官员并不了解这个行业，所以私人企业在跟他们打交道时困难重重；然而，有了这个政策以后，情况必定会有所改观。

作为信息技术战略筹划指导委员会的成员，阿赫塔尔表现非常活跃，他认为，在这项政策的制定过程中，各行各业、成百上千的重要个人和团体都参与了进来，其中就包括尼泊尔互联网用户集团（Nepal Internet Users Group）和尼泊尔计算机协会（Computer Association of Nepal）；通过这样的过程，它们对最终颁布的政策逐渐有了"所有感"。"这种'所有感'反过来又会确保后续的行动和政策的实施。例如，后来我们又决定成立了国家信息技术委员会，调配了一些财政资源用于 IT 人力资源开发，还建立了 IT 风险资本基金和 IT 科技园区。"

在制定电信政策的过程中，尼泊尔电信局局长布普·R. 潘迪（Bhoop R. Pandey）大力倡导开放"小口径卫星传输"（very small aperture satellite transmission，简称 VSAT）业务①，使得该国涌现出了很多网络服务供应商。除此之外，潘迪还负责监管信息技术新政策的方方面面。在他看来，只要严格遵照新政策的规定，那么管理信息技术部门就不是一件难事："如果是你自己设计的这项政策，你就知道自己想要达到什么目的，因此就很容易实施"，他补充道，"我们的文化非常复杂，所以我们一定要有一套自己的制度体系。"

2000 年，尼泊尔的信息技术政策正式颁布，其中包括 15 项总战略，例如"必须应用信息技术来发展农村"。同时还包含了 17 项指导战略实施的具体政策以及一套行动计划，涵盖了从基础设施

① VSAT 是一种微小口径的卫星传输技术，在降低成本的同时，可以大大增加带宽

建设、人力资源培养，到电子商务推广的方方面面。

为了更好地落实政策，尼泊尔还组建了多个监督机构，包括：

（1）国家信息技术发展委员会，由总理主持工作；

（2）国家信息技术委员会，负责审阅和修订政策、追踪政策进程并解决相应的问题；

（3）国家信息技术协调委员会，专门促进相关领域的研发和能力建设；

（4）国家信息技术中心，负责落实和监督政策，规范私人部门的活动，为政府提供计算机服务；

（5）IT 科技园开发委员会，负责规划一个中心工业区，鼓励 IT 企业的发展。

除此之外，该政策还规定，每隔两年就要对政策进行一次审阅和修订，如有必要，甚至还可以缩短修订期。

政府工作重心转移

2000 年，上述政策的出台成了“尼泊尔信息技术发展的一个重要里程碑”。然而，同样也是在那一年，尼泊尔出现了巨大的政治和社会动乱。结果，政府不得不将大部分的资源转移到修改法律和恢复社会秩序上。受其影响，该国的出口和旅游业一落千丈，政府财政进一步恶化。同时，科技部的工作班子发生了较大变动，流失了一批具备一定信息技术管理能力的领导和职员，使得私人部门之前的许多努力纷纷落空。

在财政资源本来就稀缺的情况下，政府动用了大量人力物力用于维护国家安全。如是一来，政府也就无暇顾及信息技术的发展了。在信息技术政策出台两年以后，国家信息技术委员会成立。但由于资源实在有限，它根本就无法维持有效运作、监督政策执行情况。更糟糕的是，按照原来的行动计划，诸如教育部、电信局之类的政府部门本应相互合作，共同促进信息技术发展的。但实际上，这些机构很难考虑到其他部门的政策，有时甚至还彼此唱对台戏。另外，很多地区缺乏足够的通信设施，反政府武装还对某些既有的基础设施实施了破坏，导致这些地区在信息技术的发展方面“先天不足”。

上述各种不利因素叠加在一起，阻碍了信息技术政策的全面贯彻落实。而与此同时，由于科技部对自身和私人部门之间的责任划分不清，无意中也放慢了政策的实施。

继续推进

尽管有着这么多的障碍，但尼泊尔依然没有放弃对信息技术的追寻。通过以下几个方面的努力，政府充分表达了继续推进信息技术发展的决心。

（1）基于此前的信息技术政策，政府起草了一份新的法案，如今正在等待议会的审批。

（2）科技部启动了一个项目，为全国50000名未就业的大学生提供培训，目前已经有10000名大学生注册了这一项目。但是，由于政府冻结了部分支出，这个项目最终的规模可能会遭到缩减。

（3）尼泊尔共有四所大学，如今其中的三所大学均在本科阶段开设了计算机科学或者计算机工程专业。科技部粗略估计，几年后，会有5000名左右这类专业的毕业生。同时，为了加强生物技术和信息技术的研究，科技部还计划在加德满都成立一个信息技术研究所，在尼泊尔西部成立一个科技研究所。

（4）为了开创一种可持续的电信服务模式，联合国开发计划署在尼泊尔实施了一个项目，计划在全国设立15个农村电信中心来普及电信服务。在资源许可的情况下，科技部准备再成立10个中心，并把自己打造成信息传播的集散地。

（5）政府规划了一个IT科技园，目前已经购买了土地，其中的两栋大楼也已开工建设。等信息技术研究所成立以后，也会入驻科技园。

虽然项目开始之后就波折不断，但是，包括政府在内的大多数利益相关者还是对此保持乐观态度的。在政策制定的过程中，人们培养起了利益共享意识。事实上，要从长远来看的话，这个过程比政策本身更为重要。尼泊尔电信局局长潘迪认为："政策不是一成不变的，我们需要不时地检视它、修正它。"对此，阿赫塔尔也深表赞同，他认为："IT政策是很好，但它并不是好到无以复加……环境一变，人们的需求也就变了，这时政策就得跟上形势。更为重要的问题是，国家如何才能落实这些政策。"

经验和教训

1. 让各类相关利益群体参与政策的制定，有助于培养他们对政策的拥有感，进而利于政策的顺利实施。
2．一定要确保新政策与其他领域既有的相关政策不存在冲突。
3. 政府与私人部门共同制定的每一项政策都应明确界定双方各自的责任。
4. 即使是设计得最好的政策，到了实施阶段，也可能受到社会不安、政治动荡或其他意外之事的干扰，从而影响政策效果。

基本数据	
时间	1999年
目标	通过参与式进程，在信息通信技术方面形成了一个国家层面的政策和实施战略。
研究产出	围绕着信息技术管理方面的关键问题，完成了六个背景研究。

下篇　方法介绍

PART 3

第十五章

多案例分析：方法论概述*

引　言

上文已经提到，IDRC 支持这些研究，其中一个很重要的目标就是影响发展中国家的公共政策。通过案例回顾，我们可以探究这些案例是否影响了政策，怎么影响政策的，以便改进日后的工作。可以说，最开始 IDRC 决定评估这些案例完全是出于对自身的考虑。然而，我们的评估却很快引起了其他援助机构以及研究者的广泛关注。为了回应这种关注，同时也给我们的读者一个交代，笔者在本章以及下一章对案例评估的过程和方法做了一些说明。

---

* 本章内容主要参考了《案例为中心的方法手册》（Handbook of Caes-centerd Methods）中的一个章节。该书由 David Byrne 和 Charles Ragin 编著，2008 年由 Sage 出版社出版。在我们的研究初期，我们还发表了一篇有关方法论的基础性文章，参见《国际社会科学杂志》的“影响追踪”专刊，2004 年第 179 卷，第 135～151页。

我们的评估源于一个极其简单的初衷：更好地理解 IDRC 资助下的研究项目是如何影响公共政策的。通过这项工作，我们希望总结出一些重要的实践经验，让 IDRC 和研究者们能够在自己的工作中多加注意。评估主要采用的是多案例研究方法，原本打算调查 25 个案例。其中的 22 个案例评估在 12 个月内如期完成，另外一个案例在随后的一年内完成，还有两个案例暂时不进行评估。这些案例涉面广泛，分别来自乌干达、坦桑尼亚、越南和危地马拉等各个国家。随着评估工作的展开，我们渐渐发现，案例的多元化恰恰有助于我们得出一些具有普遍性的结论。但值得注意的是，若是事先没有认真地制订评估计划，我们恐怕也无法从纷繁各异的案例中抽离出那些共性来。

在接下来的两章中，读者将看到，这项评估研究对 IDRC 的工作产生了显著的影响。用 IDRC 主任的话来说，该研究“已经改变了我们资助项目的方式”（O’Neil，2006）。评估中引入的新概念以及从案例中得到的结论都影响了机构在研究项目设计和评估方面的工作方式。此外，我们的评估方法还将影响了其他研究实践。卡罗尔·韦斯是我们工作中一个非常重要的合作伙伴，她曾经提到：“就目前来看，很多跨案例研究都没有考虑到理论、方法和数据的可比性。而这项工作却注意到了这一点，能告诉研究者应该采用什么样的方法、避免走什么样的弯路，以及怎样去变通，对研究者来说大有裨益。”（Weiss，2003：7）。

在展示具体的研究方法之前，我们首先需要介绍的是评估中使用的定义、局限性以及方法选择等问题。

定　义

金登（Kingdon）认为公共政策制定是“由一系列过程组成

的，至少包括：（1）议程的设置；（2）决策备选方案的具体化；（3）在这些特定的备选方案中，作出一项权威性的决策；（4）决策的执行”（1984：3）。简要地说，政策制定是最终能够得出一项决定的一系列过程和活动。IDRC 认为：“决策可以发生在各个层次——小到一家之主，大到援助机构的规划部主任和政府官员，都能成为决策者。”（详见 *Closing the Loop*：*Communication for Change*，IDRC，2001：1）无论是“政策”还是“政策制定者/决策者”，其定义都很宽泛。出于研究的考虑，我们在一开始就将“政策”定义为“公共政策”。所以，尽管社区和住户的决策者也在一定程度上融入了政策制定过程，但他们并不是我们主要考察的对象。本研究的关注点集中在地方、区域乃至国家政府面临的政策问题上。

需要指出的是，IDRC 并没有要求每个项目都得对政策产生影响，但近些年来，它对这一方面的活动确实是越来越重视了。无论从区域层次，还是项目层次上来看都是如此。所以，我们的评估也对其给予了特别关注。

局限性

本研究的局限性主要体现在三个方面。第一，到目前为止，我们的评估仅仅实施了一次，也就是说，有些经验教训或许会随着时间推移发生一些变化，但是我们却无从得知，除非将来再做一些这样的评估。第二，由于我们的评估计划是在各个项目实施之后才制订出来的，因此，从某种程度上来说，本研究非常依赖于项目参与者的记忆。我们必须寻找各类参与者和项目文件，尽可能地通过多种渠道来对信息进行交叉印证。然而，有些资料的确很难获取，而且人们呈现出来的或许只是一种“选择性记忆”，不一定是事实的全部。第三，我们不会把每个研究项目的成功之处都一一罗列出来。相反，我们只专注于那些“积极的个案”，即明显影响了政策的研究。通过这种单刀直入的方式，我们就不必过分纠结于项目失败的教训，而是更有效率地去学习其成功经验。

方法论的选取

要对发展研究进行评估，人们总会遇到形形色色的困难，而大部分困难归结到一点，其实就在于如何评判研究是否推动了发展。在很多情况下，评估者依据的都是研究项目的最终结果。他们看重项目是否成功，而对项目成功的原因却关注甚少。有些时候，评估者还得弄清楚研究项目的直接影响，即寻求项目活动和最终影响之间的因果联系。另外，困扰评估者的还有时间问题。一般来说，我们看到的发展项目都是短期的，持续时间仅为三至五年，但是它们对发展尤其是政策过程的影响却不是三五年就说得清的。因此，选在什么时候评估项目也就成了一个问题。在实践中，有些项目改变了组织的决策过程，如果我们在项目期间或是项目结束后不久就开始评估其影响力，那么我们看到的也许仅仅是短期的项目效果，而非持久的影响——这也就是所谓的“项目陷阱”（Lusthaus et al.，2002）。最后，还有一个广泛地存在于社会科学中的难题，那就是社会科学研究的究竟是普遍化的还是情境化的问题：如果是前者，那么我们就可以建构出一种普适的模型用来分析社会；如果是后者，那么我们就得把握每个案例所嵌入的具体情境。实际上，许多社会科学家都介于这两股压力之中，艰难前行。

最终影响与阶段性影响？

人们通常认为，发展[①]是由一系列因素共同作用下所产生的变化。因而，对于发展项目、发展研究项目及其资助机构来说，要展示其项目有效地、显著地推动了发展，着实很难。我们都知道，只有当地人对行动产生拥有感，并且把项目当成自己的事情时，发展的效果才有所显现。但人们照常希望项目团队和援助机构（包括多边、双边援助机构和非政府组织）能够带头示范什么才是“良好的表现”。因此，项目方和捐赠方往往都会拔高自己的作用，主动寻找项目中出现发展性变化的地方。在这样的导向下，人们仅仅关注最终的结果而漠视了过程，忽略了项目过程中出现的新关系和新模式，难以总结出关键的成功之道。如此一来，它们的经验也就难以应用到其他环境中了。《结果绘图》（Earl et al.，2001）一书提到：发展研究的成果能够与其他因素共同发挥作用，在相应的情境下产生影响力（impact）。所以，我们的目标就在于——查看研究在哪个层面上产生了实实在在的影响（influence），并对此进行评价。值得一提的是，我们要评估的并不是发展活动的最终影响（impact），因为这样的影响主要是由当地的合作伙伴来完成的。

归因

归因（attribution）与影响（impact）这一概念密切相关。在我们的实际工作中，常常需要将某种特定的变化和某个援助项目联系起来，这就是归因。例如，政府在国内外投入了一些资金用于开展发展项目，它们需要借助评估，来了解这些资源是如何使用的，

① 这里的“发展”属于国际发展的范畴，指的是通过一些项目和研究改善了第三世界人民的生活和条件。

以及导致了哪些变化。艾弗森（Iverson）指出："整个世界充满了太多未知数，各种因素纠缠不清地混在一起，构成了现实的常态。因此，要在这样一个复杂的系统里给发展活动归因，实在是太难太难"（Iverson，2003：36）。一般来说，要是没有其他条件的支持与配合，单凭一个研究项目是很难推动发展进程的。所以，研究者切勿好大喜功，把所有的功劳都算在自己头上，而忽略甚至抹杀了其他因素的贡献。

如弗林夫伯格（Flyvberg）所言，"社会科学本来就缺乏'硬的'理论，很难用铁的事实依据来证明某件事的发生就是由某个活动造成的"（Flyvberg，2001：73）。即便如此，我们依然能从案例里学到一点东西。本研究通过回顾IDRC支持的项目，希望从中汲取一些好的经验，以供将来的发展项目借鉴。

时间

时间选择是困扰大多数评估者的一个问题。什么时候才算是"最终的"评估？我们的评估结论会不会随着时间变化？为什么有些好事后来变成了坏事，而坏事又变成了好事？我们该如何来看待这些变化，又该怎么调整自己的评估结论呢？要评估发展活动对公共政策的影响，这就更麻烦了，因为公共政策的影响过程是需要长时间来完成的。许多人都认为，如果当地的合作伙伴掌握了新的概念和知识，并学会应用它们来服务于发展，那么发展项目的一大目标也就实现了。照这样来说，如果项目是成功的，那么随着时间的推移，它的影响越大，外部援助机构的作用就会越小，它们在研究中的身影也将逐渐淡出。令人纠结的是，如果项目进展非常顺利，那么援助机构和项目团队按照要求准备回头对评价项目的时候，恰恰是他们对于项目产生的变化影响最少的时刻。

方法

社会科学领域里的研究方法之争影响到了本研究的设计。其争论的焦点倒不在于我们应该采用定量还是定性研究方法，毕竟这两种方法都非常有用。关键的问题是：在社会科学领域，普遍性的知识是否比具体的实践知识更有价值。弗林夫伯格提到，在社会科学领域，“环境决定了很多东西”（Flyvberg，2001：38）。因为社会科学的使命就在于理解人和社会是如何相互作用的，而人们的行为及其对世界解读的方式都跟一定的情境有关，这就意味着社会世界是具有情境性的。规则并不是游戏，就如同地图并不是领土。我们的社会既复杂又微妙，仅靠一些规章制度和外在的陈述，是很难捕捉个中玄机的。所以，我们的评估研究试图探寻各个事件背后的逻辑，分析它们的走向及其原因，以完善日后的研究活动。

弗林夫伯格和之前的另一位学者罗伯特·殷（Yin，1994）认为，想要理解具体的情境和社会关系，最适合的方法就是案例研究了。但案例研究却在社会科学领域广受批评，鉴于此，殷在一篇关于案例研究的设计与方法的论文开篇就作出了回应。在他看来，案例研究广泛应用于教学，常常用来回答解释性的问题。这种情况下，这些案例就有可能带有明显的、有意的偏见，目的是就某个事件的解释进行讨论。然而，当案例研究作为一种研究方法时，情况就大不一样了。此类案例研究必须有过硬的数据并对这些数据作出不偏不倚的陈述。一般来说，要回答“是什么”这种比较静态的问题时，我们可以采用问卷调查或是其他方法；但要回答“怎么样”和“为什么”时，案例研究的优势就不言而喻了。因为它关注的是过程、关系以及各种各样的变化。就本研究而言，我们想要了解的是“研究项目怎样影响政策”和“为什么影响了政策”，案例研究自然就是最合适的方法了。

多案例研究法

早在评估计划设定之前，IDRC 就针对“谁会使用评估结果来干什么”这一问题进行了广泛的调查，进而对评估设计和实施起了很大的作用。在当今，很多援助机构和研究项目的管理人员都没想通这个问题，对于如何使用评估结果，他们往往只有一点模糊的想法。至少 IDRC 就部分地存在这种情况。帕顿（Patton，1997）在《聚焦于效用的评估》一书中提到，对于一个正在开展的评估研究来说，如果它的使用者能够清楚地表达自己的需求和兴趣，那么它的价值也会大大增加。研究者、项目规划人员以及 IDRC 管理团队的积极参与，是此次评估研究的一个亮点。

本研究的设计工作始于 2001 年 1 月。在 1 月份，我们访谈了许多工作人员，进行了初步的文献综述。随后又制作了几份背景性的文件。在那一时期，我们就明确这样的思路：一定要将一些旧有的项目囊括进来，同时还要评估一些支持时间相对较长的项目。

早在项目的设计阶段，IDRC 就邀请了卡罗尔·韦斯博士加入进来。她在这一领域拥有过硬的专业知识，能在研究方法上帮我们把关。同时，IDRC 内部的执行小组也认真努力，确保了评估内容与机构工作紧密相关。在 IDRC，评估研究的一大特色就是专家参与。这些专家不一定伴随研究全程，大多数人只是参与研究的设计和分析。所以，整个评估项目在很大程度上还是依赖于 IDRC 工作人员的管理和协调。

在 IDRC 支持的众多项目中，由于涉面太广，工作区域也不尽相同（分布于非洲、亚洲、拉丁美洲、中东和北美），因此我们选取了许多子研究作为评估对象，希望借此可以反映出这些项目的大致特征。在研究过程中，我们运用各种方法收集、讨论并分析了大量资料，而且尽可能地让研究者、项目工作人员以及 IDRC 的执行官参与进来。毕竟，对于他们日后的工作来说，评估结果可能会有所助益。在 2001 年末，我们的评估就已初见成效了；2007 年最终的评估报告完成。

评估的预期使用者

在我们最初的设想中，评估主要面向两类使用者，即 IDRC 的项目人员和管理者。但随着工作的不断推进，人们对评估的需求日益增加，使用者的范围也得到了相当大的扩展。上文已经提到过，我们非常希望 IDRC 能够有效地利用评估成果。要实现这个目标，我们就得了解使用者的所思所想，并根据他们的需求来设计和实施评估。下面我们将对评估的两类使用者进行简要介绍。

（1）IDRC 的项目人员。他们负责开展研究活动和发展项目，通过实施研究、传播和采用研究成果，来改善相应地区的政策和技术，进而提高发展中国家人民的生活水平。通过我们的评估，他们可以了解其他项目的先进经验，并将其融入自己的工作中。

（2）IDRC 的管理者。他们决定了机构的发展方向；正是他们组织协调，整个 IDRC 的工作才能合为一体。对于他们而言，评估可以起到两方面的作用：一是帮助其回顾以前的工作，二是为《2005 ~ 2010 年 IDRC 战略性规划框架》的起草提供依据。

评估的设计和实施都离不开这些使用者的持续参与。我们的研究将这一重要原则贯彻始终。无论是研究问题的甄别还是案例的选择，他们都参与了进来，直至研究圆满结束。正是在这样基础之上，我们的评估才具备了强烈的实用导向，与 IDRC 的工作密切相关。

评估的主要问题

在正式评估实施之前，我们邀请 IDRC 的各类工作人员发表了自己的看法[①]，同时也查阅了一些文献和文件资料。结果发现，有三个问题非常值得一探究竟：

（1）IDRC 支持的研究项目对公共政策产生了哪些类型的影响？

（2）这些影响的程度如何？是通过什么方式影响到政策的？

（3）哪些背景要素能够促进或抑制研究对公共政策产生影响？

研究内容

为了满足各种各样的需求，也为了弄清研究和政策之间的复杂关系，我们的评估选用了多种不同的研究方法。在实施探索性的案例研究时，人们还需进行演绎式的理论构建，两者不断调整，相得益彰（Burns，1981）。由于可供评估的案例数量有限，因此我们的工作更像是在“生成假设”（hypothesis-generating），而不是“验证假设”（hypothesis-testing）。在这个过程中，我们让评估的潜在使用者也参与进来，聆听他们对各个案例的看法；这样的合作超越了单个案例本身。此外，IDRC 的合作者也一度参与了讨论。从源头来看，这种工作风格反映了一种系统性的思考方式——强调相互关系（Maruyama，1976），认为条条大路通罗马（Katz and Kahn，1969）。

为了让评估的使用者能够尽可能参与进来，我们设立了三个关键的机制。第一，成立咨询小组，这个小组由 IDRC 一些关键的使用者构成，从始至终和评估小组一起工作，并对评估的设计、实施和应用等方面提出建议（IDRC 2003e）。第二，与总部、区域办公室展开磋商，推动区域性的项目活动。这些磋商会议的主要产出都记录在了研讨报告中（IDRC 2003a，IDRC 2003b，IDRC 2003c，IDRC 2003d，IDRC 2003f）。第三，评估设计小组在 IDRC 评估部门

---

① 包括那些在新加坡、新德里、开罗、内罗毕、达喀尔和蒙得维的亚等地区办公室的工作人员。

的内部网络上建立了专门的网络空间，用于公布评估项目的文件和其他信息。我们将这一消息发布在了 IDRC 的内部通讯《回声之网》上。只要文件材料准备好以后，就可以迅速上传到网络空间里。目前大多数的项目材料都已经上传到公共网络上（详见 http：//www. idrc. ca/evaluation）。尽管我们评估的初衷是为了方便 IDRC 总结经验、继往开来，但研究项目的实施及其产生的政策影响都要通过我们的合作伙伴，而非 IDRC 本身来实现。所以，我们非常注重整合这些合作机构的看法，一方面在评估的过程中对工作人员进行了访谈，另一方面还邀请他们参加了渥太华总部和一些区域办公室的磋商。

我们的评估研究总共包含三个主要的部分：背景研究、案例研究和结论分析，以下将逐一介绍。

背景研究

通过初步的访谈和文献综述，我们发现研究与政策之间的联系有几种思考模式。根据 IDRC 的项目经验，实践中的“政策影响”可归纳如下：

（1）以合适的方式把研究成果告诉政策制定者；

（2）在研究设计、实施和传播过程中，实现研究者与政策制定者之间的互动；

（3）研究者和政策制定者建立良好的关系，并将其延续到研究项目以外；

（4）将研究成果传播给公众，并引发公众的讨论；

（5）让社会团体应用研究成果去倡导社会变迁；

（6）加强某些组织开展政策研究的能力；

（7）发掘人才，在众多研究者中找出一些日后可能会促进政策变迁的关键人物，增强他们的能力。

有些文献将以上内容看做促进研究成果应用于政策制定的重要

因素或是机制。实际上，IDRC 支持的项目也建立了很多机制，用来鼓励开展这些实践活动。例如，邀请政策制定者加盟，让他们也成为研究者或顾问；要求研究者必须与政策制定者建立一定的关系，并将此作为项目审批的一个重要指标。

另外，为了对 IDRC 的工作方式和之前的经验有一个大致的了解，我们共开展了六项研究。

文献回顾（Neilson，2001）。主要回顾了一些有关研究影响的文献，以帮助我们确定主要的研究问题，并在此基础上选择相应的资料收集方法和分析方法。

构建分析框架（Lindquist，2001）。基于多年的专家工作经验，林奎斯特对 IDRC 的工作人员进行了一系列访谈，最终整理出了一份背景报告，构建起一个检视政策影响的框架。他的报告很好地补充了此前的文献综述，提供了一个基础性的框架。它从广义的角度给“政策影响”下了定义，包括：（1）扩展政策能力（即加强研究者分析政策问题的能力）；（2）拓宽政策视野（提高人们的认知水平，让他们理解政策进程中的各类因素和行动者）；（3）通过政策变革来改良政策体系。我们根据后续的文献回顾、案例研究和咨询，又对这个框架进行了测试和改良。

结项报告（PCR）回顾（Edwards，2001）。IDRC 的项目结项报告主要是由各个项目官员完成的，其价值超过 15 万加元。这些材料对项目管理和项目成果的分析鞭辟入里。我们先请作者挑选出了与政策影响相关的部分，再对此进行了细致地梳理。

项目（Programme）回顾（Gillespie，2003a）。为了更清楚地了解政策影响在项目中的定位，我们对项目文件进行了一次全面回顾，检视了 IDRC 所有项目的目标，并对每个项目中与政策相关的目标进行了分析。

评估回顾（Adamo，2002）。在 IDRC，所有的评估工作基本上都是由评估部门来操作的。我们在这个部门的资料库里，翻阅了

1999年7月至2001年3月提交的80余份评估报告，从中抽出了一些以政策影响为使命的项目资料作重点分析。

指导思想回顾（Gonsalves and Baranyi，2003）。在20世纪70年代和80年代，IDRC强调要做“好的研究”，而将研究获取的经验付诸实践不在考虑范围之内。通过文件查阅（董事会会议记录、年度报告以及其他材料）以及针对高级官员的访谈，我们回顾了IDRC的思想发展史，梳理了这个机构在政策影响方面的理念变迁。在研究中，我们既注意到了管理决策的制定和实施，同时也注意到了普通员工的利益和需求。研究结果显示，尽管IDRC早期的工作方向是“支持好的研究”，但不管在什么时期，始终有些项目都在朝“政策影响”的方向靠拢。

这些背景研究在IDRC内部广为传阅。在此基础上，我们跟工作人员和管理人员进行了探讨，从而推动了研究进展，有助于我们深入理解IDRC的工作方式。

案例研究

案例研究是本评估的核心。以下三个问题是尤其需要注意的：

（1）选择一组合适的案例；

（2）从案例所在国选择评估专家对案例进行研究；

（3）邀请项目官员与合作伙伴共同参与分析过程。由于研究有着很强的应用取向，合作伙伴的参与对于确保评估的成功开展尤其关键。

案例选择

前面提到，本研究一共完成了23个案例的评估。在确定这些案例之前，我们首先咨询了IDRC的工作人员和前任高级主管的意见，制定出了一套能够反映机构特色的选取标准。具体包括：主题的范围、独特性、可比较性、影响的类型、承担研究的组织的类型、受到影响的组织的类型、IDRC 在项目中的参与时间、意料之中的影响与意料之外的影响、项目机制的多样性，等等。在文献回顾时我们发现，研究对政策的影响需要经历较长时间才能表现出来。所以，本研究特意挑了一些持续时间较长的项目以及一些在10 多年前就启动的项目。

由于我们的目的不在于衡量这些项目到底在多大程度上影响了政策，而是看它们如何影响了政策。所以，我们选取的案例都是一些明显产生了政策影响的项目。但值得一提的是，并非所有的案例都是在研究开始之前就全部选好了。事实上，我们此前只选定了16 个案例。后来随着本研究的知名度逐渐扩大，IDRC 的另一些项目官员也主动前来，向我们推荐其他几个也是很有影响力的项目。最后，依据案例的价值、地理分布以及涉及的主题等因素，我们综合考虑了一番，又增加了 9 个案例。这个过程无异于查漏补缺。

评估专家的选择

为了更好地实施研究，我们在每个案例开展的地区都选定了相应的评估专家。选择标准如下：（1）有使用定性研究方法的经验；（2）有过与政策领域相关的研究经验；（3）熟悉参与式的评估方法；（4）具备社会分析/性别分析的能力；（5）具备跨部门工作的能力；（6）对案例所在地区非常了解；（7）有充分的时间和精力来承担相应的评估工作。从研究的角度出发，我们更倾向于在案例所在国家内部选择评估专家。但有些地方并不具备这样的条件，遇到这种情况，我们就会邀请 IDRC 的职员（尤其是评估部门的）来完成相应的工作。最终，有 21 位评估专家参与到 25 个案例研究中来。其中，12 位（6 位女性，6 位男性）来自发展中国家；9 位（5 位男性，4 位女性）来自发达国家，在这 9 人中，有 6 位是 IDRC 的专家，另外 3 人是外部聘请的专家。

预调查和案例研究准备

在案例研究全面实施之前，我们首先进行了两个预调查。基于预调查获得的经验，我们召集 IDRC 的项目官员、管理人员、评估小组以及第一批案例评估的专家，召开了一个情况通报会。卡罗尔·韦斯作为本研究的指导专家，在会上做了简要的咨询。尽管有些评估专家没有出席此次会议，但对于我们整个评估工作来说，这次会议发挥了不可替代的作用。它确立了一个基本的评估框架，让专家们达成了一致认识，使得千差万别的案例之间具备了可比性。

案例内容

我们的研究并不是想列出一个简单的“清单”，告诉其他研究者该怎么做才能影响政策。相反，我们非常强调每个案例的详细过程；不仅关注研究做了什么，同时还对研究嵌入的环境进行了还原，描述了研究影响政策的全部过程。基于这样的工作，我们才能把握研究项目与其他因素的相互作用，从而给项目官员和机构的管理者提供借鉴，让他们调整自己的工作，并从战略层面上去考虑研究的布局。为了使所有的案例具有可比性，我们根据背景研究和预调查的经验，设计了统一的半结构式访谈提纲。其内容主要包括以下几个方面：

（1）决策者的视角

对决策者的访谈是调查研究的一个重要部分，它能让我们了解决策者的行为逻辑，从而更好地理解他们对研究的态度。但有些时候，决策者的行为并不一定反映他个人的意志。韦斯进一步指出：

> 决策者的行为不能脱离其所在的环境。因为，他们能够调配的资源并非取之不尽的；他们必须权衡各种利益；还得斡旋于自己的支持者和反对者之间。①

在大多数案例中，仅凭单个决策者的力量是很难将研究成果付

① 摘自 2003 年 3 月韦斯在 IDRC 的讲话。

诸政策实践的。

更值得深究的问题是：决策者在确实需要了解一些信息时，他们会找哪些人？他们对研究提出的建议有多少信心？他们具备多大的能力来使用研究、帮助自己做决策？

(2) 项目活动与情境的相关性

IDRC 的研究项目通常都会以影响政策为目标，而这项活动又必须结合相应的情境来开展。所以，从研究项目议程的敲定，到政策影响的时间安排，我们都对此逐一进行了梳理，还从以下三个方面衡量了项目活动和情境的相关性：研究是否影响了决策者；是否影响了研究的倡导者；是否及时地对一些危机作出了回应，如果是，那么具体的方式是什么。

(3) 研究者与相关团体的关系

除了跟政策制定者打交道以外，研究者还必须把自己的成果告诉其他的一些相关团体，包括可能会受到研究影响的人群、公共利益组织、相应领域的发展倡导者、非政府组织等。如果研究者有着良好的沟通技巧，善于处理与这些团体的关系，那么他们就可能获得对方的信任，其研究成果也就能更好地用于解决实际问题。对于研究者在这方面的能力，我们的评估进行了调查。

(4) 案例的质量

如上文所述，在选取案例之前，我们特地咨询了那些非常熟悉相应案例的项目官员，根据他们的意见挑选了质量很高的案例。尽管我们没有对此开展独立的调研，但从大量的访谈记录来看，这些案例的质量确实经得起考验。

(5) 影响的性质

我们的评估主要是从以下三个方面来对政策影响进行归类的：

① 政策内容发生变化，或者决定不作出改变；

② 研究者和政策制定者的政策能力得以增强；

③ 让研究者和决策者走出自己的圈子，加深对政策进程中各

类因素的理解，从而拓宽政策视野。

对于这个框架，有人可能觉得漏掉了“改变政策机制”这种政策影响类型。不过我们在实施的案例研究中没有这样的个案。

(6) 政策团体的演化

研究团体与政策团体之间并没有明显的界限，在一定程度上两者还存在部分重叠（不同的国家有着不同的情况）。因此要理解政策影响，我们就得了解政策团体在相应背景下的演化历程。例如，在研究东南亚的渔业经济政策时，评估专家关注到了首批接受项目培训的渔业经济学家。对他们的职业历程进行梳理之后，我们发现，其中的不少人都成了重要研究机构的负责人，有些人甚至还成了政府部门的领导；他们常常通过一个联系网络来交流研究和政策问题，至今仍然保持着密切的联系。

(7) 案例材料的使用

在获得案例材料之后，我们一方面邀请了那些预期的评估使用者，让他们对此进行了分析；另一方面还让评估小组负责了材料的传播。

目前，IDRC 已经采纳了我们主要的成果，用来审批一些以影响政策为目标的研究项目了。此外，IDRC 的很多评估项目也借鉴了我们的方法和研究框架。我们所强调的一些核心概念也得到了同事们的认可，如今，项目小组在有关年度工作计划和项目评估的讨论中，都将这些概念放在了中心位置。

结论分析

为了分析案例材料，我们采用了“三步走”的策略。首先，我们举办了一系列的区域研讨会，对案例进行回顾，并从 IDRC 的工作人员和研究合作者那里获取反馈。之后，我们又根据这些研讨会写成详细的会议报告，确定并分析了重要的问题。最后，针对某些特定问题，我们再次对这些案例进行了分析。

A　地区分析研讨会

会议的主要内容包括：

（1）对案例进行回顾；

（2）分析 IDRC 的角色，看它在研究和政策影响的过程中发挥了什么作用；

（3）讨论政策影响的类型，并将各个案例划分到相应的类别中去；

（4）基于研究项目的背景、动机和能力，对其绩效展开讨论；

（5）通过小组讨论的方式，确定了那些促进和抑制研究产生政策影响的因素。

这些研讨会形成了大量的基础性分析材料，为评估小组后来进行的跨案例分析提供了真知灼见。

我们的跨案例分析正是基于这些单个的案例研究和地区案例分析才得以完成的。

B　跨案例分析

哈佛大学与 IDRC 的合作小组首先细致分析了研讨会报告，从各个讨论中抽离出了一些关键的共性问题，进而形成了跨案例分析的基本框架，为最终的分析打下了基础（Weiss et al.，2004）。随着评估工作的不断推进，我们举办了一系列的讨论会，邀请了 IDRC 地区办公室、合作伙伴以及其他参与过类似工作的机构（尤其是英国海外发展研究所）来讨论我们的评估成果。这种反复的分析强化了评估与 IDRC 的关联性，同时也增加了研究资料的使用程度。

对研究设计实施的一些看法

要对 25 个不同的案例进行研究，其难度可想而知。而最大的困难不是别的，正是研究成果的应用。为了让研究的价值充分发挥，我们尽可能地让预期的评估使用者全程参与研究[①]。根据自己的经历，笔者总共归纳了六个核心问题。

案例选择

要使该评估对 IDRC 的大部分职员都有意义，我们就得选一些他们所关切的项目。也就是说，这些职员必须积极地参与案例选择工作；而且选出来的案例必须具备一定的代表性，既能反映我们机构所关注的一些发展问题，同时还能覆盖大部分项目地区。这就要求一种反复性的筛选工作和一个弹性的操作制度，让我们在实施案例调查的同时，还能继续筛选部分案例。上文已提到，研究最初选出了 16 个案例。随着本研究在 IDRC 内部的讨论全面升级，许多职员都对此产生了兴趣。同时，在第一轮咨询过程中并没有给出建议的职员，这时也向我们推荐了一些案例。在筛选案例时，我们一方面要保证案例必须有一定的政策影响[②]，另一方面还得保证案例的覆盖面。在这种权衡之下，有些看上去不错的案例也不得不出局。在启动案例研究以后，我们在 IDRC 召开了一些咨询会和研讨会，讨论了研究的设计，提出了分析框架，还做了文献回顾。这些工作都促进了案例的进一步筛选。因为 IDRC 的职员积极参与到了每个环节中，从而更清楚地知道了评估团队想要做什么；同时，我们也更加了解了他们的需求，能够在以后的评估中更好地站在他们的角度上，来支持他们开展项目并影响政策。

---

① 这里我所说的“参与”，在英文中是“engagement”一词，而不是“participation”。现在，人们常常会滥用“participation”一词，用来表示“核心小组之外的其他人受邀表达自己的意见”。根据埃里克·特瑞斯特（Eric Trist）在社会科学三部曲的序言中所解释的（Trist 编著，1990），选择“engagement”一词（这是法国存在主义者的用法）的原因是，它最能表达社会科学家积极主动地通过某种更加相关或者更加有意义的方式与社会联系起来。因此，“engagement”暗含了这样一种行为，即在既定的社会背景下，采取积极主动的态度去收集信息材料，并对此进行分析。

② 由于数据资料有限，大部分情况下我们只能通过别人的叙述来初步了解项目是怎么实施的、取得了什么效果，并在此基础之上筛选案例。

评估专家的确定

我们始终认为，评估者必须和相应的环境融为一体，才能更深刻地理解案例。所以，我们总是在案例所在地区寻找本土的专家。从结果来看，本研究的专家有一半以上都来自发展中国家，基本达到了我们预期的效果。除了关注他们的“出身”以外，我们还要求评估者拥有一套特殊的技能，例如定性分析的经验、评估经验、较完备的地方知识体系、跨部门工作的能力，以及有效的访谈技巧等。

时间安排

考虑到各案例之间的可比性，我们必须尽可能地同时开展案例调查。因此，评估专家就得服从整个研究的时间安排。有了充裕的时间，我们才能更从容地实施评估计划。

另外，由于采用了“应急式的”研究设计方式，本研究的各个环节之间有相当大的重叠。如图15—1所示，研究的设计工作一

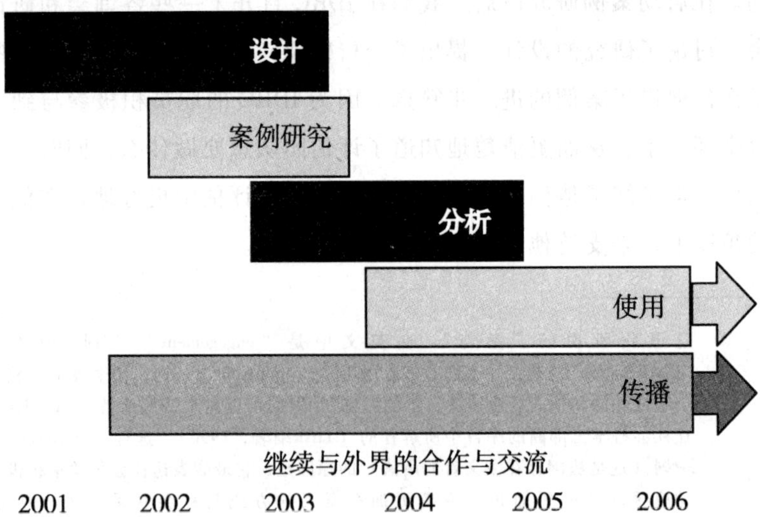

图15—1　各研究阶段的时间分布图

直持续到案例研究基本完成，并刚好与研究的分析阶段衔接起来；案例分析过程还没结束，对研究成果的应用就已经开始了；而传播活动在项目设计阶段就已经展开了，直到案例分析完成。在一个以应用为导向的研究中，研究阶段的交叉不可避免。而且，要是没有这样的安排，我们的研究也就很难成功了。所以我们必须对此高度重视，要在研究活动和反馈活动之间保持一种平衡。

连贯性

为了确保千差万别的案例具有可比性，我们做了如下努力：

（1）让所有评估专家都使用一份通用的半结构式访谈提纲；

（2）事先就将评估专家集中到一起，让他们理解本研究的目的和操作方式；

（3）在研究开展过程中，创造各种机会让评估专家讨论自己的案例；

（4）要求评估专家及时把所有的调查资料发送给评估小组，让我们能够查看其中的问题，确保案例之间具有可比性；

（5）与案例的作者保持沟通。

所有的这些努力都发挥了重要的作用。

分析

本研究的路线并非在最开始就已一锤定音。相反，研究的每个阶段都会回顾前一阶段的发现，在此基础之上再来决定这一阶段的工作。由于参与研究的群体众多，这种“应急式设计”（emergent design）非常有效。在我们的整个分析过程中，IDRC 的项目官员、管理人员以及合作伙伴都积极地加入了进来。23 个案例汇集的材料将近 3000 页，包含了海量的信息。为了从中梳理出对 IDRC 最有价值的信息，我们根据不同的案例主题先后举办了四期研讨会。其中有三场是在非洲、亚洲和拉丁美洲举办的，在会上，相应地区的项目官员、管理人员与研究者一起，共同探讨了案例研究的成果。而在加拿大渥太华召开的第四期研讨会，所有的评估专家都一同前来，对案例进行了充分的展示和讨论。对于这些会议，我们从头到尾都做了详细的记录（IDRC，评估部门，2003a；IDRC，评估部门，2003b；IDRC，评估部门，2003c；IDRC，评估部门，2003d；IDRC，评估部门，2003e），并重新检视了那些初步分析报告，从中确定了跨案例研究的核心问题，使得各地区研讨会提出的问题保持了高度的一致性，为研究团队的最终分析奠定了基调。

积极参与

上文提到，合作伙伴的参与对于我们的研究来说至关重要。为了确保他们的持续参与，我们在整个研究过程中始终关注他们的利益，并尽量把研究发现和他们的工作联系起来。正如帕顿（Patton，1997）在《聚焦于效用的评估》里所言，“评估者自始至终都要积极推动评估过程，在做任何一个决定的时候都得考虑评估结果的应用问题”（Patton，2002a，帕顿还特别强调了“自始至终”）。

使用

虽然这23个案例的数量相对较少，但是每个案例信息搜集的深度、研究领域的宽度以及覆盖地域的广度，都极大地丰富了研究内容，使其能够很好地服务于IDRC。一方面为它提供一些经验，用来评估那些以影响政策为目标的研究项目；另一方面，本研究的发现还能直接应用于其他研究项目，让它们的工作框架更为完善。

结　论

如卡罗尔·韦斯所述，这些案例研究关切的不仅仅是那些针对政策制定者个人的影响。相反，“它们把整个政策制定体系当成了画布”（2003：5）。也就是说，它更看重情境的重要性，并将注意力从个人的变化转移到了系统的变化上，这个启示意义非凡。正如此前我们在“方法论的选取”一节所说的：要评估研究项目对政策的影响，实在是太难太难了，其中牵涉到如何看待影响的过程、如何归因、选在什么时间评估等各种问题。若是将情境考虑在内，我们就得承认各种要素的作用，不能简简单单地说某个特定的研究影响了某个事件的发生；这样一来，要衡量研究的影响也就难上加难了；此外，评估者还得顾及评估时间的维度，要从更长的时间里去探寻研究的作用。我们在实际操作中，采用了一种“以使用者为导向”的评估方法，让那些可能应用评估结果的人始终参与我们的研究，并发表他们的意见，增加评估成果的实用价值。不可否认，这样的工作方式非常耗时，而且也增加了我们的评估难度。毕竟，在吸收这么多意见的同时还要保证方法论的统一性，我们就得投入更多的心力。但是，这些付出也为我们带来了丰厚的回报。对于做评估工作的人来说，我们绝不能为了做评估而做评估。任何一个评估都必须确保它和委托机构的相关性，并发挥自己的影响力。而我们从一开始就让使用者参与了进来，恰恰保证了这两个目标的实现。

第十六章

变革中的实践：运用评估促进机构发展

引　言

对于一个机构来说，评估往往具有两重意义：一是评估结果可以直接应用于项目中，即“结果应用”（findings uses）；二是通过参与评估过程，机构自身的某些行为和态度会发生转变，即“过程应用”（process uses）。在帕顿（Patton，1997）看来，“过程应用”引起了机构文化和绩效的变化，其影响比“结果应用”更为明显和持久。在不同的机构中，“过程应用”的效果或许会表现得非常不一样，帕顿总结出了6种可能出现的效果：（1）加强对项目的理解；（2）加强项目干预；（3）承担更多的责任，大力促进学习；（4）项目得以改善，机构得以发展；（5）将评估的思维方式注入机构文化中；（6）测量影响（完成那些需要测量的内容）。通过我们的评估，IDRC已经实现了其中的一些效果，而且实践证明，这些应用是成功的，对他人来说或许也是有用的。

“过程应用”可简单定义为：“通过参与一个评估过程，所获得的态度、思想和行为方面的变化。”（Patton，2007）这意味着机构发展与评估之间有着密切的联系，无论是公共部门还是私人部门的机构，它们开展和应用评估的方式都会发生改变。我们必须意识到，评估不仅是一项实施问责的工具，它同时还是机构学习的一种方式，只有这样，我们才能更好地运用评估来促进机构发展。众所周知，评估最基本的使命就是评价机构工作的价值高低与效果好坏。如果在其中加入学习的维度，那么评估人员需要做的，就不仅仅是展示机构的工作动态了，他们还得想方设法影响工作进程、确定机构的发展方向。从某种程度上来说，这是评估实践必然的成熟过程，有着以下几方面的重要意义。

（1）评估者需要让相关利益群体更多地参与进来，收集各种不同的声音。

（2）评估者需要更多地去思考如何进行评估。

（3）它转换了评估的角色：在许多人看来，评估结果很可能会导致项目资金的削减甚至中止项目活动，所以心中总是对评估活动充满了畏惧。然而，评估角色转换之后，在适当的条件下，他们也能参与评估的设计和实施，而且最终的评估结果还能为他们所用。

（4）只有让其他参与者充分理解评估目的，评估才能更好地实现问责与学习这一双重目标。所以，评估者必须使评估目的更加公开化、透明化。

无论是在机构中还是在评估者内部，这种过程应用式的评估方法都存在争议。的确，这种新的评估方法模糊了传统的界限，将评估的任务从提供数据、信息和知识，扩展到了直接参与知识的应用。这样一来，评估也就具备了管理的功能。在评价某些工作的价值时，人们必然还会对组织的规范和价值观进行激烈的争辩。而在一些传统人士看来，评估就应该循规蹈矩，其主要任务是对项目目标和方法进行系统性的评价，而不是推动人们作出改变。所以，即使这种评估方式遭到部分抵制，那也是情有可原的。

“过程应用”的实践

我们的评估研究一开始就有着 IDRC 的工作人员和管理人员的积极参与。无论是在设计还是在实施方面，本研究都有着强烈的“过程应用”导向，其目的在于阐述发展研究对公共政策的影响机理，从而改善 IDRC 的机构规划、项目设计和组织绩效。这一评估项目于 2001 年才粗具雏形，到了今天，评估工作所实现的效果已经远远超出了我们当年的预期。

它改变了 IDRC 的一些工作程序。虽然早期的一些研究已经为我们奠定了基础，但是这次的评估无论是在方法还是机构影响方面，都开拓了一片新的领域。为了让读者能够更清晰地了解其创新，我们首先来看看传统的评估有些什么特色：

①快速完成；

②目标集中、有针对性；

③容易理解；

④形成一个简要的评估报告。

这些传统意义上的评估准则几乎都被我们打破了，有些是有心的，有些是无意的。本研究总共实施了 6 年，其间走了不少弯路。由于关注点较为广泛，研究的产出也非常惊人：到最后，我们一共汇集了 4000 多页的材料，其中包括背景研究、案例研究、摘要分析、展示材料、文章、书籍以及研讨会报告。本评估以“研究对政策的影响”为主题，但这个主题本身就包含着极大的不确定性——我们没法轻易地说研究到底对政策产生了多大影响，也没法就此给出一些简单的建议。我们摒弃了简单、迅速和主题针对性强这些传统评估的特点，但评估小组与机构的项目官员、管理者及合作伙伴戮力同心，以众人的耐力和不断地完善保证了整个评估的严密性。

本研究中，唯一保留下来的传统准则就是可应用性。应用是IDRC秉持的核心价值，我们要不断加深对于研究和政策影响的理解，这样才能更好地支持旨在影响政策的项目，推动更大的发展。非常幸运的是，IDRC懂得政策影响的复杂性，同时也意识到了自身在实践知识方面的匮乏。所以，这个机构有着强烈的学习动机，进而为我们的工作创造了条件。

事实上，此项评估实施以前，整个机构内部一直都在讨论研究和政策影响的问题。早在1970年颁布的《国际发展研究中心法令》（IDRC Act）中，有一段文字便提到：IDRC的首要目标是"发起、鼓励、支持和实施研究，以解决全世界发展中地区所面临的问题，通过应用和采纳科技及其他知识，促进地区的经济和社会发展……"（加拿大政府，1970）。此外，IDRC《2000~2005年度战略计划》中的一个重要议题就是"开展、推广和应用那些可以影响政策与技术的研究，以提升发展中国家人民的生活水平"（IDRC，2000）。

现有的研究很少对政策展开系统的分析，而我们则非常希望能够在这一前沿领域有所作为。首先，我们选择了各式各样的案例，与相应的项目官员深入探讨了他们的政策影响工作。这些项目涉及环境和自然资源管理、信息通信技术、社会和经济研究以及科技政策研究等众多领域，管理和运作方式各有不同。它们有着各自的议程和研究领域，有些项目团队主要是跟农民一起合作，另一些则是与全球金融方面的专家打交道。因此，针对"政策影响"应该在研究中扮演什么样的角色，IDRC内部有着完全不同的声音：一部分人坚持认为"我们不应该涉足政策领域"，而另一些人则已然把这当成了自己的工作重点。与此同时，对于“怎样才能让研究影响政策”这个问题，很多受访者都有自己的想法，有些人甚至还整理出了一套“实践宝典”。我们很快就认识到，IDRC 内部对于政策影响的内涵并没有统一的认识。不过在我们看来，这些理解和建议都把实际问题简单化了。如果要评估政策影响，IDRC 的工作人员和管理者至少需要弄清楚三个问题：我们所谓的政策影响指的是什么？IDRC 支持的研究项目是如何影响公共政策的？什么因素促进或抑制了政策影响？

这些核心问题一直引导着我们的研究，这在第十五章里已经有所提及。在研究过程中，实地工作人员、项目管理者以及高级执行官都积极参与了进来，通过定期举办的研讨会与我们持续进行着沟通——这就是我们方法论的灵魂所在。正是这种参与，才体现出了我们的评估是一个“过程应用式”的实践。尤其是在研讨会上①，这样的实践为 IDRC 带来了三方面的变化。第一，一些工作人员提到，从讨论中得到的观点能够直接帮助他们处理日常工作。例如，一位项目官员在蒙得维的亚的研讨会上提到，她那一周刚好在评估一份项目建议书，而会议上的这些案例和讨论让她对政策影响有了更新和更清晰的认识，能够帮她更好地完成自己的工作。第二，根据大家的讨论，我们整理出了一些比较重要的观点，提炼出了一条清晰的思路。第三，IDRC 的职员彼此敞开心扉，介绍了各自的工作和经验，让不同项目的工作人员互相增进了理解。在 IDRC 的历史上，这种场景实属罕见。有些项目官员对此印象深刻，认为这是研讨会所带来的早期效益。由此可见，我们的工作发挥了一项重要的作用，让 IDRC 内部统一了对“政策导向型”研究的认识。

项目小组邀请政策领域内的专家——卡罗尔·韦斯加入我们的

① 可参见各个研讨会报告。

队伍。她带着自己的两个哈佛研究生，与我们一起对研讨会报告进行了分析，并根据 IDRC 及其合作伙伴的需求，从中抽取出了三个重要的问题，即：

（1）我们做了什么（我们如何分配预算；作为研究的支持者，我们是如何理解自己的身份的）？

（2）我们在哪些方面做了工作（从那些已经实施的研究中总结和归纳出政策背景的类型）？

（3）我们如何工作（构建联系网络和伙伴关系来与他人合作；交流与沟通；做好时间安排；对政策进程进行性别分析）？

韦斯和她的学生对上述问题做了初步分析（Weiss et al.，2004）。她在本书的前言提到，其采用的是一种形成性（formulative）分析方法。基于这个分析报告，我们针对不同的受众制作了一系列展示材料。在一个内部的研讨会上，我们面对加拿大及全球公众发表了演说。这些前期工作让我们更好地提炼和表述出了核心问题，更重要的是，IDRC 也接受了这样的分析方法，影响了其看待政策影响的方式。接下来，我们还会继续维护一个项目信息发布网站，并将所有的材料整理成一张 CD。

总结起来，自 2001 年以来，我们的“过程应用式”评估推动 IDRC 在以下 5 个方面发生了变化。

1. 共同语言

（1）IDRC 的项目官员和管理者认识到了案例研究的优点，并将案例研究中提炼出的观点应用于自己的项目设计中。

（2）在 IDRC 内部形成一套共通的语言。

2. 政策影响成了 IDRC 的一个主题

（1）在各种讨论中，政策影响这一议题得到了更多关注（比如，IDRC 内部的年度学术论坛上）。

（2）政策影响成了各种报告的一大主题（见规划部门负责人的报告）。

（3）讨论的方向发生了变化——从“我们不求政策影响”到“我们如何实现政策影响”。

3. 在项目审批中使用了评估成果

IDRC 现在开始运用评估成果来进行项目审批了。同时，在有关项目的讨论中，评估成果也为他们搭建了项目讨论的基本框架。

4. 项目参与者和整个中心都在使用评估材料

（1）将政策影响作为衡量 IDRC 成功的标准之一。

（2）在相关项目中使用评估材料。

（3）在和 IDRC 相关的沟通过程中，持续地使用评估材料。

（4）在与其他机构交流的过程中使用评估材料，与对方分享这一领域的相关知识。

5. 其他个人和机构使用了评估材料

除了 IDRC 自身的员工以外，有些外部的个人和机构也使用了我们的资料。例如，密歇根州立大学的一位教授将其应用于自己的教学；非洲一些研究者在探究粮食安全和食品政策问题时，也阅读了这些材料。通过他们的实践，IDRC 强化了自己与国际伙伴的关系，并扩大了对发展研究的支持范围。

准备应用

如前所述，基于我们的评估工作，IDRC 改变了它对政策影响的认识、对影响政策型研究的内部讨论以及资助研究的方式。

然而，为什么这个评估会产生如此明显的“过程应用”效果呢？为什么它能持续推动机构的变革呢？笔者认为，该研究具备的八个突出特征可以对此作出解释。

1. 我们有着实现“过程应用”的意图

并不是所有评估都像我们这样。大多数情况下，它们只追求简单的产出。因此，我们需要再次强调：意图可以影响工作的效果。

2. 我们征询了使用者的意见

有关政策研究的问题既重要又复杂。在我们的实践中，我们不断地向预期的评估使用者咨询，在整个研究过程中都跟他们保持紧密的联系。这是一个双向的交流，我们在提出问题的同时，也给予对方帮助。如果使用者认为他们的参与不会得到回报，那么他们也就不会一直付出。而这种意义上的“回馈”从第一次研讨会就开始出现了。整个评估研究的价值就集中体现在了相互交流的过程中。

3. 我们的评估吸引了所有机构成员

有关政策研究的问题横跨整个 IDRC，这是任何项目、任何决策都必须考虑的问题。所以，我们的评估工作牵动了每个职员的神经。很多工作人员和管理人员都参与了评估过程，并常常将评估成果运用到了自己的工作中。

4. 我们尊重现实，不过分简化事实

对于自己的定位，我们清晰地知道自己绝不是去发明什么万能药，让所有的研究者都能拿来影响政策。从一开始我们就意识到，我们面对的是一个复杂的问题，必须认真对待。如埃里克·詹奇（Erich Jantsch）所说，“现实是复杂的……或者是更加复杂的（这并不是同种程度的复杂性，而是更深层次的复杂），因此，我们需要有一个更加现实的态度来面对它……”（Jantsch，1980：267）。这意味着我们在做评估工作时，一定要承认现实的复杂性，不发表任何虚言妄语。

除了以上四个方面以外，我们的评估研究还具备以下几个特征，尽管不是最重要的，但它们确实也发挥了一定作用，让本研究能够发挥出“过程应用”的效果。

5. 我们做了适当的时间安排

要给研究做适当的时间安排，这既需要耐心，又得随时保持警醒。在很多情况下，随着时间的推移，早期的一些项目成果总会带来新的变化，使得整个局势对我们的工作越来越有利。但即便如此，有些项目的时间安排还是乱了步调，偏离了研究主题和机构本身的目标。我们在评估过程中仔细把握住这些节奏，尽可能地抓住所有机会来赢得理想的评估效果。

6. 我们的研究成果与使用者紧密相关

随着评估的不断开展，我们对“相关性”的提及也越来越多。对于某些项目，我们的管理者可能并不要求对政策产生什么影响，但这些项目官员仍然从评估结果里获取了一些经验，并对这些经验表示认可。而对于那些本来就志在影响政策的研究项目，其需求就更加迫切了。运用我们的评估成果，研究者们可以分析自己面临的障碍，尽量走出困局。

7. 我们与其他研究同声相应，相互借鉴

在研究领域，同行的意见往往会赋予研究者更大的动力去促成改变。在本研究中，我们没有故步自封，把自己的工作与其他人的研究隔离开来。相反，我们引进了别人的成果，并肯定了他们的价值。

8. 我们在研究中发现乐趣

评估小组将大家聚集在一起分析各种材料，在一个办公室里共同交流、享受探索的乐趣。这样一来，项目工作自然就成了一次快乐的旅行。在很多参与者看来，正是这种愉悦的氛围促进了他们更好地学习。

其他人也会关注我们的研究吗？

我们都知道，研究获得的知识不一定对所有人都受用。就我们自己的工作而言，笔者认为，评估本身及其取得的效果应当属于帕顿（2002a）所提倡的“高质量经验”。也就是说，这些经验是其他人有可能关注的。

那么，谁会关注这个研究呢？或许我们应该把本章开篇就说到的“结果应用”和“过程应用”再重提一下。首先，从“结果应用”的维度看，我们的成果已经远远超出了这 23 个案例，乃至 IDRC 的领域了。这些经验的“高质量”在于其具有如下特点：

（1）关注众多研究者对相应问题的思考；

（2）提供一些典型的例子，说明政策影响如何发生，或什么情况下不会发生；

（3）无论是在案例研究还是结论分析中，都清晰地呈现了事实依据；

（4）分析了在发展中国家实施的多类研究；

（5）打下了坚实的方法论基础；

（6）保证了不同地域和领域的各种案例具有可比性。

另外，从“过程应用”的维度来看，即评估活动还对机构变化的影响，这些标准亦然适用。只要切合机构的关注点、制度规范与组织策略，及时地提出和处理了问题，那么过程应用的潜力就会大大提升。总的来说，“结果应用”与“过程应用”之间有着十分重要的关系。在应用评估研究时，我们不可偏废其一。只有当它们协同并行之时，两者的作用才会倍增。如果评估主题与机构需求密切相关，而评估的方式又广受认可，那么越来越多的机构成员就会参与其中，过程应用的效果也就会随之凸显。

在本章，笔者始终把重点放在这种特殊的评估经验上，仅对文献做了少许的归纳，较少涉及理论。和其他研究不同的是，我们的理论不是从某个单独的案例提炼而来的，而是源自多个交叉案例所呈现出来的共性。本评估对机构变化的推动，在某种程度上证实了裴士基和帕顿等人的看法。这表明，随着评估在该领域中的声望越来越高，其价值和地位也日益突出。

这些结论是我们一步一个脚印走出来的，而不是通过理论推究得来的。尽管如此，我们的实践依然具有理论方面的意义——将这些结论组织起来，建立一个更加强大的理论，或许会对将来的实践有所帮助。正如库尔特·勒温（Kurt Lewin）经常提到的："没有什么比一个好的理论更具有实践性。"

缩写词

AFSSRN	Asian Fisheries Social Science Research Network 亚洲渔业社会科学研究网络
AKI	Angelo King Institute of Economic and Business Studies 安吉洛国王经济与商业研究院
ANC	African National Congress 非洲人国民大会
ARDA	Arsaal Rural Development Association 阿塞尔农村发展协会
AUB	American University of Beirut 贝鲁特美国大学
BARD	Bangladesh Academy of Rural Development 孟加拉农村发展学院
BBS	Bangladesh Bureau of Statistics 孟加拉国统计局
BIDS	Bangladesh Institute of Development Studies 孟加拉发展研究所
CBMS	Community – Based （Poverty） Monitoring System 以社区为基础的（贫困）监测系统

CCRE	Consultative Commission on Educational Reform 教育改革协商委员会
CGE	Computable General Equilibrium Model 可计算一般均衡模型
CIDA	Canadian International Development Agency 加拿大国际发展署
CIS	Computerized Information System 计算机化的信息系统
CIUEM	Center for Informatics at the University of Eduardo Mondlane 爱德华多·蒙德拉纳大学的大学信息中心
CMS	Chronic Mountain Sickness 慢性高山病
CNPRE	Standing National Commission on Educational Reform 国家教育改革常务委员会
COPMAGUA	Coordination Office of Mayan Organizations in Guatemala 危地马拉玛雅组织协调办公室
CREA	Centre de Recherches en économie Appliquée 应用经济学研究中心
DHMTs	District Health Management Teams 地区医疗卫生管理小组
DSS	District Sentinel Surveillance systems 地区定点监测系统
ECA	East and Central Africa 东非和中非
ECAPAPA	Eastern and Central Africa Programme for Agricultural Policy Analysis 中东非农业政策分析项目

ECLAC	Economic Commission for Latin America and the Caribbean 拉丁美洲和加勒比地区经济委员会
EHIP	Essential Health Intervention Project 基础医疗卫生干预项目
ELSA	Early Evaluation and Learning System for Acacia 阿卡西亚项目的早期评估和学习系统
EMDU	Environmental Management Development in Ukraine 乌克兰环境管理发展项目
ESDU	Environment and Sustainable Development Unit 环境与可持续发展小组
FLASCO	Latin American Faculty of Social Sciences 拉丁美洲社会科学学院
FRG	Guatemalan Republican Front 危地马拉共和阵线
G-24	Group of 24 24 国集团
G-24 TSS	Group of 24 Technical Support Service 24 国集团的技术支持服务项目
GDP	Gross Domestic Product 国内生产总值
GEF	Global Environment Facility 全球环境基金
GIAN	Gujarat Innovation Augmentation Network 古吉拉特创新增值网络
GIS	Geographic Information System 地理信息系统
GPS	Global Positioning System

	全球定位系统
GTZ	Deutsche Gesellschaft fuer Technische Zusammenarbeit (German Agency for Technical Cooperation) 德国技术合作公司
HES	Household Expenditure Survey 住户消费调查
HIPC	Highly Indebted Poor Countries 重债穷国
HIV/AIDS	Human Immunodeficiency Syndrome/Acquired Immune Deficiency Syndrome 人类免疫缺陷综合征/获得性免疫缺陷综合征
ICARDA	International Centre for Agricultural Research in Dry Areas 国际干旱地区农业研究中心
ICBA	International Centre for Biosaline Agriculture 国际生物盐化农业中心
ICIMOD	International Centre for Integrated Mountain Development 国际山地综合发展中心
ICLARM	International Centre for Living Aquatic Resources Management 国际水生资源管理中心
ICRISAT	International Crops Research Institute for Semi - Arid Tropics 国际半干旱热带作物研究所
ICT	Information and Communication Technology 信息通信技术
IDB	Inter-American Development Bank

美洲开发银行

IDRC　International Development Research Centre

国际发展研究中心

IIMA　Indian Institute of Management Ahmedabad

印度管理学院阿默达巴德分校

IMF　International Monetary Fund

国际货币基金组织

INWRDAM　Inter- Islamic Network on Water Resources Development and Management

伊斯兰水资源开发和管理网络

IPR　Intellectual Property Rights

知识产权

ISP　Internet Service Provider

互联网服务供应商

IT　Information Technology

信息技术

IWT Ⅱ　Second International Water Tribunal

第二国际水法庭

IWTC　International Women's Tribune Centre

国际妇女论坛中心

LAC　Latin America and the Caribbean

拉丁美洲和加勒比海地区

LARI　Lebanese Agricultural Research Institute

黎巴嫩农业研究所

LATN　Latin American Trade Network

拉丁美洲贸易网络

MENA　Middle East and North Africa

中东和北非

MIMAP	Micro Impacts of Macroeconomic and Adjustment Policies 宏观经济调整政策的微观影响
MoH	Ministry of Health 卫生部
MPCE	Multi-sector Permanent Commission on the Environment 多部门环境工作常委会
NEPAD	New Partnership for Africa's Development 非洲发展新伙伴关系计划
NGO	Non-governmental Organization 非政府组织
NIF	National Innovation Foundation 国家创新基金
NITC	National Information Technology Council 国家信息技术委员会
NPC	National Planning Commission 国家计划委员会
OCEEI	Office for Central and Eastern Europe Initiatives 中欧和东欧倡议国组织办公室
ODI	Overseas Development Institute 海外发展研究所
PAN	National Advancement Party 全国先锋党
PCR	Project Completion Report 项目结项报告
PIDS	Philippine Institute for Development Studies 菲律宾发展研究所
PMS	Poverty Monitoring System 贫困监测系统

PRSP	Poverty Reduction Strategy Paper 减贫战略文件
RAPID	Research and Policy in Development (a programme of ODI) 发展研究与发展政策（ODI 的一个项目）
REMPAI	Resource Management and Policy Analysis Institute 资源管理和政策研究所
SAS	Senegal Acacia Strategy 塞内加尔阿卡西亚战略
SEGEPLAN	Presidential Office for Planning and Programming (Guatemala) 总统规划设计办公室（危地马拉）
SEWA	Self Employed Women's Association 自雇妇女协会
SONATEL	National Telecommunications Company of Senegal 塞内加尔国家电信公司
SONEDE	National Society for Water Exploitation and Distribution 全国水资源开发与分配协会
SPCC	Southern Peru Copper Corporation 南秘鲁铜业公司
SRISTI	Society for Research and Initiatives for Sustainable Technologies and Institutions 可持续技术和制度研究与创新学会
TEHIP	Tanzania Essential Health Interventions Project 坦桑尼亚基础医疗卫生干预项目
TG	Technical Group 技术小组
TRIPS	Trade Related Intellectual Property Rights

	《与贸易有关的知识产权协议》
TSS	Technical Support Service 技术支持服务
UEM	University Eduardo Mondlane 爱德华多·蒙德拉纳大学
UMC	Ukraine Management Committee 乌克兰管理委员会
UNCTAD	United Nations Conference on Trade and Development 联合国贸易与发展会议
UNDP	United Nations Development Programme 联合国开发计划署
VEEM	Vietnam Economic and Environmental Management programme 越南经济与环境管理项目
VISED	Vietnam Sustainable Economic Development programme 越南可持续经济开发项目
VSAT	Very Small Aperture Satellite Transmission 小口径卫星传输
WDM	Water Demand Management 用水需求管理
WDMF	Water Demand Management Forum 用水需求管理论坛
WDR'93	World Development Report 1993 1993 年世界发展报告
WTO	World Trade Organization 世界贸易组织

参考文献

Ackello-Ogutu, Chris. 2003. ' ECAPAPA Case Study '. Available online at http://www.idrc.ca/evaluation/ev-41432-201-1-DO_TOPIC.html

Adamo, Abra. 2002. *Strategic Evaluation of Policy Influence: What Evaluation Reports Tell Us about Public Policy Influence by IDRC-supported Projects*. Ottawa: Evaluation Unit, IDRC.

—. 2003. *The Influence on Public Policy through IDRC-supported Research: Synthesis of Document Reviews*. Ottawa: Evaluation Unit, IDRC.

Argueta, Bienvendo. 2002. ' Financing Education Reforms in Guatemala'. Available online at http://www.idrc.ca/evaluation/ev-41434-201-1-DO_TOPIC.html

Arregui, A., F. Leon-Velarde, and M. Valcarcel. 1990. *Salud y Mineria, El Riesgo del Mal de Montana Cronico enre Mineros de Cerro de Pasco*. Lima: ADEC-ATC/Mosca Azul and ' La Altura, el Mal de Montana Cronico en la Salud del Trabajador Minero ', May 1992. Lima: ADEC-ATC, Asociacion Laboral para el Desarrollo. Available at the ADEC-ATC Library in Lima.

Ayuk, Elias T. and Mohammed Ali Marouani. 2007. *The Policy Paradox in Africa: Strengthening Links between Economic Research and Policy Making*. Trenton, NJ and Ottawa: Africa World Press and IDRC.

Brooks, David. 2002. 'Case Study of Sustainable Improvement of Marginal Land in Arsaal, Lebanon'. Available online at http://www.idrc.ca/evaluation/ev-31683-201-1-DO_TOPIC.html

Burns, Thomas F. 1981. 'Planning Networks and Network Agents: An Approach to Adaptive Community Governance'. Unpublished doctoral dissertation. University of Pennsylvania.

Burton, Leanne. 2004a. 'Society for Research and Initiatives for Sustainabile Technologies and Institutions (SRISTI): A Case Study.' Available online at http://www.idrc.ca/evaluation/ev-54202-201-1-DO_TOPIC.html

—. 2004b. 'The Development of Nepal's IT Policy: A Case Study'. Available online at http://www.idrc.ca/evaluation/ev-54195-201-1-DO_TOPIC.html

Caplan, N. 1979. 'The Two-communities Theory and Knowledge Utilization', *American Behavioral Scientist*, 22 (2): 459-70.

Carden, Fred. 2004. 'Issues in Assessing the Policy Influence of Research', *International Social Science Journal*, 179 (March): 135-51.

—. 2005. *Capacities, Contexts, and Conditions: The Influence of IDRC-supported Research on Policy Processes*. Ottawa: IDRC Evaluation Highlight #5. IDRC.

—. 2007. 'Context Matters: The Influence of IDRC-supported Research on Policy Processes', in Elias T. Ayuk and Mohammed Ali Marouani (eds), *The Policy Paradox in Africa: Strengthening Links between Economic Research and Policy Making*, pp. 93-116. Trenton, NJ and

Ottawa: Africa World Press and IDRC.

Carden, Fred. 2008. 'Using Comparative Data: A Systems Approach to a Multiple Case Study', in David Byrne and Charles Ragin (eds), *Handbook of Case-Centred Methods*. London: Sage Publications.

Carden, Fred and Stephanie Neilson. 2005. 'Confluence and Influence: Building Policy Capacities in Research Networks', in Diane Stone and Simon Maxwell (eds), *The Challenge of Transnational Knowledge Networks: Bridging Research and Policy in a Globalizing World*, pp. 139–55. London: Routledge.

Carden, Fred, Stephanie Neilson, Terry Smutylo, Denise Deby, Sarah Earl, and Molly den Heyer. 2001. *IDRC-supported Research in the Public Policy Process: A Strategic Evaluation of the Influence of Research on Public Policy*. Ottawa: Evaluation Unit, IDRC.

Court, Julius, Ingie Hovland, and John Young (eds). 2005. *Bridging Research and Policy in Development: Evidence and the Change Process*. Warwickshire: ITDG.

Cullen, M. J. 1975. *The Statistical Movement in Early Victorian Britain: The Foundations of Empirical Social Research*. New York: Harper and Row.

Earl, Sarah, Fred Carden, and Terry Smutylo. 2001. *Outcome Mapping: Building Learning and Reflection into Development Programs*. Ottawa: IDRC.

Edwards, Kimberley. 2001. *PCRs and Policy Influence: What Project Completion Reports have to Say about Public Policy Influence by Centre-supported Research*. Ottawa: Evaluation Unit, IDRC.

Evaluation Unit. 2007. Annual Report on Corporate Performance for 2006. *Section* 10, *Analysis across Performance Areas*, IDRC, Ottawa.

Feinstein, Osvaldo and Robert Picciotto (eds). 2000. *Evaluation and Poverty Reduction: Proceedings from a World Bank Conference.* Washington, DC: World Bank.

Flyvberg, Bent. 2001. *Making Social Science Matter: Why Social Inquiry Fails and How It Can Succeed Again.* Cambridge: Cambridge University Press.

Gillespie, Bryon. 2003a. *Intent to Influence Policy in IDRC Programs and Projects.* Ottawa: Evaluation Unit, IDRC.

—. 2003b. 'Water Demand Management in Syria: The Case of Brackish Water'. Available online at http://www.idrc.ca/evaluation/ev-66376-201-1-DO_TOPIC.html

Gonsalves, Tahira and Stephen Baranyi. 2003. *A History of IDRC Intent.* Ottawa: Evaluation Unit, IDRC.

Government of Canada. 1970. *International Development Research Centre Act.* Ottawa: Government of Canada.

Hagi-Bishow, M. and R. B. Bonnell. 2000. 'Assessment of LEACHM - C Model for Semi-arid Saline Irrigation', *ICID Journal*, 49: 29-42.

Hamadeh, Shadi, Mona Haidar, and Rami Zurayk. 2006. *Research for Development in the Dry Arab Region: The Cactus Flower.* Penang, Malaysia: Southbound and Ottawa: IDRC.

International Development Research Centre. 2000. *IDRC Program Directions*, 2000-2005. Ottawa: IDRC.

—. 2001. *Closing the Loop: Communication for Change at IDRC.* Ottawa: IDRC.

International Development Research Centre, Evaluation Unit. 2003a. *Cases, Concepts and Connections: Report of a Workshop, Ottawa, March* 2003. Ottawa: Evaluation Unit, IDRC.

—. 2003b. *The Influence of Research on Public Policy: Report of a*

Workshop, Johannesburg, November 2002. Ottawa: Evaluation Unit, IDRC.

—. 2003c. *The Influence of Research on Public Policy: Report of a Workshop, Montevideo, December* 2002. Ottawa: Evaluation Unit, IDRC.

—. 2003d. *The Influence of Research on Public Policy: Report of a Workshop, Bangkok, January* 2003. Ottawa: Evaluation Unit, IDRC.

International Development Research Centre, Evaluation Unit. 2003e. *The Influence of Research on Policy: Advisory Committee Retreat, February* 20 - 21. Ottawa: Evaluation Unit, IDRC.

—. 2003f. *Seminar on Evaluating Policy Influence in Ukraine: Report of a Workshop, Ottawa, March* 26, 2003. Ottawa: Evaluation Unit, IDRC.

Iverson, Alex. 2003. *Attribution and Aid Evaluation in International Development: A Literature Review.* Ottawa: Evaluation Unit, IDRC.

Jantsch, Erich. 1980. *The Self-Organizing Universe.* NY: Pergamon.

Katz, D. and R. L. Kahn. 1969. 'Common Characteristics of Open Systems', in F. E. Emery (ed.), *Systems Thinking*, pp. 86-104. Harmondsworth: Penguin Modern Management Readings.

Kingdon, John. 1984. *Agendas, Alternatives and Public Policies.* Boston Toronto: Little Brown & Company.

Krastev, Ivan. 2000. 'Post Communist Thinktanks: Making and Faking Influence', in Diane Stone (ed.), *Banking on Knowledge.* London and NY: Routledge.

Leon-Velarde, F. and A. Arregui. 1994. *Desadaptacion a la Vida en las Grandes Alturas.* Lima: Instituto Frances de Estudios Andinos y Universidad Peruana Cayetano Heredia.

Lindquist, Evert A. 2001. *Discerning Policy Influence: Framework for Strategic Evaluation of IDRC-supported Research*. Ottawa: Evaluation Unit, IDRC. Available online at http: //www. idrc. ca/en/ev – 12177 – 201 –1 – DO_TOPIC. html

Livny, Eric, Archana Mehendale, and Alf Vanags. 2006. 'Bridging the Research Policy Gaps in Developing and Transition Countries: Analytical Lessons and Proposals for Action. Global Development Network'. Available online at http: //www. gdnet. org/ middle. php? oid = 1283

Loayza, Fernando Careaga. 2003. 'The Cases of High Altitude and Mining, and the Impact of Copper Mining on Resources in Southern Peru'. Available online at http: //www. idrc. ca/evaluation/ ev–66333 – 201 –1 –DO_TOPIC. html

Lusthaus, Charles, Marie-Hélène Adrien, Gary Anderson, Fred Carden, and George Plinio Montalván. 2002. *Organizational Assessment*. Washington and Ottawa: IDB & IDRC.

Lyzogub, Iryna. 2002. 'Environmental Management Development in Ukraine'. Available online at http: //www. idrc. ca/evaluation/ev– 31684–201 –1 –DO__TOPIC. html

Macadar, Luis. 2003. *The Influence of Research on Public Policy: The Latin American Trade Network*. Ottawa: Evaluation Unit, IDRC.

Maruyama, M. 1976. 'Toward Cultural Symbiosis', in Erich Jantsch and Conrad Waddington (eds), *Evolution and Consciousness: Human Systems in Transition*, pp. 198–213. Addison Wesley: Reading, MA.

Neilson, Stephanie. 2001. *Knowledge Utilization and Public Policy Processes: A Literature Review*. Ottawa: Evaluation Unit, IDRC. Available online at http: //www. idrc. ca/en/ev–12186 –201 –1 –DO_

TOPIC. html

Neilson, Stephanie and Terry Smutylo. 2004. 'The TEHIP "Spark": Planning and Managing Health Resources at the District Level'. Available online at http://www.idrc.ca/evaluation/ev-58698-201-1-DO_TOPIC.html

Ofir, Zenda. 2003a. 'Acacia: The Case of Mozamabique'. Available online at http://www.idrc.ca/evaluation/ev-104039-201-1-DO_TOPIC.html

—. 2003b. 'Acacia: The Case of South Africa'. Available online at http://www.idrc.ca/evaluation/ev-31663-201-1-DO_ TOPIC.html

—. 2003c. 'Acacia: The Case of Uganda'. Available online at http://www.idrc.ca/evaluation/ev-31661-201-1-DO_TOPIC.html

O'Neil, Maureen. 2006. Interview with the author, March 2006.

Patton, Michael Quinn. 1997. *Utilization-Focused Evaluation: The New Century Text*. Third edition. Thousand Oaks, CA: Sage Publications.

—. 2002a. 'Utilization-Focused Evaluation Checklist'. Available online at http://www.wmich.edu/evalctr/checklists/ufe.pdf, downloaded on 1 February 2003.

—. 2002b. *Qualitative Research and Evaluation Methods*. Third edition. Thousand Oaks, CA: Sage Publications.

—. 2007. 'Process Use as Usefulism', *New Directions in Evaluation*, 116: 99-112.

Pomeroy, Robert. 2002. 'A Case Study of the Asian Fisheries Social Science Research Network'. Available online at http://www.idrc.ca/evaluation/ev-31677-201-1-DO_TOPIC.html

Reimers, Fernando and Noel McGinn. 1988. *Informed Dialogue: Using Research to Shape Education Policy around the World*. Westport, CT:

Praeger.

Riggirozzi, María Pía. 2004. 'Bridging Research and Poverty: MIMAP Bangladesh'. Available online at http://www.idrc.ca/evaluation/ev-57584-201-1-DO_TOPIC.html

Riggirozzi, María Pía and Tracy Tuplin. 2004. 'The Influence of Research on Policy: MIMAP Philippines'. Available online at http://www.idrc.ca/evaluation/ev-57585-201-1-DO_TOPIC.html

Sabatier, Paul A. and Hank C. Jenkins-Smith. 1993. *Policy Change and Learning: An Advocacy Coalition Approach*. Boulder, CO: Westview Press.

Saumier, André. 2003. 'The Impact of Research on Public Policy: The Case of Vietnam'. Available online at http://www.idrc.ca/evaluation/ev-65386-201-1-DO_TOPIC.html

Sene, Khamate and Ramata Thioune. 2003. 'Acacia: The Case of Senegal'. Available online at http://www.idrc.ca/evaluation/ev-31406-201-1-DO_TOPIC.html

Shevchuk, V.Y., G.O. Bilyavsky, V.M. Navrotsky, and O.O. Mazurkevitch. 2005. *Preserving the Dnipro River: Harmony, History, and Rehabilitation*. Oakville, ON Canada & Ottawa: Mosaic Press/IDRC.

Smutylo, Terry. 2001. *Crouching Impact, Hidden Attribution: Overcoming Threats to Learning in Development Programs*. Ottawa: Evaluation Unit, IDRC.

Stone, Diane and Simon Maxwell (eds). 2005. *The Challenge of Transnational Knowledge Networks: Bridging Research and Policy in a Globalizing World*. London: Routledge.

Surani, Eman. 2003. 'Greywater Reuse: Jordan'. Available online at http://www.idrc.ca/evaluation/ev-31682-1-DO_TOPIC.html

Toulemonde, Jacques and Lise Rochaix. 1994. ' Rational Decision-making through Project Appraisal: A Presentation of French Attempts' , *International Review of Administrative Sciences*, 60: 37-53.

Trist, Eric (General editor). Trist, Beulah (Assistant editor). 1990. 1993. 1997. *The Social Engagement of Social Science: A Tavistock Anthology*. Philadelphia: University of Pennsylvania Press. *Volume I: The Socio-Psychological Perspective*, Trist, E. and Murray, H. , eds; *Volume II: The Socio - Technical Systems Perspecive*, Trist, E. and Murray, H. , eds. ; *Volume III: The Socio-Ecological Systems Perspective*, Trist, E. , Emery, F. , and Murray, H. , eds.

Tuplin, Tracy. 2004a. ' The Influence of Research on Policy: The Case of MIMAP Senegal '. Available online at http: //www. idrc. ca/evaluation/ev-57583-1-DO_TOPIC. html

—. 2004b. ' The Case of Water Demand Management in Tunisia'. Available online at http: //www. idrc. ca/evaluation/ev - 66377-1-DO_TOPIC. html

Tussie, Diana, M. P. Riggirozzi, and T. Tuplin. 2003. *A Study of Policy Influence: The G-24 Technical Support Service*. Ottawa: Evaluation Unit, IDRC.

Vibe, Maja de, Ingie Hovland, and John Young. 2002. 'Bridging Research and Policy: An Annotated Bibliography', ODI Working Paper 174, Overseas Development Institute, London. Available online at http: //www. odi. org. uk/rapid/Publications/RAPID_WP_174. htm

Wagner, Peter, C. H. Weiss, B. Wittrock, and H. Wollmann (eds) . 1991. *Social Sciences and Modern States: National Experiences and Theoretical Crossroads*. Cambridge: Cambridge University Press.

Weiss, Carol H. 1967. ' Utilization of Evaluation: Toward Comparative Study,' In House of Representatives, *The Use of Social*

Research in Federal Domestic Programs, part III, pp. 426 - 32, April. Washington, DC: Government Printing Office.

—. 1977a. *Using Social Research in Public Policy Making*. Lexington, MA: Lexington Books, DC Heath and Co.

—. 1977b. 'Research for Policy's Sake: The Enlightenment Function of Social Research', *Policy Analysis*, 3 (4): 531-45.

—. 1982. 'Knowledge Utilization in Decision Making: Reflections on the Terms of the Discussion', *Research in Sociology of Education and Socialization*, 3: 21.

—. 2003. *Studying Research Utilization*. A speech at IDRC, 24 March. Ottawa: IDRC Evaluation Unit.

Weiss, Carol H., Svetlana Karuskina-Drivdale, and Shahram Paksima. 2004. *IDRC-supported Research and Its Influence on Public Policy: Results from a Cross-case analysis*. Ottawa: Evaluation Unit, IDRC.

Yin, R. K. 1994. 'Case Study Research: Design and Methods,' *Applied Social Science Methods Series*, second edition, Volume 5. Thousand Oaks: Sage Publications.

Yin, R. K., C. H. Weiss, O. M. Cheung, and J. Capper. 1988. *Preliminary Study of the Utilization of A. I. D.'s Evaluation Reports*. Washington, DC: Cosmos Corporation.

附注说明

让研究影响公共政策本来是一件很难的事，但这些困难没能阻挡人们的兴趣。相反，越来越多的研究中心、倡导机构和智囊团开始投身于这个领域，开展了各种研究。相应的，各种研究成果也如雨后春笋般纷纷出现在人们眼前。因此我们很难列出一个完整的参考书目。但不得不提的是，卡罗尔·韦斯就一如我们这个领域的泰斗，她的著作揭示了研究和政策之间的关系，引领着这个领域的思想与行动。在1967年首度发表了与该问题相关的报告之后，她就一直没有停止过探索。1977年，韦斯的第一本专著问世。如今她在这一领域至少已发表了70篇文章，同时还出版了一些相关书籍。

如上文所说，这个领域的研究增长太迅速了。要是我们着意列一个书目清单，那么估计还没等本书付梓，新的著作就会纷纷涌现，这个清单的意义也就不复存在了。容版面有限，我们在这一部分仅能展示一些对我们工作有重大意义的参考文献和网络链接，共分三个部分。一是既有研究，它们指引了本研究的设计和实施；二是本研究发表和出版的一些文章与著作；三是部分网站。

既有研究

为了指导研究的设计，我们事先做了两篇文献综述（Neilson，2001；Lindquist，2001）。另外，我们还参见了海外发展研究所（ODI）在相同领域里做的综述（Vibe et al.，2002）。

Neilson，Stephanie. 2001. *Knowledge Utilization and Public Policy Processes*：*A Literature Review*. Ottawa：Evaluation Unit，IDRC. 这篇文章的网址是：www. idrc. ca/en/ev–12186 – 201–1–DO_TOPIC. html。

这篇综述写于研究的设计阶段。作者搜集了海量的信息，在“研究对政策的影响”这个方面参考了许多重要的文献资料；同时还特别关注了发展中国家在这方面的研究情况，结果发现相关资料很不足。

Lindquist，Evert A. 2001. *Discerning Policy Influence*：*Framework for a Strategic Evaluation of IDRC-supported Research*. Ottawa：Evaluation Unit，IDRC 这篇文章的网址是：www. idrc. ca/en/ev – 12177– 201–1–DO_TOPIC. html。

这篇综述同样写于研究的设计阶段。基于对已有文献的考察，以及 IDRC 众多工作人员给予的建议，作者列出了研究框架的重要内容，指导我们对 25 个案例进行了分析。

Vibe，Maja de，Ingie Hovland，and John Young. 2002. ‘Bridging Research and Policy：An Annotated Bibliography’，ODI Working Paper 174，Overseas Development Institute，London. 这篇文章的网址是：www. odi. org. uk/rapid/Publications/RAPID_WP_174. htm。

除了跟以上两篇综述相近的内容外，这篇文章还回顾了沟通、社会心理学以及传媒研究等领域的文献。

IDRC 的研究资料

在这一部分，我们将着重介绍与本研究非常相关的一些出版物。

在研究期间产生的所有文章、报告和展示材料都可以在 IDRC 的网站上找到：http：//www. idrc. ca/en/ev - 26606 - 1 - DO _ TOPIC. html。读者可以在这个网站上看到这个研究的设计文件、跟 IDRC 相关的背景材料、各种各样的展示材料、研讨会报告以及我们在研究中用到的分析材料。此外，我们还将所有案例研究的完整版与精缩版资料放在了网站上。

除了项目资料之外，我们还出版了其他一些文章，例如：

Carden, Fred. 2004. 'Issues in Assessing the Policy Influence of Research', *International Social Science Journal*, 179: 135-51.

这篇文章回顾了本研究的方法论，讨论了本研究在执行过程中遇到的一些困难。

Carden, Fred and Stephanie Neilson. 2005. 'Confluence and Influence: Building Policy Capacities in Research Networks', in Diane Stone and Simon Maxwell (eds), *Global Knowledge Networks and International Development*, pp. 139-55. Abington, OXON: Routledge.

这一章分析了三个跟联系网络有关的案例。整部书完整地阐释了国际发展领域里，研究为什么能影响政策、如何影响了政策以及在什么程度上影响了政策。通过智库机构、学术机构和发展机构的经历，作者从历史的视角切入，展示了研究如何影响当地、国家以及全球政策。他们调查了许多发展机构，查看了这些机构如何推动研究去影响政策，同时还列出了许多相关的方法和技巧。对于研究和发展之间的复杂关系，本书梳理了相关概念和理论，提供了一个较为权威的视角。另外，还借用全球各地的案例研究，揭示了研究在影响政策过程中的复杂性。

Carden, Fred. 2007. 'Context Matters: The Influence of IDRC-supported Research on Policy Processes', in Elias T. Ayuk and Mohamed Ali Marouani (eds), *The Policy Paradox in Africa: Strengthening Links between Economic Research and Policymaking*, pp. 93 – 116. Trenton, NJ and Ottawa: Africa World Press and IDRC.

这篇文章是由作者在达喀尔的一个会议展示材料发展而来的，主旨在于加强非洲的经济研究能力。该文通过对案例的观察，得出了一些主要结论，核心观点就是：研究开展的背景将会影响其最终的效果。

此外，这篇文章中还收录了在非洲各个国家积极参与政策进程的其他研究者的反思观点以及看待政策过程和政策影响的认识框架。有关这些内容的更多信息请参见 http://www.idrc.ca/sisera/。

Carden, Fred. 2009. 'Using Comparative Data: A Systems Approach to a Multiple Case Study', in David Byrne and Charles Ragin (eds), *The Sage Handbook of Case-Based Methods*. London: Sage Publications.

这本书主要探索了"以案例为中心"的方法，介绍了多个领域和地域的例子。作者在最后一部分还探索了一些便于展开测量和分析的案例分类法。而弗雷德写的这章内容则讨论了本研究所采用的多案例研究法。如果读者有意实施案例研究，那么最好能深入了解一下这本书。

网　　站

在这一部分，我们列了一些网址，并将相应网站的介绍附在了网址下方。如果读者想了解这个领域的热点话题和前沿研究，都可以去浏览一下。

如上所述，针对如何影响政策这个主题，很多机构和研究者都作了不少研究，并把他们的研究成果张贴到了网站上。在此我们无意于囊括所有的研究，只想把目光集中在发展领域里。内尔森（Neilson）在文献综述里提到，现有的大部分研究都是关于欧美发达国家的，很少有人注意到非洲、亚洲、拉丁美洲的研究是怎么影响政策的。而我们的工作就是要关注这些地区。

http：//www. idrc. ca/

加拿大国际发展研究中心（简称 IDRC）是加拿大的公共机构，与发展中国家的研究人员密切合作，致力于建设更加健康、公平和繁荣的社会。读者若想了解本研究的详细资料，可以登录 www. idrc. ca/evaluation。IDRC 的工作重心之一就是鼓励研究影响政策，因此，网站上展示的很多研究项目都是与之相关的，读者可以找到非常有价值的信息。

http：//www. odi. org. uk/

海外发展研究所（ODI）是英国领先的独立智囊团。它关注国际发展和人道主义问题，希望通过启发和影响政策，用实际行动来减少贫困和人民的痛苦，帮助发展中国家的人民实现可持续生计。该机构的官网称："我们努力开展高质量的应用研究，提出切实可行的政策建议，传播研究成果以引起相关的政策讨论。我们乐于与发展中国家以及发达国家的公共部门、私人部门建立伙伴关系。我们以研究项目和政策倡导项目为工作重心。"

在这个机构中，大多数项目都跟"政策影响"这个主题沾边。但其中有一个与之最相关的，那就是"发展研究和政策"项目（简称 RAPID）。该项目意在探索"怎样才能让研究应用到政策过程中"。

http://www.odi.org.uk/RAPID/index.html

如果更好地采用了研究建议，那么发展政策和行动就能更有效地挽救生命、消除贫困和提高人们的生活质量。例如，研究者曾在坦桑尼亚农村进行了住户疾病调查，基于这个调查的结果，政府推动了当地医疗卫生服务的改革，使得2000~2003年，两个试点区的婴儿死亡率下降了40%。另外，在艾滋病发病状况严重的某些国家，尽管研究者已经给了决策者相应的建议，但政府依然不予以采纳。援助组织每年在发展研究上的投资近30亿美元。但是针对研究出于什么原因、何时对政策产生了怎样的影响，我们仍缺乏系统的研究。为了更好地认识研究对扶贫政策的影响，我们尤其需要了解以下内容。

（1）政策制定者怎样才能最好地利用研究，基于事实依据来制定政策。

（2）研究者应该怎样运用自己的研究成果，才能最大限度地影响政策。

（3）如何推进研究者和政策制定者之间的互动。

例如，下面这篇文章就是跟政策研究的监测评估相关的：

Ingie Hovland. 2007. 'Making a Difference: M&E (Monitoring and Evaluation) of Policy Research', ODI Working Paper 281, ODI, London.

这篇文章主要面向研究机构和项目，而不是单个的研究者。它根据各种实例，总结了研究机构、智囊团和援助机构的经验，向读者介绍了一系列方法，教大家对政策研究项目实施监测和评估。这些方法主要适用于研究项目的五个方面：（1）策略和方向；（2）管理；（3）产出；（4）研究的摄取；（5）结果和影响。大部分研究机构和项目或许只想侧重其中某一个方面，但同时也可以跨领域地制订一个更为全面的监测与评估计划。

http：//www. gdnet. org/

全球发展网络（GDN）链接了全球的研究和政策机构，为当下的发展问题提供全新的视角。全球发展网络坚信：如果实施得当，那么与政策有关的研究必能加速全球发展的步伐。与众不同的是，全球发展网络认为，本土知识能够创造不一样的路径来推动变革。因此，其目标在于鼓励发展中国家或转型国家实施本土的研究。这个组织的网络内容非常丰富，且更新较快。每年一度的会议是全球发展网络的中枢。不管在什么时候，这个组织都有几个重要的研究项目。很多项目都跟我们关注的主题一致，尤其是它发起的“连接研究与政策项目”。该项目专注于研究和政策之间的联系，与我们的研究更是相关。其研究报告（Livny et al. 2006）详见http：//www. gdnet. org/middle. php？ oid = 175。

图书在版编目(CIP)数据

让知识推动政策的改变：如何使发展研究发挥最大的作用/（加）卡登著；徐秀丽，齐顾波，李小云译．—北京：社会科学文献出版社，2012.4
ISBN 978-7-5097-3252-6

Ⅰ.①让… Ⅱ.①卡… ②徐… ③齐… ④李… Ⅲ.①发展中国家-社会发展-研究 Ⅳ.①D501

中国版本图书馆 CIP 数据核字（2012）第 061126 号

让知识推动政策的改变
——如何使发展研究发挥最大的作用

著　　者／〔加拿大〕弗雷德·卡登（Fred Carden）
译　　者／徐秀丽　齐顾波　李小云

出 版 人／谢寿光
出 版 者／社会科学文献出版社
地　　址／北京市西城区北三环中路甲 29 号院 3 号楼华龙大厦
邮政编码／100029

责任部门／人文分社（010）59367215　　责任编辑／于占杰　范明礼
电子信箱／renwen@ssap.cn　　责任校对／杨怀怀
项目统筹／宋月华　张晓莉　　责任印制／岳　阳
总 经 销／社会科学文献出版社发行部（010）59367081　59367089
读者服务／读者服务中心（010）59367028

印　　装／北京季蜂印刷有限公司
开　　本／787mm×1092mm　1/20　　印　　张／16.8
版　　次／2012 年 4 月第 1 版　　字　　数／278 千字
印　　次／2012 年 4 月第 1 次印刷
书　　号／ISBN 978-7-5097-3252-6
定　　价／59.00 元